中國勞工新境況

中國勞工新境況

勞動關係的變遷與挑戰

辛西亞・艾斯特倫德（Cynthia Estlund）著

陳佳瑜 譯

香港中文大學出版社

《中國勞工新境況：勞動關係的變遷與挑戰》
辛西亞．艾斯特倫德（Cynthia Estlund） 著
陳佳瑜 譯

本書由 Harvard University Press 2017 年出版之 *A New Deal for China's Workers?* 翻譯而來，由 Harvard University Press 透過博達著作權代理有限公司授權出版。

國際統一書號 (ISBN)：978-988-237-245-0

出版：香港中文大學出版社
香港 新界 沙田．香港中文大學
傳真：+852 2603 7355
電郵：cup@cuhk.edu.hk
網址：cup.cuhk.edu.hk

A New Deal for China's Workers?
By Cynthia Estlund
Translated by Chen Chiayu

A New Deal for China's Workers? was originally published in English (2017). This translation is published by arrangement with Harvard University Press through Bardon-Chinese Media Agency.

ISBN: 978-988-237-245-0

Published by The Chinese University of Hong Kong Press
The Chinese University of Hong Kong
Sha Tin, N.T., Hong Kong
Fax: +852 2603 7355
Email: cup@cuhk.edu.hk
Website: cup.cuhk.edu.hk

Printed in Hong Kong

致孔傑榮(Jerry Cohen)

只有其始終如一的仁慈才可與他的才華與活力相媲美

目 錄

中文版序

本書原文版書名(*A New Deal for China's Workers?*)提出了一個問題：中國近年來的發展是否預示著中國勞工也即將迎來他們的「新政」(New Deal)時期？也就是說，與改革開放初期比較，中國現在的勞資關係變得更民主，同時也賦予勞工更多保障和權利嗎？就是這個問題促使我從2009年開始投入對中國的研究，也是這個問題讓我開始探索中國勞動現況的各個層面。本書完成的時候，答案已經逐漸明朗，尤其當我們看到近年來中國加強打壓獨立勞工運動人士，和其他推動公民社會的維權人士，這個問題的答案似乎越來越清楚。2016年我在結論章寫道：「如果這個問題是在問中國工人是否有機會通過自主、自由選擇，並且民主的工會參與共同的自救行動和集體談判，那麼答案當然是『不可能』，至少在可預見的未來也不會發生。」而近年來中國的政治風向讓這個答案更為明確。

不過，本書的主要論點時至今日仍舊值得探討。本書說到中國政府下定決心遏止獨立勞工組織興起，從許多處理勞動抗爭的策略皆可見一斑，這樣的決心也影響了勞動抗爭處理策略的各方面，包括實施有限度的鎮壓以及其他各式各樣監管層面的改革行動。雖然鎮壓與改革雙管齊下的做法，以及改革的內容在近幾年都出現改變，但中國政府的核心目標仍是控制勞資衝突，避免集體的獨立勞工運動或組織崛起。

本書的重要目標，就是要讓西方讀者尤其是身在美國的讀者，更了解中國的勞動現況。然而，過去多年來我數次到中國進行研究並有機會與許多人對話，我才發現中國有很多人，或者說很多以中文為母語的人對我的觀察和論點也感興趣，尤其想知道我這個美國人是怎麼看中國的。因此，我很高興本書能推出中文版，讓它有機會接觸到更多有興趣了解我的研究的中文讀者。

我要特別感謝喬仕彤教授，他過去任教於香港大學法學院，現在任教於杜克大學法學院，很感謝他鼓勵我並協助我在香港找到出版社出版此書。我也要感謝香港中文大學出版社接下這項任務，以及感謝譯者陳佳瑜用心翻譯此書。2020到2021年對全球來説都是多事之秋，感恩他們的努力讓這本書的中文版能在這麼艱困的時期問世。最後，我還要感謝很多很多人，他們都出現在原文序言裏的感謝名單。感恩有他們，才能有這本書。

辛西亞．艾斯特倫德(Cynthia Estlund)

2021年4月

自序

我過去有好長一段時間埋首研究美國勞動就業法規，當我對這個領域已經熟悉到覺得有些索然無味，中國正好蹦出來對我招手。我擔任勞工律師並研究勞動狀況的幾十年間，中國一直位列惡名昭彰的「逐底競爭」最底層。就全球勞動標準來看，中國的狀況實在太糟糕：一個一黨專制的國家宣稱自己奉行社會主義，但同時又廣邀全球資本家一起來剝削自己國家的貧窮勞工，勞工不只薪資低，還身處在似乎毫無法律監管的黑暗工廠裏。後來在2007年看到《紐約時報》的精彩報道後，我才知道中國的勞動狀況已經開始改變：中國政府頂著資方的反對聲浪頒布新法，試圖提升勞動標準並改善落實成效；官方工會也開始積極在各大工廠內組織工會；而勞工將勞動力短缺（中國居然也會勞動力短缺！）變成自己的籌碼，開始敢於大聲吶喊出自己的訴求。雖然這些消息聽起來很振奮人心，但還是顯得遙遠而模糊。

2009年夏天，我初次到訪中國，開始看到勞動狀況的更多層面，到處都充滿矛盾和驚奇。北京機場、上海天際線以及無處不在的高架起重機，都暗示著二十一世紀會是中國的世紀。我和多位中國學者曾一邊享用美食（和淡而無味的啤酒），一邊暢談政治，這和我之前以為在中國談論政治必須小心翼翼的情況完全不同。聽著他們說政府很拚命在處理各領域的大規模抗議，包括勞工、環境、土地徵收等議題引發的抗爭，更激起了我研究中國的興趣，他們的敘述讓我看見了一個發展快速、一黨專制的國家在致力維穩的過程中面臨的種種為難之處。在研究中國勞動現況的路上，我看到勞動議題已成為中國政府極度關注的迫切議題（在美國，勞動議題早已失去曾經有過的重要地位），而且中國勞工有可能正站在勞動制度即將出現重大進展的轉捩點上，而中國勞動制度的進展也將對全世界造成影響。

那次參訪後我回到紐約大學，整個人興奮不已，覺得中國的勞動議題實在太吸引了，那時我第一次認識了我的同事孔傑榮（Jerome A. Cohen），他是亞美法研究所（U.S.-Asia Law Institute, USALI）所長，是非常傑出的朋友。他說我雖然是初步踏入中國勞動研究領域，但我在美國勞動法及勞動法沿革方面已經有幾十年研究、教學和著述的資歷，他認為我一定可以為中國勞動現況帶來獨特且重要的觀點，而且也堅持我一定要把握一切機會來做這件事。因此，這本書要獻給我這位好友，就是因為他的鼓勵和啟發，才讓我踏上了這段意外的學術旅程。

但孔傑榮給我的，不僅是鼓勵和啟發。他很高興我能加入他在紐約大學法學院的中國法律研究計劃，該計劃主要透過亞美法研究所進行。他及其在USALI的同事提供了非常棒的研究基礎，以及豐富的人脈，這是我在2009年6月首次在其辦公室與他會面後，就開始感受到了。在跟我解釋為什麼我正是他及其同事一直在等待的人時，孔傑榮提到有三個人一直在催促他開始一個勞動研究計劃。我剛巧分別跟這三個人都認識，正是這樣的機緣讓我不再多想，立即投入中國勞動的研究。

當時紐約大學的2009年法律畢業生高進仁（Seth Gurgel），剛搬到上海為USALI做研究，希望能更深入探索中國的勞動領域。他還是學生的時候我就認識他了（他也是我的威斯康辛州同鄉），他在學時表現就十分優異，而且我後來發現他對中國研究非常熱衷，也非常有想法。從2010年我的初次研究參訪開始，以及接下來的很多次參訪都是由他籌劃安排，並且陪同參與了幾十場訪談，他陪我見了許多知名勞動學者、律師、官員以及非政府組織活躍人士，足跡遍布北京、上海、深圳等六個內地城市，另外還有香港。高進仁在這些訪談不僅擔任翻譯，也用各種方式減少雙方在理解上的困難，還會利用空檔幫助我消化理解一波波的新知洪流。我們在早期合寫了一篇論文，這篇論文有些部分後來演變成一本合著裏討論工會選舉的章節，有部分也成為本書的內容。[1] 但後來高進仁希望自己能為中國帶來更多影響，因此自2013年起，他便和一群年輕的公益律師共事至今，他許多的夥伴也都在勞動領域中努力。

2009年孔傑榮與我初次會面提到的另外兩位，分別是何宜倫(Aaron Halegua)和阿諾．札克(Arnold Zack)。何宜倫當時剛從哈佛法學院畢業，是研究中國勞動法的年輕學者。2008年我在哈佛法學院擔任客座教授時他上過我的課，還幫我安排了最早的一些非正式會面，讓我見到好幾位激起我對中國研究興趣的勞動專家。後來何宜倫仍一直不斷為我的研究提供非常寶貴的見解、資訊和中國勞動法領域的人脈，特別是勞工維權人士，包括律師、平民倡議者以及勞工的非政府組織。阿諾．札克則是孔傑榮過去在法學院的同窗，是十分知名的勞動仲裁員，在與孔傑榮會面之前我已經認識他很多年了。札克長期擔任勞動仲裁員，而且主張勞動仲裁員可以協助改善發展中國家的勞動標準，特別是在亞洲。後來我們還一起前往中國進行學術參訪，同行者有高進仁、孔傑榮還有我的同事山姆．艾斯徹(Sam Estreicher)，那次我們一起到中國研究勞資糾紛調解機制的擴展應用。

我後來真的一頭栽進了中國勞動現況的研究中，研究期間我到訪中國十幾次，出席許多重要會議，與中國的學者、律師、官員、維權人士進行數百場面談(美食佳釀通常有助於大家暢所欲言)。一開始是靠著孔傑榮提供大量支援，還有高進仁和何宜倫的大力協助，我才逐漸建立起自己在中國勞動領域裏的人脈，認識一群長期關注中國勞動議題且非常有想法的觀察家。不過後來透過其他管道，我也認識了一些與共產黨友好的知識分子以及政策黨員幹部，這些人都挑戰了我對中國(和美國)原有的認知。很多討論都讓我更深刻了解中國勞工面臨的問題，以及中國獨特的文化和政治制度，而過去我對這些領域的認識都只來自新聞媒體或學術界的書籍文章。另外，我還要感謝紐約大學的同事和研究助理，大力協助我理解許多中文參考資料(本人從2010年才開始學習中文，中文程度僅能進行簡單的寒暄、自我介紹和簡單生活會話，完全不足以應付學術研究或有深度的對談)。

我在勞動就業法領域從事研究、執業、教學和寫作近35年，而且幾乎都跟美國獨特的勞動就業法相關，這當然會深刻影響我對中國勞動現況的理解，也會影響許多讀者對中國的認知。但話說回來，我對中國的認識也讓我不禁重新思考美國的勞動就業法和政治體制。我在本書試圖清楚表達「由美看中」和「由中看美」的雙向觀點，希望可以幫助與七年前的我有類似先入為主觀念的讀者從本書獲益更多。

先說明幾個小細節：首先，這本書第8章的早期版本曾刊登於《比較勞動法與政策期刊》(*Comparative Labor Law and Policy Journal*)；[2] 第二，書中提到的中文姓名都依中文習慣將姓氏置於名字前方，但以下感謝名單裏的人名一律先名後姓，本書的注釋一樣出於統一格式，姓氏都擺到最後(但偶爾還是有例外，例如毛澤東)。

我有幸獲得許多人的協助，才能完成此書。不過很遺憾，有些接受訪談的中國朋友我無法透露其姓名(訪談大多保密進行，按雙方共同協議受訪人姓名不予披露)。此外，向我提供寶貴見解的朋友實在太多了，難以逐一列出所有人的名字，但我對每位都誠摯感謝(若書中有任何錯誤、不恰當的評論或誤解，責任都在我)。在這些前提之下，我要特別感謝Joel Andreas、Earl Brown、William Brown、Kai

Chang、Sean Cooney、Wenwen Ding、Baohua Dong、Sam Estreicher、Eli Friedman、Mary Gallagher、Dan Guttman、Xin He、Virginia Harper Ho、Sam Issacharoff、Junlu Jiang、Dimitri Kessler、Margaret Lewis、Ben Liebman、Cheng Liu、Mingwei Liu、Xiaonan Liu、Martin Ma、Carl Minzner、Pasquale Pasquino、Eva Pils、Jian Qiao、Benjamin Van Rooij、Bo Rothstein、Teemu Ruskola、Xiuyin Shi、Karla Simon、Frank Upham、Isabelle Wan、Kan Wang、Tianyu Wang、Zengyi Xie、Tian Yan、Arnold Zack、Wei Zhang、Weiwei Zhang、Wei Zhao及Earnest Changzheng Zhou。此外，我還要感謝哈佛大學出版社的兩位匿名審稿員，他們看完全書初稿後給予了非常精闢的評論；同時我也要感謝哈佛大學出版社的兩位編輯Michael Aronson及特別是Thomas LeBien，他們給予我很多支持和指導。*

紐約大學的確是我進軍中國學術研究的絕佳平台，前後兩位學院院長Richard Revesz和Trevor Morrison都以許多形式提供協助。我在USALI過去與現在的同事也一路給予溫暖鼓勵，除了之前提到的孔傑榮、高進仁、何宜倫，我也要感謝Ira Belkin、Yu-jie Chen、Chaoyi Jiang、Ling Li、Chao Liu及Han Yu。此外，紐約大學還有許多人都為我的研究提供非常重要的協助，在此感謝Gabriel Ascher、Alvin Cheung、Iris Hsiao、Regina Hsu、Jesse Klinger、Bing Le、Rousang Li、Weili Li、Hannah McDermott、Yingying Wu、Jo Yizhou Xu、Wentao Yuan、Luping Zhang、Tianpu Zhang及Han Zhu，尤其要特別感謝Ellen Campbell的卓越貢獻。感謝兩位圖書館員Gretchen Feltes和Meredith Rossi在我研究過程中提供寶貴協助；也要感謝紐約大學法學院大力

---

* 上述人名直接以英文原文呈現，但在正文章節則以音譯或明確中文姓名呈現。——譯注

贊助研究經費，部分經費透過Filomen D'Agostino and Max E. Greenberg研究基金會提供。

最後，我要深深感謝我的孩子，潔西卡（Jessica）和魯卡斯（Lucas）一直給我滿滿的愛和支持，他們倆都是善良、博愛、有趣且優秀的年輕人。當然還要感謝我的丈夫山繆．伊薩查洛夫（Sam Issacharoff），他是我很重要的同事，總是給予寶貴的建議與熱情的支持，在過去35年來以及未來很多年，都是我人生路上最美好的伴侶。

注釋

1 Cynthia L. Estlund and Seth Gurgel, "Will Labour Unrest Lead to More Democratic Trade Unions in China?," in *China and ILO Fundamental Principles and Rights at Work*, ed. Roger Blanpain, Ulla Liukkunen, and Yifeng Chen (Alphen aan den Rijn: Kluwer Law International, 2014).

2 Cynthia L. Estlund, "Will Workers Have a Voice in China's 'Socialist Market Economy'? The Curious Revival of the Workers Congress System," *Comparative Labor Law and Policy Journal* 36 (2014): 1.

中國勞工新境況

第1章

引言

如果要說全世界的勞工目前共同面臨什麼樣的情況，也許就是所有人的工作生活及未來某程度上都深受中國影響。這對美國勞工以及要討好他們的美國政治人物來說，毫不令人意外。中國源源不絕的「廉價勞工」一直是美國政治人物很愛拿出來談論的議題，最近的例子就是在2016年美國總統大選，中國勞工議題頻頻在各候選人的政見中出現。然而，近年來中國勞工開始為自己的權益發聲，而我們都該認真傾聽。

中國對世界敞開大門後的十幾二十年間，開始大量製造成衣、鞋履、玩具及各種消費產品銷往美國。如果要說此時西方國家對中國勞工普遍的印象為何，那麼大概就是「一群沉默、看不清相貌、且數量龐大到難以估計的勞動人口」。數百萬人從貧窮農村湧到中國沿海各大血汗工廠，似乎忍受著難以忍受的事：在這些工廠，工作步調快到無法喘息，工時長到難以置信，薪資卻低得令人瞠目結舌。不過，就算這些勞工在血汗工廠被壓榨到連渣都不剩也沒有關係，因為中國內陸還有數以億計的貧農等著遞補那些被壓榨到不堪使用的勞工。看似源源不絕的廉價勞動力讓中國成為「逐底競爭」(race to the bottom)*的

* 資方為了提高報酬率，而競相降低各項成本，例如降低環保標準、勞工薪資等。——譯注

特別戰區，而很多西方觀察家認為，這會令發達經濟體的勞工、工會以及無數家庭前景變得黯淡。

即使沒在仔細觀察中國的人也都知道中國情勢已經改變。首先，中國已經躍升為經濟強國，成為世界第二大經濟體，握有全球製造業相當大的份額，且達到中等收入水平的中國人也越來越多。自1981年以來，已有多達六億中國人脱貧，其中部分人歷經艱辛從內陸的貧窮農村爬出來，湧到遍布沿海地區的工廠工作。[1] 這個勞動力遷移的過程，改變了產品市場、勞工市場以及中國境內外所有勞工的生活。

勞工的收入提高後，對勞動條件的期待也提高了。對很多歐美國家來說，中國勞工仍舊是「看不清相貌的一大群人」，但他們卻不再沉默，而且越來越不願意像過去那般忍受著他們所不能忍受的事。這樣的現象在沿海地帶的新興工業區尤其可見，這些地方的勞工大部分都是農民工，多數銷往世界的消費性產品就是由這些人生產出來的。多年來，無論是低得可憐的薪資，還是糟糕透頂的工作環境，中國勞工大多逆來順受。雖然偶有勞工不滿情緒爆發的事件，但他們普遍還是選擇忍氣吞聲。但現在不一樣了——如果對工作不滿，中國勞工開始會選擇「出走」或是「為自己發聲」。[2] 他們現在會利用自由市場的機制辭掉不滿意的工作，到其他地方尋求更好的機會，而且成群結隊大聲抗議低薪和資方的各種壓榨。

刺激中國勞工「出走」和「發聲」的重要契機，是在二千年代中期中國許多工廠面臨缺工問題。[3] 隨著在1980年起實施「一孩政策」導致出生人口減少，獨生子女的一代進入工業勞動人口，新一代農民工的供應增長放緩，當中近年成長中的高新產品製造業，更是越來越難找到熟練勞工。[4] 於此同時，充足的資金從四面八方流入內陸地區，很多工廠就地興建，內陸居民不再需要離鄉背井便可到工廠謀生。因此，對很多年輕人來說，離鄉千里到血汗工廠做牛做馬已經不再是「必要」，而是看個人「想不想要」。[5] 勞動人口減少改變了沿海地區勞工市場的運作模式，也使許多中國勞工敢於團結抗議資方的壓榨，要求共享經濟成長的成果，並爭取在職場發聲的權利。近期的經濟衰退迫使某些地區的企業裁員和工廠倒閉，但這卻沒有讓中國勞工低頭，反而還引發了好幾起罷工，因為現在的中國農民工已經越來越傾向、且越來越有能力以團體抗爭表達不滿。

勞工抗爭運動興起，罷工事件更是明顯增加，這讓中國統治階層十分不安。實行經濟開放的20年來，中國共產黨高層把快速提振國家經濟列為首要任務，因此忽視了經濟成長所衍生出來的環境和社會成本，也忽視了持續擴大的貧富差距。但如今學會抗爭的勞工迫得統治階層不得不面對長期忽視的問題，也凸顯了勞動改革及經濟成果重新分配的必要(而非只靠高壓手段)，以建設「和諧社會」。

長期觀察中國情勢的美國學者，也許會猜想(我一開始了解中國近來發展時也是這麼猜想)中國勞工也許即將迎來「新政」(New Deal)時期[†]——在新政時期，勞工在經濟、政治和動員方面的力量匯聚起來，催生勞資關係制度的重大改革，以及重新分配財富和權力的「再分配政策」。雖然中國勞工不能投票選出承諾實行勞動制度改革的官員，但近年來興起的勞動抗爭及其可能衍生出的社會動盪，已經讓這個專制政權感到不少政治壓力，高層官員也已提出一些對勞工有利的改革方案。事實上，這些高層很可能會發現，「具有中國特色的新政」並非只對勞工有利，正如當年美國的羅斯福新政，既具顛覆性亦具保守性。新政讓勞工得以通過加入工會和集體談判，藉此改善工作環境和生計，與此同時也轉移及緩和了民眾對經濟和政治激烈改革的訴求，促進了在工人階段內部既定秩序的政治認受性。

---

† 原指羅斯福的「新政」，是羅斯福總統在三十年代針對美國面臨的困境實施的一系列經濟政策。新政的三個核心為救濟、改革和復興，其中也包含了保障勞工權益的政策。——譯注

簡而言之，中國既在改變世界，也在以我們不能輕視的方式經歷重大變革。值得我們仔細觀察的是，中國這個世界史上人口最多的國家，在產業經濟日臻發達的當下，怎樣在二十一世紀民眾的眼前，重新定義勞工權利和統治權力之間的衝突(雖然通常都是關起門來處理)？如何重新定義勞工權利及管理勞資關係？從七十年代以來，美國觀察家就一直在思考著一個大問題：經濟自由化和增長是否必然催生政治自由化和民主化？雖然它與中國目前面臨的問題似乎沒什麼關係，但這兩個問題事實上是有關聯的。現在中國的勞工不只要求更高的薪資，他們也在爭取更多為自己發聲的權利。中國政府如何回應這些訴求，將會反映甚至可能重塑統治階層的結構，以及中國未來可能面臨更全面的政治改革。

中國的崛起，逐底競爭的「底部」都提高了？

中國經濟的過去和未來，無論是近幾十年間前所未有的增長速度，還是外界熱烈議論的未來能否維持可持續增長，無可避免地都與國內的勞動關係發展息息相關，也密切影響他國勞工的薪資福利。未來的勞工抗爭規模，也與中國能否應對經濟下行，力保持續增長並避免工廠大規模倒閉和裁員互為影響。[6] 中國經濟是否保持穩定，一直都是中國政府高層和世界各國政策制定者關注的焦點，也是經濟學家不斷激辯的議題，但這些卻非我在這裏要討論的。這麼說吧：中國或許有一群人原本希望穩定且蓬勃成長的經濟能夠滿足中國勞工不斷上升的物質需求，進而消弭勞工抗爭力度，也不用進行什麼改革，但過去幾年的經濟動盪恐怕讓這些人失望了。

然而，中國近幾十年的經濟表現讓我們不得不注意一個問題：經濟全球化是催化了「逐底競爭」這種競相削減成本的現象，還是創造了「水漲眾船高」的現象？許多學者和維權人士為此已爭論了幾十年。[7] 不過，中國的崛起連同勞動條件及薪資的提高，提出了「逐上升中的底部競爭」這個更佳的比喻，也就是說「逐底競爭」的「底部」正在提高。中國那些越來越不受管束的工人，正在出力把「底部」抬高。

有些產業和企業的確特別愛用薪資低廉又缺乏組織的勞工，也特別喜歡監管制度鬆散的勞動市場。例如，九十年代美國紡織業及成衣業正是看中中國的廉價勞動力，加上當時的貿易壁壘逐漸消除和運輸成本降低，因此大舉遷往中國設廠。[8] 於是，近年中國勞工薪資提高，人力開始短缺，讓過去因為僱用中國廉價勞工而大賺特賺的外國企業十分憂心。有些產業和企業，尤其像製鞋、成衣這類輕工業，只好前往孟加拉、越南等國尋找更廉價的勞動市場。這樣的動向可能促使一些貧窮國家的政府高層刻意打壓工會，並在國家發展策略忽視勞動規管政策。當然，這就是「逐底競爭」中會出現的故事情節，而且故事這樣發展也頗有道理。

但是，中國（在其他發展中國家之中）近來卻讓故事變得更複雜了。中國過去似乎是「逐底競爭」的完美範本，因為供應源源不絕的貧窮農民都被拉到蓬勃發展的工廠去。不過，資金流入同時幫助中國以世上前所未見的速度脫貧：中國生活在「極度貧困」狀態的人口比例由1981年的84%降至2010年的12%。[9] 此外，由於中國勞工工資不再低廉（並不只是因為在其他國家能夠找到更廉價的勞工），有些企業開始把製造業部門遷移到更低薪的國家。[10] 如表1.1所示，在整個後開放時期，中國的實際工資水平都以每年平均近10%增長；[‡] 而在2010到2014年實際最低工資年均增幅達8%，有些省份的更達20%。[11] 部分原因是由於中國工人大力要求提高薪資，而他們的爭取過程正是本書的

‡　實際工資是指勞工用貨幣工資可買到的消費品和取得的服務數量，是反映勞工實際生活水平的重要指標。——譯注

探討重點。然而，這個現象亦反映了至少是近年中國政府高層並未試圖壓低薪資，以留住基層製造業工作崗位的事實。相反地，捨棄這類工作崗位符合中國的發展策略，目的是要提升價值鏈(value chain)，並邁進更有利可圖的領域和生產階段。中國是否能夠達成此目標，並因此免於落入所謂的「中等收入陷阱」，都是中國本身以至其他國家急於知曉答案。[12] 不過，中國的發展走向很明顯不再只是「逐底競爭」。

傳統「逐底競爭」的故事，讓很多人忽略了一個事實——許多產業和企業，尤其是那些推動經濟繁榮兼且是中國現在計劃培植的，仰賴的是更具生產力，兼更穩定的勞動力而非廉價勞動力。因此，中國經濟要持續增長就必須培養勞工的技能，並發展其廣大的消費市場以及相對來說更複雜的基礎建設和供應商網絡，這些都是其他更低薪的地區沒有的優勢。[13] 此外，即使投資者一開始是看中「廉價勞工」的國家，勞工對資方的要求不高也缺乏組織，對資方的監管也較不嚴謹或鬆散，但資金一旦流入這些國家，往往會刺激勞工組織形成、勞動監管制度日趨成熟以及薪資水平提升。[14] 以上就是發生在中國的現象，而這些現象可能會寫下另一篇「水漲眾船高」的故事。

圖表 1.1　1989–2014 中國城鎮在職勞工的年平均實際工資

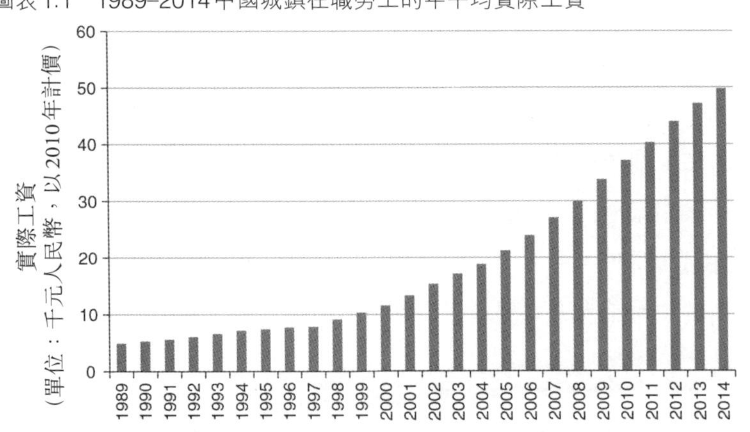

資料來源：中國人力資源和社會保障部、國家統計局、國際貨幣基金會(IMF) 2015年世界經濟展望數據庫

不過，水漲並未真的讓眾船高，尤其是富裕工業國家的藍領階級反而面對工作機會流失，在中國及其他國家相對低廉勞動力的競爭下，辛苦掙來的加薪和優渥的福利也日漸縮水。[15] 這也促使民粹主義在美國一再興起，最近的例子就是2016年總統大選，當時民粹的主要訴求便是重建貿易壁壘，並懲罰中國「偷走我們的工作」。以前很多從事鋼鐵業和汽車製造業的工人，還有他們的子女和孫輩，現在只能從事較低薪也較不穩定的服務業。[16] 他們的命運也給更多人的命運投下陰影。現在很多在發達國家從事的工作，包含科技、醫療、法律及金融領域的專業服務，未來都可能外移至較低薪的國家，這是因為現在的科技讓企業能夠將職務做更精細的分工，也可讓某些部門移往國外。至於有多少工作將外移(或是直接被軟件和智能裝置取代)，外界有不同的預測。[17]

我在「逐上升中的底部競爭」一詞中想要表達的兩個故事的結合，並不能給處在全球經濟階梯頂端的工人帶來多少安慰，因為他們的薪資水平還是遠高於上升中的「底部」。但對很多世界上最貧窮的勞工來說，上升中的底部卻是好消息：即使他們還是得在我們覺得很糟糕的環境中工作，但他們終於可以享受全球化帶來的經濟成果(儘管絕大部分成果還是由國際企業和財金界的菁英取得)。簡單化的反全球化路線，很難與中國數以億計原本赤貧的農村居民日益增長的財富相吻合，更不用說在南亞、東南亞和非洲數以億計的貧困民眾，他們渴望得到資金投資(以及其他資源)，以跟隨中國的腳步爬上經濟的階梯。(當然，中國自身的發展，也給持續的經濟發展是否以及如何與地球的宜居性相適應這個問題，投下了陰影甚或是有毒的霧霾。[18] 這又是另一個大問題，不過在此先不討論。)

不過有個好消息是，無論是廠商還是反血汗工廠的維權人士都承認，現在「底部」已不再像過往那般遙遠。長期為勞工爭取權益，力促企業負起責任改善供應鏈勞動條件的奧瑞特．范．希爾登(Auret van Heerden)，2011年這樣地從資方的角度描述情勢：

> 他們一直在想是否能把更多部門移往孟加拉、越南或印尼等地，但選擇很有限……可供擇選的地方大概只餘下一兩個。人們再次把視線投向非洲，尋找有沒有遺漏的地方。直到現在廠商仍在尋找更便宜的平台和國家，但坦白說已經沒有其他選項了，已經再沒有其他地方可去了。[19]

事實上，有些已經離開美國的生產甚至回來了——儘管帶來的工作機會較少並使用了更多的機器人——這是因為在國內生產可享有地理距離近和生產力的優勢，已開始克服甚至超越下降中的廉價勞動力優勢。[20]

因此，我們還是可以為「逐上升中的底部競爭」以及身為受益者之一的中國工人半心歡呼。讓我們認識到，中國工人不只是受益者，還是「把底抬高」的推手。全球勞工市場的勞動基準提高了，部分原因是勞工對工作條件的期望和要求提高了；他們這樣做部分就像中國工人一樣，靠著集體抗爭以爭取從持續成長的經濟及獲利分到更大的一杯羹。這類故事正是本章主題：中國勞工抗爭運動的興起及中國政府演變中的回應。

勞工抗爭興起：中國工人運動現況簡述

從九十年代到二千年代，內地所謂的「群體性事件」數量不斷上升。群體性事件沒有明確統一的定義，但通常是指超過百人參與的活動，像是大批群眾抗議政府、有錢的廠商或老闆所造成的不公義問題。這些抗議活動大多是自發的，而且很多都與勞工議題有關；這類活動激增讓中國政府越來越憂心，也使得原本不惜一切代價拚經濟的中國政府在二千年代中期，開始設法降低為了發展經濟所付出的代價，並與更多勞工分享經濟成長果實。然而，近期興起的罷工或集體停工，通常規模更大、持續時間更久且更有組織，這樣的抗爭更是令人擔憂，也讓集體勞動關係成為政策制定者首要考慮的議題。

「群體性事件」蔚為風潮

中國官方對外公布1994年的群體性事件有一萬宗，2004年上升至7.4萬宗，2005年則有8.7萬宗。[21] 自2005年起，政府不再公布群體性事件的總數字，但毫無疑問官方仍在繼續追蹤。有中共黨內高層消息指，2008年全國群體性事件達127,467宗。[22] 一位中國學者估算，2010年全國類似事件達18萬宗。[23] 熟悉內情的觀察家估算，這些事件當中有三成至四成半源自勞資糾紛。[24]

不過，如果我們只遠遠地看著群體性事件的數字，那麼這些事件只會變得很模糊抽象，就如同數以億計的中國勞工，感覺就像是一片黑壓壓、分不清面孔的一大群人。所以我們應該要去了解與勞工相關群體性事件的來龍去脈，以下是官方「中廣網」於2010年10月12日刊發的一則報道：

> 星期一下午大約5點，雷姓與廖姓民工偕同另外六名工地工人，找項目承包方討要拖欠工資……但雙方隨後發生打鬥，雷某和廖某被老闆找來的人打成重傷，晚上雷某經搶救無效在醫院不治……他身亡不久後，幾百名憤怒不已的工友圍堵都江堰市二環路，與警方爆發衝突，甚至砸毀警車，大約到凌晨3:30才散去。不過，星期二他們再度發起抗議活動，這次召集更多人，幾個小時後又聚集在高速公路出口。直到當地公安局長承諾會依法嚴懲兇手、積欠薪資也會發還，抗議群眾才在大約中午11:30散去，交通才恢復疏通。[25]

這宗事件算是規模較大且較暴力的案例，而其起因情節也特別嚴重：一名工人被老闆找人打死。不過，如果從其他層面來看，這宗事件與二千年代中國快速發展地區越來越常見的勞工抗議，其實沒有什麼不同：這類抗議通常發生在非國有企業，最常見的引爆點就是員工因僱主拖欠工資而心生不滿。(中國的勞動法規比很多西方人想像的更嚴格完善，然而寫在紙上的法規與實際情況之間存在鴻溝，因此激起許多抗議。) 警方對抗議事件的回應及其同時使用武力及安撫的手段，正是典型的「維穩」策略，是地方官員常用的兩面手法。這宗事件與大多數勞工抗議的另一典型特點都是屬民眾自發參加，而且中國官方工會也就是「中華全國總工會」或其在省級及地方的分部，都是完全缺席。

巧合的是，官方媒體報道這起勞工抗議事件，就是在囚政治異見人士劉曉波獲通知成為諾貝爾和平獎得主的兩天後。當時中國官方嚴禁任何人公開討論劉曉波獲得諾貝爾和平獎，但卻允許官媒報道勞工抗爭事件。由此可見，比起政治方面的異議行動(即使是和平抗議)，中國官方對於勞工抗議抱持較為寬容的態度。

然而，工人集體抗議也有向政治層面轉化的風險，因此抗爭活動興起也使中國高層倍感焦慮。這部分是出於工人抗爭在歷史上常在共產政權的誕生和覆亡，都扮演了舉足輕重的角色，而這種焦慮在1989年攀到最高峰。1989年4月，波蘭工人在列寧式官方工會以外組織成立的獨立工人團體「團結工會」，成功迫使當時波蘭共產政權同意舉辦民主選舉。[26] 同月，中國也出現了非官方的獨立工人組織「北京工人自治聯合會」，它成立是為了支持在天安門廣場周邊如火如荼進行的學生運動。[27] 北京的學運和工運都在6月4日慘遭血腥鎮壓，不少民主運動的領袖被殺害、監禁或被迫流亡；但在同一天由工會轉型成政黨的波蘭團結工會，贏得首次的半自由選舉，結束了共產黨的統治。

在天安門事件之前，中共高層一些官員曾經在黨內推動容許異見人士更多活動以及較大的結社自由，以及讓中華全國總工會(全總)及其地方分支擁有更大的自主權。但天安門事件卻讓中共驚覺黨有可能失去一切的掌控權，中國也有可能再次陷入混亂。正如一位觀察家精闢地指出：「如果要說中共從蘇聯經驗以及1989年的民主運動得到什麼教訓，那就是『星星之火足以燎原』。」[28] 自1989年起，從鄧小平到習近平，以及他們以下的中共高層，中國領導人都一致鞏固黨對國家的控制，打壓政治異見人士，並防堵任何可能助長政治反對派的獨立組織或運動。[29] 中國目前龐大且耗費甚鉅的「維穩」機器，「目的就是要將所有真實存在或想像中的反對力量苗頭，消滅於萌芽狀態」；由於「暴力鎮壓抗議常會讓人認為是政府失敗的信號，中國國家的強大其實不在於其鋒利的牙齒而是其靈活的手指」，中共認為事後鎮壓不如事前預防。[30] 中共耗費鉅資「維穩」及打壓異見分子的做法，反映了其常常宣導的信念，就是如果沒有穩定和團結的中共領導，中國就會「難以管治」。[31]

與勞工相關的群體性事件，大部分都是工人出於資方違法或背信行為而自發舉行的抗議活動。這些事件數量上升不僅令北京當局憂心，也可能間接推動許多改革，我們接下來就會看到案例。不過更令中共憂心的是勞工運動的規模越來越大，這樣的運動需要更縝密的計劃統籌以及更強力的領導。其中一個例子，就是本田汽車零部件工廠工人在2010年發動罷工，結果導致汽車生產進度停擺幾個星期，事件也成為中國勞資關係發展的轉捩點。

本田工潮敲響警鐘

2010年5月，位於廣東佛山的南海本田變速箱工廠有逾1,800名員工發起罷工。這次工潮是外資在華工廠發生過規模最大、歷時最長的罷工，本田三個下游組裝廠的工作進度因此停擺近兩周，本田一天的損失高達24億人民幣（約3.5億美元）。[32] 繼南海罷工後，另一間本田零部件廠及其他好幾間外資和國內汽車製造廠也都發生罷工。[33] 光是在本田內部，此次工潮就造成四間工廠逾4,000名員工閒置，其他下游廠也因此停擺。最後總結，約25間工廠受到此次工潮影響。[34]

沒有深入研究的觀察家，可能會以為這些工人是為了抗議如狄更斯筆下的惡劣工作條件才發動罷工——號稱社會主義工人國家的中國，工作條件的惡劣程度也是世界聞名。過分剝削勞工的環境的確激起許多群體性事件，但本田罷工在很多方面都與過去的不同。

首先，這是爭取經濟利益而非法律權利的罷工：參與罷工的勞工要爭取的薪資和工作條件，都高於法例所規定。諷刺的是，有政府官員說大概是**由於**「南海本田工廠太嚴格遵照法律」，尤其是嚴禁員工每月加班超過36小時的法定上限，反而「影響員工收入」才導致員工心生不滿。[35] 這些勞工要爭取的權益，是國家最低勞動標準無法給予的：他們強烈要求作為行業龍頭企業的本田汽車，應該撥出更高比例的營收與員工共享。工人利用本田的經濟實力與盈利能力，以及企業的「及時化」(just-in-time) 生產策略，作為爭取勞工權益的有利條件。

第二，工人提出的訴求，以及為求達成目標所展現的認真態度和技巧，顯示本田罷工工人非比尋常地「富有組織、策略和自信」，而且建立了集體的「團結一致及決意爭勝的決心」。[36] 他們不只要求大幅度加薪，更要爭取「合理的工資等級和升遷階梯」。他們還提出了讓他們有別於大多數中國抗議勞工的條件：不只要求物質層面的改善，還要求建立決定未來工資和工作條件的民主發聲機制。罷工員工從工廠的五個生產部門每個都選出一位代表，參與同南海本田管理層的談判。在這場高調的罷工持續一星期後，本田終於鬆口加薪24%（實習生加薪32%），並且承諾未來會以民主選舉的方式選出工會代表。[37]

第三，對中國領導層來說，汽車產業的工人罷工尤其具有威脅。在全球勞資關係史上，汽車業勞工常扮演激進先鋒的角色，他們的抗爭常會催生重大變革。[38]（中國領導層對於這類歷史再熟悉不過了）[39] 中國以及其他地方的汽車業工人，經常能在行業內形成聯繫和通訊網絡，這極大地增加了傳播抗爭意識和發動工潮的風險。[40] 由於中國官方視汽車產業為戰略產業，而且汽車產業橫跨了國營、民營和外資領域，因此中國官方對這次本田工潮十分不安。[41]

在中國，這麼重大事情的發生，不可能沒有黨國體制的參與。官方委派身兼全國人大廣東省代表的廣州汽車集團副董事長、兼總經理曾慶洪介入調解工潮。當時有官方媒體讚揚曾慶洪的調停者角色，形容他以「耐心及誠意贏得了工人們的認可」，說他單槍匹馬就能讓做錯事的人低頭道歉，還保證滿足工人的主要訴求，也順利讓工人回歸崗位。[42] 曾慶洪的確很想趕快把事情擺平，他也有足夠的權力迫使本田讓步，因為他是廣州汽車集團（也就是本田在華合資企業的夥伴）總經理，而廣汽集團受到這次罷工拖累，損失高達上億元人民幣。[43] 然而，戴著黨的帽子，他在決議中扮演了調停者的角色。

因此，至少因為具有雙重身分的曾慶洪，企業管理層和中共黨委都出面了。不過，全總以及其在官方上代表該廠工人的工會支部，最初卻是沉默。[44] 在與工人代表的罷工前談判，當管理層提出每月加薪55元人民幣（約9美元，僅為工人要求加薪幅度的5%）時，官辦工會什麼也沒有說。這個微不足道的加幅，即時引發工人停工。甚至在罷工開始後，工會還是毫無作為。一名全總的地方官員被問及，工會在工人爭取更高工資的談判中，可有提供什麼幫助時回應稱：「這是工人和僱主之間的事情，工會不方便介入。」[45]（這個回答反映了全總讓西方觀察家百思不得其解的特點，將在第3章討論。）

然而，當工會終於出面介入，卻只讓情況更難收拾。例如，當地政府在5月31日派遣逾100名工會成員到工廠，試圖阻擋想要與記者談話的工人。一名員工大罵:「他們根本是黑道!」而另一名員工則展示臉上一條長長的傷口,說是被工會派來的人弄傷的。[46] 有報道指有兩名工人被12名戴著工會臂章的人毆打到滿臉是血,導致原本已回到工作崗位的幾百名工人再度停工。[47] 另有一則報道稱:「相較於日本籍管理高層,本田工廠員工反而對工廠工會更加不滿」。[48]

以上這些事件——工人自行選出代表,成功與管理層談判,以及全總什麼忙都幫不上的邊緣角色——都凸顯全總內部有可能、且也有必要進行改革。這些事件顯示工人有可能組織起來與資方進行真正的集體談判,也真的能夠選出自己的領導;若官方工會不進行認真的改革,上述兩種情況也許都會在官方工會體系之外發生。有些觀察家甚至認為,當時已出現期待已久的獨立勞工運動苗頭,對全總一直以來壟斷勞工代表的地位構成挑戰。然而,罷工領袖聲明成立自己的工會並非目標;如果這樣做會使他們的罷工運動急遽政治化,進而導致他們直接與國家衝突,陷入一場絕對贏不了的戰爭。他們提出工人有權利在官方工會框架內,投票選出與管理層相比更能代表工人利益的工會領導。[49]

本田工潮促使許多人開始以官方或是學術角度,討論全總內部以及集體勞資關係這個敏感領域的改革。雖然相關政策的討論至今仍然進行,但隨著工人越來越有意願並能夠透過集體行動來推動訴求,在地的活動都按著自己的路徑發展。尤其是在廣東省,近年來工人在怎樣組織集體行動以及如何拿捏分寸都學習到很多,抗爭既要獲得官方的注視和介入,但又不可以過分到對官方構成政治威脅招致嚴厲打壓。因此,罷工運動的水平不斷提升。

第二響警鐘:東莞裕元工潮

中國近期發生過最大規模的罷工是2014年的東莞裕元鞋廠罷工。裕元是台資企業,是耐克(Nike)、阿迪達斯(Adidas)、Puma和新百倫(New Balance)等品牌的重要供應商。事件由一名工人的工傷賠償申索引發,發酵成約四萬人參與的大型罷工。雖然裕元工潮多處與本田工潮有異,但由於其只是因為瑣事而起,故此也給僱主和政府官員帶來警告信號。

2014年4月初,廣東東莞裕元鞋廠一名工人在申請工傷賠償時,得悉公司一直未按法例規定為工人繳納社會保險費。他和工友認為,不僅裕元鞋廠,還有「地方政府、勞動局、社保局和企業全都串通欺騙他們」,規避支付工人的社保費。4月5日,600名工人走上街頭,包圍工廠和堵住道路,強烈要求公司必須支付全額社保費,包含過去未繳的款項也都要一併補齊(估算約3,000萬美元)。[50] 到了4月14日,事件升級至上千人參與的罷工;4月17日工潮已經延燒到裕元在東莞的全部七個廠區,參與人數多達四萬。[51] 隨著事件發展,工人的訴求擴展至要求加薪三成。(罷工前,裕元工人平均每月工資為2,500元人民幣,約400美元。)一名擁有15年工齡的資深員工也參與了罷工,他指社會保險費「只是引爆點」,但工潮還有很多其他原因,「工人只是抓住這次機會發洩怒火」,大多是不滿工資過低。[52]

與本田工潮比較,裕元工潮遭到官方以更強硬的手段回應。警方出動警犬和警棍打壓遊行,並拘留數十名工人,還逮捕了支持東莞工人非政府組織「春風勞動爭議服務部」的兩名職員。「春風」主任張治儒曾被拘留數天,其職員林東因為被指控「尋釁滋事」的刑事罪名遭囚禁30天。據稱,林東的罪名很明顯與在網絡散播另一起罷工的「謠言」有關,東莞一家電子廠約三萬名工人受到裕元工潮的啟發也發起了罷工。[53] 第二起罷工並非謠言,而是東莞市在短短一周內出現的第二場牽涉逾萬人的罷工。

裕元工潮到了4月28日落幕,大多數工人回到工作崗位。根據裕元的說法,工潮令企業遭受了2,700萬美元的生產損失,僅2014年因調整員工福利金又要增加開支3,100萬美元。人力資源和社會保障部表示，裕元過去確實未「誠實申報」東莞廠員工的社保繳費，已要求裕元整改，並將加強對各企業參保、繳費的稽核和執法監督工作。

一名裕元工人在網絡貼文，深刻地描述此次罷工他內心的複雜感受：

> 是的，我們失敗了，在警棍和狼狗的暴力下被迫復工，但是我們由衷地感到光榮，因為我們參與了這次偉大的維權行為，而這次行動勢必會成為中國工人維權史上的一座里程碑……標誌著工人運動已經從單純的工資訴求上升至社會保障。(雖然法律一開始就明文規定要給勞工這些保障。)這是一大躍進！未來人們回顧中國勞工運動的歷史，他們會看到一座刻著「裕元」的豐碑……經過這次洗禮，裕元工人未來只會更有組織、更勇敢地為自己爭取權益！[54]

這則貼文一次又一次地提到「中國勞工運動」，也一再提及勞工齊心協力的氛圍、勞工抗爭將會擁有的歷史定位以及會繼續抗爭的決心，在在顯示了中國勞工在自行籌劃組織運動上已經邁進新階段，也顯示中國勞工未來一段時間仍會面臨許多困境。

裕元工潮有幾個特點值得留意。首先，很多罷工者都是中年人，他們起初爭取社會保險的主要訴求顯示中國農民工的思想逐漸成熟。(即使對工作條件還有很多不滿，但還是先爭取社會保險。)中國剛「開放」的頭十多年，年輕農民工完全不會考慮到長遠的經濟保障。由於中國實施戶籍制度，社會保險制度對進城工作的農民工而言幾乎毫無保障：農民工所在地的社保單位，根本不想幫助外地來的農民工跟資方收取社保繳費，保險金也無法匯到農民工的戶籍所在地。[55]但如今的農民工年紀漸長，更關心未來的經濟保障，已經越來越少人會想在退休後回到鄉下種田度日。他們現在更加要求僱主和國家提供法例所聲稱保障勞工的權益，儘管這些權益實際上很多都沒有落實。這顯示了中國的戶籍制度和產業工人的性質，都同樣發生變化。

裕元工潮也生動地展示了中國黨國體制的割裂本質。首先，此次抗爭源自企業與地方政府官員同謀勾結，規避中央明令企業應負的法律責任，未有替工人繳納社會保險費。廣東省以及其他地方政府長期縱容當地企業，因為企業能促進經濟增長(還可以讓官員以權謀私)，對於企業未替員工繳納社保費也很有默契地睜一隻眼、閉一隻眼。裕元鞋廠這次因為這種尋常做法而觸發的大規模工潮，令東莞以及其他地方數以萬計的工廠管理層都開始感到焦慮。

當地政府對深層勞資糾紛的介入，從一開始便給裕元工潮投下了潛在的政治陰影，而這更被警方和公安官員的強硬反應所放大。前述的資深工人這樣描述罷工快將落幕時工人的心情：「今天大家都感到很委屈。表面上，工潮已經解決了，但深層次問題還是沒解決。總之，我們都很沮喪，尤其是不滿政府打壓勞工。」他繼續說道：「最後，三方皆有損失——工人遭到打壓，僱主要付幾十億元的賠償金和罰款，政府行事的合法性也遭到質疑。」[56]

官方工會在裕元工潮的角色，較在本田工潮更加不清晰。有報道指出，官方工會這次站在罷工工人一方，作出建設性的介入。全國總工會的省級分會廣東省總工會，表示要在保護工人權益問題上「採取鮮明立場」，已經指示東莞的市級工會進行調解。[57] (對西方觀察家來說，工會「調解」勞資糾紛的概念可能十分困惑，但正如第6章探討的，這其實是中國近年出現的一種「集體談判」典型特色。) 這也許代表長期被嫌「毫無用處」且聽從於當地企業的工會，終於向前邁出一步。不過，前述那名資深工人卻認為廣東省總工會的「調解」根本越幫越忙：「在聽完工人的意見後，他們提出了復工提議，呼籲大家返回工作崗位。接著，警察就封鎖工廠大門，結果工人無法打卡上班，在裏面的人也無法出來……我覺得工會、警察和僱主根本是站同一邊的。」[58] 如果工會真的有從本田工潮得到什麼教訓，似乎只是變得比較會撰寫對公眾發布聲明稿，多於在實際行動有什麼改善。

相比下，基層維權組織「春風」對工人幫助更多。根據勞工維權人士的說法，他們提供了「很中肯也很合理」的方法，特別是建議「成立勞工委員會來帶領罷工」。[59] 不過，「春風」沒有也不能支持取代官方工會，他們鼓勵罷工者爭取更民主的工會選舉，作為抗爭的其中一項訴求。

勞工抗爭有什麼不同

在中國，勞工抗爭和其他領域的抗爭既有相同之處，也有其獨特之處。近年來，除了勞工抗議不斷增加，其他因為房屋拆遷、農地佔用、環境侵害引起的群眾抗議事件也越來越多。在這些領域，抗議事件的擴散使地方和中央官員都相當憂心，當中部分是因為官員擔心在國家體制外的地方社會動員，可能會聚集成一股越來越龐大的力量，威脅政治穩定。地方官員通常都是使用改革和打壓的兩面手法應對——一方面透過完善法例，或加強法例執行力度處理引起抗爭的社會議題，另一方面則以強硬手段設法令最活躍、進取和最受矚目的社會運動領袖緘聲。非政府組織常在抗議活動的邊緣提供支援，有時也會站到抗爭的中心位置；但從它們遇到的官方回應可見，中國官方越來越不希望公民社會發展。中國的非民選政權在處理民眾不滿時，面臨著一系列的兩難。透過仔細檢視作為社會不滿現象之一的勞工抗爭，本書旨在以更廣闊的圖景展示中國面臨的挑戰和變化。

不過，勞工也是一個很特殊的社會矛盾領域。首先，工人是潛在的集體力量來源——而且不只是造成躁動而已——這是其他領域民眾欠缺的潛力，因為工人一旦停工，商品和服務的生產就會中斷。這足以觸發企業主和政治行動者的注視，前者主要靠產品持續順利生產才能獲利，而後者成功管治的能力以及能否保住執政地位，也許都要端視當地的經濟產出和發展。

再者，勞工抗爭通常發生在城鎮地區，而城鎮消息的流通比農村更快更遠，也更容易上達權力中心。透過現代的傳播和交通管道，企業員工不僅彼此緊密聯繫，同時也聯繫著更龐大和更密集的社會網絡。農村抗爭通常只出現在單一村落或鄉鎮，因此較容易遏止。

第三，勞工具有分散的結構性優勢，這往往令工人躁動比起其他形式的社會抗爭，更具組織性和更廣闊的傳播力。全世界在幾個世紀以來，共同的工作經驗——同一個工作地點、相同的職業或是處在同一個勞動市場，都為勞工運動提供蓬勃發展的土壤。共同的工作既能促進團結，這種相互依存、視彼此為命運共同體的氛圍也使勞工感受到集體力量的強大。這股力量來自掌控推動經濟發展的生產引擎，並能更容易地組織跨越不同地域或社會邊界的集體行動。

這些都是中國在尤其是過去十年來，罷工事件和參與人數顯著上升背後的一些因素，也是這種發展令中共政權如此不安的一些因素。中國官方沒有公開發表過罷工事件的相關數據，但我們可以取得的最貼近數據顯示，過去五年來中國每年的罷工事件都大幅增加——從2011年的185宗，增至2015年的2,774宗。[60]

圖表1.2　2011–2015年中國全國和廣東省的罷工事件數量

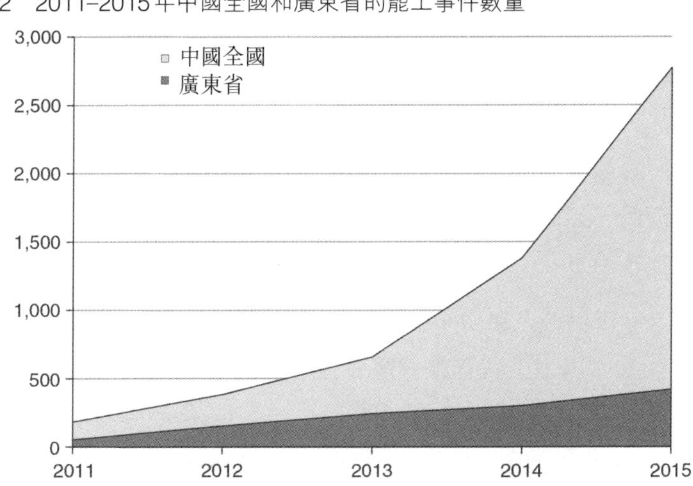

注：雖然這是目前可以取得的最貼近數據，但這很可能並不詳盡，因為中國限制公開此類數據。

資料來源：工人集體行動地圖（Strike map），中國勞工通訊（CLB），http://strikemap.clb.org.hk/strikes/en

中國也邁向勞工「新政」時期嗎？

這些勞工抗爭和勞工組織的主要特色並非中國獨有，但我們有需要了解中國工人的情況，與其他時空背景的勞工運動和組織有何異同。本書有時候會以美國處理勞資衝突的經驗，來檢視中國目前的勞工困境及其引發的改革。作這種比較不是為了預測中國未來的方向，也不是要凸顯中國政策不夠完善，畢竟美國的勞動法規和制度也不夠理想和完善；重點是要比較中美兩國在處理勞資衝突的相似和相異之處，以闡明中國的勞資關係、政治制度和政策抉擇，美國讀者尤其可以參考這部分。事實上，通過比較我們可以發現這一方面反而會使中國勞工現況失真，但另一方面也更能釐清某些現象。如果透過很多美國觀察家看中國的方式，事情的表象跟實際狀況往往截然不同。中國當代現況和許多美國人先入為主的成見，其實存在許多差異，但了解這些差異可以讓我們更清楚中國如何在其發展中的市場經濟裏，想方設法監管勞資關係。

中國近年的一些發展，包括罷工事件上升、勞工訴求提高、經濟不平等加劇、勞工對各種不平等的不滿情緒日增等，似乎都呼應了三十年代美國經歷過的勞工抗爭。正如當時美國政府所擔心的一樣，中國高層也擔心如果沒有好好處理勞工的不滿，勞工運動可能會演變成政治運動，如此便有可能削弱政府在工人及其盟友心中的認受性。中國高層渴望看到，中國有平和且有助提升生產力的勞資關係，經濟持續增長和各階層共享繁榮，以及政府重新獲得在工人階級心目中的管治認受性。以上這些都是美國在「新政」時期所達到的經濟和政治上的重要成就。從歷史角度來看，中國似乎要麼是走向某種的「新政」——對工業的回報作出重大調整，包括通過獨立工會實行集體談判的某種制度；或者是走向充滿痛苦、令社會動盪不安的那種工業衝突，而這種衝突在當年美國實施「新政」後獲得化解。

然而，再仔細一點地觀察中國就像「透過一面鏡來看」，發現所看到的和乍看之下的完全不同。其中一個難以忽視也難以避免的重要原因，就是中國是一黨專政的威權主義國家，領導人毋須經歷普選的洗禮，而且在可見將來也不會實行民主選舉。就算中國領導人想要複製美國當年的「新政」成功經驗，他們也會決意避免有助帶來「新政」的那種自下而上、引起動盪的政治化動員，並會繼續拒絕有助形成「新政」的政治自由和民主機制。中國政府尤其致力防止獨立工會興起，而獨立工會在美國「新政」時代，和西方發達工業國的勞資關係中都扮演非常關鍵的角色。在中國，在勞資關係中扮演著核心和清晰角色的，反而是獨立工會的**鬼魅**，而非中共控制的工會。對中國統治者來說，獨立勞工運動被視為對一黨專制存在的政治威脅。

因此，本書主要探討的主題是：中國政府堅決遏止獨立勞工運動，這也是其採取多管齊下的方式應對勞工抗爭的動力。這種決心刺激了改革和打壓，同時又塑造和制約了這兩種手段。

中國政府堅決防止獨立勞工運動興起，既反映在針對有可能發展成類似工會組織的個人和團體持續施以威嚇和打壓，也反映在中國政府力圖避免過分地公然打壓，以免激起民眾反彈和反對力量升級。在對有可能轉化成政治抗爭的工人集體抗爭，施以持續但同時有節制的打壓以外，政府也開始進行一系列的改革和倡議，以紓緩引發工人抗爭的不滿，無論是在經濟或是其他層面。不過，這些改革和倡議也受到限制甚至是阻礙，因為政府決意防止工人抗爭演化成政治反對力量。在這種打壓與節制、改革與退縮的每個搖擺組合的背後，是當局懼怕針對特定僱主的地方性抗爭，與對政府處理勞資關係角色的不滿結合起來後，將形成一股更大的工人運動，進而挑戰既有的政治秩序。[61]

中國政府控制勞資衝突的多方面手法，以及阻止獨立勞工組織興起，因此展示了打壓與改革、呆板僵化與實用主義、貪污腐化與精英管理、甚至是有點自由和民主的結合，這可能會讓許多讀者感到驚訝。不過最令人驚訝的，也許是中國擁有與美國差異極大且充滿缺陷的體制，但這樣的體制居然能夠長久地延續下來且順利運作。中國政府對勞工抗爭的反應，顯示中國若要進行民主改革恐怕困難重重，包括容許並承認獨立工會，以及採取一系列另類策略以應對工人抗爭。然而這些都與中國現在的做法背道而馳。通過靈活地打開和關閉不滿情緒的壓力閥門，中國領導人也許能夠將勞資糾紛控制在可控範圍內，並在很長的一段時間內保持現有政治現狀不變。

中國勞動改革的四大面向

同樣地，這裏的基本主題還是中國政府決意防止獨立勞工運動的興起，這種決心同時促使當局採取改革與打壓並行的手段，同時也限制兩者的施行力度。該現象反映在中國勞動改革策略的四大面向，也是本書討論的核心。

勞動監管策略：中國政府的第一個改革策略，包括提升最低勞動標準，以及完善對接受個人關於侵犯勞動權益問題申訴的官方機制。把不滿的工人從街頭拉到法院和仲裁庭去，由政府帶來更好的勞動標準，這似乎是防範工人集體行動的良好策略。因此，中國在2007年制定了包括《勞動合同法》等三大勞動法規。

但如果目的是要遏止勞工抗爭的浪潮，那麼勞動監管改革策略卻是無效的。事實上，雖然新法規提高了勞動標準，但實際落實情況還是很差，因此反而讓紙上寫的法律和現實情形落差更大，這樣的差距常成為勞工抗爭的起火點，也是中國政府的弱點，同時反映了監管層面的缺失，這類缺失常見於中國仍處於初期階段的經濟和法律發展進程。法規執行成效不彰，部分是因為中國政府不願意讓公民社會的行動者協助勞工在新法規下履行權利。工人的律師和倡議團體可以發揮的作用相當有限，這源起自官方對有組織社會維權運動的恐懼，尤其是獨立於官派組織的勞工維權運動。

但事情還不只如此，如果中國政府希望僅通過立法提高勞動基準並確實執行，就可以解決勞工抗爭問題，那就注定失敗。對在整個經濟體最先進和最具盈利能力的板塊來說，立法制定的最低勞動基準無可避免地都未能令很多工人滿意，就像廣州本田汽車的工人。一旦「利益分歧」(也就是收入再分配超越了法例最低標準，兩者之間出現分歧)的情況在中國浮上水面，就算完善執行統一的最低標準也不足夠。

集體談判和對罷工的回應：在工業發達的經濟體，通過工會進行無論企業層面或是行業或地區層面的集體談判，一直以來都是應對工人集體利益分歧的可靠機制。尤其在廣州本田工潮之後，公眾焦點都投放到勞資關係政策和操作。不過，即使從基本的用字遣詞也可看出，中國和西方對勞資關係的認知不同。中國官方並不太喜歡使用「集體談判」這個詞來稱呼工人和企業管理方，就工資和其他問題的談判過程，通常用詞是「集體協商」。「集體談判」聽起來較有對抗的意味，「集體協商」聽起來比較像是尋求共識的過程，符合中國官方期待的「和諧勞資關係」。不過，「集體談判」一詞似乎變得越來越流行，尤其是在廣東省，大概因為在工潮中勞資雙方就利益分配問題發生衝突在所難免。

集體協議是中國勞動監管制度的關鍵特色。但在民營企業，無論是那些協議的內容還是確保執行協議的標準程序都與西方國家的集體談判差異甚大。地方工會的官員都是按照上級指示制定出多份集體協議，但它們都只是複製法規標準的樣板條款。這些集體協議通常缺乏真正的讓步，很少或根本沒有考慮到工人的具體訴求。[62]

接著，在罷工進行時會出現一種特殊的談判。任何規模的罷工都需要某種形式的組織(即使只是非正式組織)，而這是中國高層擔心的。當一場有相當規模的罷工響起警號，地方政府就會出動「救火隊」，包括工會官員、警察和治安部隊，肩負恢復秩序的重任。「救火」的其中一個環節，就是派地方工會官員與資方談判，迫使對方讓步——通常就是增加工資。但是這種談判通常被視為地方官員的「維穩」手段，多於是處理勞資關係的過程。

因此，中國有罷工以及僱主與工會官員之間進行的集體協商，而協商有時會在罷工期間進行。不過，在中國發動罷工往往有受到威脅的陰影下，集體談判或協商並沒有規定的或實際上的程序。事實上，罷工處於中國法律的「無人區」: 中國的勞動法規未有明確承認或保障罷工的權利，也沒有明文指出罷工屬於違法(儘管僱主可以頒布制止工人停工的規定，並據此開除罷工員工)。不過，清晰的事實是：罷工並非保障勞方與資方達成集體協議的官方程序一部分，也不屬於官方工會的協商手段。

工會民主化：這個問題要回到中華全國總工會及有關改革全總的方案。全總在法律上是中國工人的唯一代表組織，也是中國政府遏止獨立勞工組織的重要武器。不過，躁動不安的中國工人認為全總完全沒用，對中國政府來說全總很大程度上也沒有做好其工作。因此，無論從上、從下以及內部，全總都面臨著要成為中國工人更好的代表以及監管者的壓力。

到了2010年，至少在廣東有些罷工工人，要求以民主選舉選出基層工會領袖，當中有些行動更取得成功。[63] 仔細觀察這個趨勢，觀察其背後的成因、引發的效應以及抗爭的對象，就更能理解「民主」在中國的含意以及政府對勞工抗爭的回應態度。選舉式的民主可以成為另一種「維穩」手段——當情況（及工人）要求民主選舉時，官方要小心翼翼並把民主選舉局限在狹窄的範圍內。需要特別指出，中國官方一直堅持選舉要有「篩選」，也就是候選人都要接受官方的篩選，這個程序在基層工會選舉時常有爭議，就像農村基層選舉（當然還有香港的選舉）一樣。

中共一直堅持對有組織工人活動實施「黨國控制」，但對「有組織的資本」的監控程度卻低得多。中國在計劃經濟時期，生產活動是黨國體制不可或缺的一環，國營企業的資本及工人，都是由黨員出任的經理和工會官員來管理。在實施促成國營企業改造和發展民營經濟的「改革開放」政策後，中國的企業運作模式開始向西方世界模式轉移，企業成為相對自主的市場行為者。當然，企業還是受到國家的**監管**，但不再由國家直接管理。簡單來說，在「有組織的資本」的控制下，中國大步向西方式的「監管資本主義」方向邁進。[64] 不過，中國政府卻未以同樣的態度對待有組織的勞工。西方的工會在不同程度上都受到規管，但都並非由國家管理。反觀在中國，全國總工會仍然是中共主導管治體制的不可或缺組成部分。與有組織的資本不同，有組織的勞工始終處於中國共產黨統治集團的行政控制之下。

諷刺的是，資方和資本家的結集給中國這個名義上社會主義政權帶來的挑戰，反而較集體勞工活動帶來的更小。從意識形態的層面來看，中國似乎完成了一項不可能的任務，就是把大部分生產資料私有化、給資本賦予重大的企業自主權以及堅持社會主義道路調和起來。[65] 然而，中共仍舊決意通過全國總工會，堅持中共作為中國工人唯一真正代表的理念。這部分是因為在實際政治層面上，獨立於黨國體制之外的「有組織勞工」較「有組織資本」對政權構成更大的威脅。事實證明，中國政府非常擅長培養國內擁有資本階層對政權的忠誠，化解這個階層可能構成的政治威脅。[66] 與此同時，官員在中國商業企業的蓬勃發展獲得了大量私有股權。企業和中共高層的身分和利益交織在一起，雙方互惠互利，有助鞏固一黨專政，以應對來自資本的挑戰。然而，工人卻不能分享盛宴。中國的當權者擔心，如果允許工人自主組織起來，他們或會對政治經濟現狀的穩定構成重大威脅。出於這種恐懼，官方極不情願容許工人集體組織維權活動，亦抗拒在官辦工會實行民主選舉。

「民主化的管理」： 前述的三個改革面向，都與中國持續決意管控「有組織勞工」有關——一方面遏止自治工人組織的形成，另一方面令官辦工會更能回應民意，但又不能讓它成為獨立組織。中國的「有組織資本」相對來說有較大的自主性，但這種自主性也不能誇大。中國也可能會對資方管理層設下一些程序上的限制，賦予工人在職場上有某種形式的正式話語權。

讓我們很快地回顧：在過去短短數十年間，中國經濟的現代化和增長確實是任何社會最矚目的經濟成就之一。對於有些尤其是「市場原教旨主義者」(market fundamentalists) 的西方觀察家來說，中國的亮眼成就正好證明了自由市場經濟和私有企業的優勢。他們認為，中國願意摒棄堅持計劃經濟的意識形態，解開套在私有產權的枷鎖，並讓市場和從自身利益出發的企業家去做西方社會已經做了好幾個世紀的事情，真的是非常正確的決定。按這個觀點，中國的持續發展大概將走上更進一步私有化和經濟自由化的道路——儘管企業還是要服從強大的國家監管制度。再者，經濟自由化也必定把中國推向政治自由化。換句話說，私有財產權和市場自由是經濟繁榮的必要條件，同時也會讓人民開始要求更多其他的權利和自由，最終使國家走向民主。對某些人來說，這應該就是「故事的結局」，中國的未來也偏離不了這樣的故事線。[67]

然而，長期觀察中國的學者已經開始質疑這種說法，而且認為中國可能會出現一種不同的發展模式，在某些層面足以抗衡甚至超越傳統西方國家沿用的市場經濟、法治及選舉式的民主制度。無論是被稱為「國家資本主義」或「社會主義市場經濟」，所有指標都顯示國家仍將在生產性經濟和金融板塊維持很大的份額。國家仍會保持對民營經濟的控制，超出「監管資本主義」或至少是其美國版本所需的發展條件。這點也許可從近年勞動改革中常被忽略的一個方面看出來：包括看起來就像是從過去計劃經濟殘留下來、兼注定要失敗的「職工代表大會」制度，這種「民主管理」的機制至少在文件上明顯復興了。

職工代表大會在某些方面類似德國的勞工議會。如果它們真的能夠代表勞工並行使法律賦予的重要職權，也許真的能在企業內為工人發聲，對企業管理起到真正的制約。如此一來，在職代會的幫助下，工人就更能夠確實行使權利，在企業內部解決與資方的利益糾紛，無須再透過工人抗爭把問題帶到街頭。但這些事情職代會大概都不能做到，它們注定只能繼續成為為管理層而設的橡皮圖章；除非它們真的能夠與勞工信任的工會攜手合作，否則情況不會改變。職代會的臨時和局部再興，大概是中國政府的另一項改革努力，這種努力同時由決意遏止工人躁動，並防止獨立工人運動興起所推動、塑造及受到制約。

接下來的三章，將為本書的其餘部分奠下必要基礎。第2章將簡要探討中國當代勞工抗爭的演變，以及抗爭發生時的政治、經濟和制度背景，尤其探討中國自開放外資以來，非國有經濟持續成長的勞工抗爭。第3章將探討代表勞工的官方及非官方組織，讓讀者了解中國公民社會的樣貌以及政府如何管理。這將從官方的全國總工會、其地方分會以及受其監督的數以百萬個企業內部工會開始，然後將介紹一些為勞工提供服務並作出倡議的非政府組織。第4章將作出比較：西方讀者可能會先入為主地用發達國家過去處理勞資衝突及改革勞動法的經驗，來檢視中國現在的勞工抗爭，我在2009年剛開始研究中國勞工狀況就是如此。雖然用西方經驗的放大鏡來檢視中國勞動狀況，的確可以釐清中國的某些特色，但卻會讓其他方面變得模糊不清甚至失真。因此，我們應該也要先釐清西方經驗，再拿來與中國經驗類比。

第5章到第8章將檢視中國官方對勞工抗爭處理方法的重要組成部分，包括提高勞動基準並加強執行(第5章)；持續調整對罷工和集體談判的處理方式(第6章)；在處於全國總工會金字塔最底端的基層工會推動若干民主化措施(第7章)；以職工代表大會擔當主要角色，暫時性恢復「民主化管理」(第8章)；第9章則是結論。

隨著中國工人越來越願意並敢於團結起來，伸張共同的權利和利益，中國領導層採取包括打壓、妥協和改革等混合手段來應對。從地方層面來看，地方官員使用一切手段來處理勞工抗爭，從出動警犬、警棍、逮捕到作出讓步，甚至是以金錢解決。至於在最高領導層，政策制定者既投入數十億元「維穩」，亦推出各種改革措施以滿足工人的某些訴求，也讓政權更符合中共所宣稱的支持工人的意識形態。他們提高了法定最低工資及勞動標準，讓勞工有更多機會透過司法和仲裁管道爭取權利，開展集體談判的試點，並試圖活化官辦工會和其他讓勞工發聲的機制。中國政府做了以上的所有事情，並在其他政策範疇做到更多，另一方面維持了一黨專政這個曾經被西方菁英認為絕對會完蛋的政治制度。

中國沒有按照西方觀察家預測的方向走，他們可是很清楚自己在做什麼。中國領導人和許多民眾都堅決認為中國有獨特的歷史、文化、價值觀甚至是地理環境，因此中國應該要走自己的路，發展出獨特的國家治理模式。即使與西方自由民主國家有著某些共同目標，中國也要用自己方式達成。因此，中國宣稱要發展出有「中國特色」的公民社會、法治、人權和民主制度。本書會以類比的方式來看中國如何處理勞工抗爭，藉此了解所謂的中國特色。如果中國工人真的迎來他們的「新政」，這也會是有中國特色的新政，與二十世紀中葉美國及其他西方國家工人所做到的成就大不相同。

這也許沒什麼驚訝，畢竟中國在短短三十年間就從封閉、極度貧窮、經濟發展落後、政治動盪的專制國家，搖身一變成為世界數一數二的強大經濟體。對中國來說，勞工抗爭興起是嚴峻的挑戰，同時也是改革的推力，不過中國政府採取的手段越來越複雜多元，因為當局既要防止勞工抗爭失控，也要遏止任何重大政治變革。總而言之，中國耀眼的經濟成就告訴我們一件事：就算有些事情從來沒有其他地方做過，也不代表中國一定做不到。

注釋

1 "Towards the End of Poverty," *Economist*, June 1, 2013, http://www.economist.com/news/leaders/21578665-nearly-1-billion-people-have-been-taken-out-extreme-poverty-20-years-world-should-aim.

2 Albert O. Hirschman, *Exit, Voice, and Loyalty: Responses to Decline in Firms, Organizations, and States* (Cambridge, MA: Harvard University Press, 1970).

3 Mitali Das and Papa N'Diaye, "The End of Cheap Labor," *International Monetary Fund Finance and Development* 50, no. 2 (June 2013), http://www.imf.org/external/pubs/ft/fandd/2013/06/das.htm.

4 「獨生子女世代」可以快速說明中國出生率下降的複雜情況。見第2章。

5 "Rising Labor Costs Trigger Industrial Relocation, " editor's note, *China Daily*, July 6, 2010, http://www.chinadaily.com.cn/bizchina/2010-07/06/content_10069557.htm; Keith Bradsher, "Gift-Bearing Officials Try to Lure Chinese Factories Inland," *New York Times*, August 27, 2014.

6 儘管近期中國經濟動盪，很多商業專家仍十分看好中國的長期經濟前景。2015年9月8日巴菲特在接受彭博社David Westin專訪時說道：「我很看好中國，它有長期發展的潛力。」*Bloomberg News*, September 8, 2015, http://www.bloomberg.com/news/videos/2015-09-08/buffett-i-m-bullish-on-china-it-has-long-term-potential; Leslie Shaffer, "Goldman: Still Bullish on China, Despite Slashing Target," CNBC, October 8,

2015, http://www.cnbc.com/2015/10/08/goldman-still-bullish-on-china-despite-slashing-target.html. 有些人則認為中國經濟已經開始走下坡，Greg Bresiger, "Chicago Economists Bearish on China," *Financial Advisor*, January 15, 2016, http://www.fa-mag.com/news/chicago-economists-bearish-on-china-24639.html. 甚至連中國前財政部長樓繼偉也說中國有「超過一半的機率」會掉入中等收入陷阱。中等收入陷阱是經濟術語，意指發展中國家成長到一個階段後陷入停滯的狀態。"Nation Must Be Alert to Middle-Income Trap," *China Daily*, April 28, 2015, http://www.chinadaily.com.cn/opinion /2015-04/28/content_20559900.htm. 國際貨幣基金組織則抱持較中立的態度，認為近來緩慢的經濟成長是一種「新常態」，雖然緩慢但卻更穩定、續航力更強。*People's Republic of China,* IMF Country Report no. 15/234 (Washington, DC: International Money Fund, August 2015), http://www.imf.org/external/pubs/ft/scr/2015/cr15234.pdf.

7 比較以下三篇文章：Ronald B. Davies and Krishna Chaitanya Vadlamannati, "A Race to the Bottom in Labor Standards? An Empirical Investigation," *Journal of Development Economics* 103 (July 2013): 1–14 (指出有些國家可能為了吸引外資而刻意不嚴格執行勞動法規)，與Ajit Singh and Ann Zammit, "Labour Standards and the 'Race to the Bottom': Rethinking Globalization and Workers' Rights from Developmental and Solidaristic Perspectives," *Oxford Review of Economic Policy* 20, (2004): 101 (指出沒什麼證據能支持逐底競爭的理論)，以及Layna Mosley and Saika Uno, "Racing to the Bottom or Climbing to the Top? Economic Globalization and Collective Labor Rights," *Comparative Political Studies* 40 (August 2007): 923–948. (指出外國直接投資湧入有助於提升勞工權利，而貿易競爭則會打壓勞工權利)。

8 Stephanie Clifford, "U.S. Textile Plants Return, with Floors Largely Empty of People," *New York Times*, September 19, 2013.

9 The World Bank, "The State of the Poor: Where are the Poor and where are they Poorest?," April 17, 2013, http://www.worldbank.org/content/dam/Worldbank/document/State_of_the_poor_paper_April17.pdf.

10 Greg Knowler, "Sourcing Report Reveals Scale of China's Rising Labor Costs," *Journal of Commerce*, April 15, 2015, http://www.joc.com/international-logistics/sourcing-report-reveals-scale-china%E2%80%99s-rising-labor-costs_20150415.html.

11 在2010和2011年，某些省份的薪資漲幅可高達20%，見Sarah Biddulph, *The Stability Imperative: Human Rights and Law in China* (Vancouver: University of British Columbia Press, 2015). 然而，近年來薪資漲幅已明顯放緩，1990至2009年間每年平均漲幅逾10%，但從2013到2014年間降至不足6%。中國名義薪資，見http://www.tradingeconomics.com/china/wages (2016年3月5日瀏覽)。中國通貨

膨脹平均物價指數，見*Chinese Statistical Yearbook* 2014, http://www.stats.gov.cn/tjsj/ndsj/2014/indexeh.htm。Ellen Campbell在作者的監督之下所作的計算。

12 "Nation Must Be Alert to Middle-Income Trap," *China Daily*, April 28, 2015.

13 其他工資更低廉的地區——工資最多比中國低30%——所擁有的優勢通常會被當地的劣勢（例如基礎建設落後）給抵消。"The End of Cheap China: What Do Soaring Chinese Wages Mean for Global Manufacturing ?" *Economist*, March 10, 2012, http://www.economist.com/node/21549956.

14 Beverly J. Silver and Giovanni Arrighi, "Polanyi's 'Double Movement': The *Belle Époques* of British and U.S. Hegemony Compared," *Politics and Society* 31 (June 2003): 325–355; Mosley and Uno, "Racing to the Bottom or Climbing to the Top?"

15 David H. Autor, David Dorn, and Gordon H. Hanson, "The China Shock: Learning from Labor Market Adjustment to Large Changes in Trade," NBER Working Paper No. 21906, January 2016, http://www.ddorn.net/papers/Autor-Dorn-Hanson-ChinaShock.pdf.

16 裁員會造成長遠的負面影響，甚至禍延勞工子女。Austin Nichols, Josh Mitchell, and Stephan Lindner, *Consequences of Long-Term Unemployment* (Washington, DC: Urban Institute, 2013), 10–11, http://www.urban.org/sites/default/files/alfresco/publication-pdfs/412887-Consequences-of-Long-Term-Unemployment.PDF.

17 David Weil, *The Fissured Workplace: Why Work Became So Bad for So Many and What Can Be Done to Improve It* (Cambridge, MA: Harvard University Press, 2014); and Thomas Piketty, *Capital in the Twenty-First Century* (Cambridge, MA: Harvard University Press, 2014).

18 Michael B. McElroy, Chris P. Nielsen, and Peter Lydon, *Energizing China: Reconciling Environmental Protection and Economic Growth* (Cambridge, MA: Harvard University Press, 1998).

19 David Whitford, "Where in the World Is Cheap Labor?" *Fortune*, March 22, 2011, http://archive.fortune.com/2011/03/22/news/international/fair_labor_china.fortune/index.htm (quoting Auret van Heerden).

20 James A. Hagerty and Mark Magnier, "Companies Tiptoe Back towards 'Made in the U.S.A.,'" *Wall Street Journal*, January 13, 2015.

21 "Senior Chinese Officials Acknowledge Rising Social Unrest, but Rule Out Political Liberalization," Congressional-Executive Commission on China, August 1, 2005, http://www.cecc.gov/publications/commission-analysis/senior-chinese-officials-acknowledge-rising-social-unrest-but-rule; "In 2005, Incidents of Social Unrest Reached 87,000," *Asia News*, January 20, 2006, http://www.asianews.it/news-en/In-2005,-incidents-of-social-unrest-hit-87,000–5169.html.

22 "Protecting Workers' Rights or Serving the Party: The Way Forward for China's Trade Unions," *China Labour Bulletin*, March 2009, 6, http://www.clb.org.hk/sites/default/files/archive/en/share/File/research_reports/acftu_report.pdf.

23 "China's Spending on Internal Police Force in 2010 Outstrips Defense Budget," *Bloomberg News*, March 6, 2011, http://www.bloomberg.com/news/2011-03-06/china-s-spending-on-internal-police-force-in-2010-outstrips-defense-budget.html (citing sociology professor Sun Liping).

24 一項研究估計這類事件有45%的起因為勞資糾紛。Yanqi Tong and Shaohua Lei, "Large-Scale Mass Incidents in China," East Asia Institute, April 15, 2010, http://www.eai.nus.edu.sg/publications/files/BB520.pdf. 另一項研究則發現，從2011到2013年間，媒體報道的群體性事件有31%與勞工相關。Hou Liqiang, "Report Identifies Sources of Mass Protests," *China Daily*, April 9, 2014, http://www.chinadaily .com.cn/china/2014-04/09/content_17415767.htm.

25 "Nearly 1,000 People Dispersed following Wage Protest in SW China,"*People's Daily Online* (English), October 12, 2010, http://english.peopledaily.com.cn/90001/90776/90882/7164113.html.

26 Grzegorz Ekiert and Jan Kubik, *Rebellious Civil Society: Popular Protest and Democratic Consolidation in Poland, 1989–1993* (Ann Arbor: University of Michigan Press, 1999), 5.

27 Andrew Walder and Xiaoxia Gong, "Workers in the Tiananmen Protests: The Politics of the Beijing Workers Autonomous Federation," *Australian Journal of Chinese Affairs* 29 (January 1993): 1–29.

28 Youwei, "The End of Reform in China," *Foreign Affairs*, May/June 2015, https://www.foreignaffairs.com/articles/china/end-reform-china.「Youwei」是一位中國學者的化名。從一位學者自覺需要用假名發文，可看出中國學術自由的現況。

29 David Shambaugh, *China's Communist Party: Atrophy and Adaptation* (Washington, DC: Woodrow Wilson Center Press, 2008).

30 Youwei, "The End of Reform in China."

31 Weiwei Zhang (張維為), "The Five Reasons Why China Works," *Huffington Post*, February 26, 2014, http://www.huffingtonpost.com/zhang-weiwei/the-five-reasons-china-works_b_4859899.html.

32 〈熟讀毛澤東詩詞的80後青年領導本田工人罷工〉，《中國新聞周刊》，2010年6月2日。

33 "Strike Breakers: Strikes Are as Big a Problem for the Government as They Are for Employers," *Economist*, July 3, 2010, http://www.economist.com/node/16282233.

34 Kevin Gray and Youngseok Jang, "Labour Unrest in the Global Political Economy: The Case of China's 2010 Strike Wave," *New Political Economy* 20, no. 4 (2015), doi: 10.1080/13563467.2014.951613.

35 〈熟讀毛澤東詩詞的80後青年領導本田工人罷工〉。南海本田正職員工和長期「實習員工」同工不同酬，也讓工人更加不滿。

36 Anita Chan, "Labor Unrest and Role of Unions," op-ed, *China Daily*, June 18, 2010, http://www.chinadaily.com.cn/opinion/2010-06/18/content_9987347.htm.

37 David Barboza, "In China, Unlikely Labor Leader Just Wanted a Middle-Class Life," *New York Times*, June 13, 2010.

38 Beverly J. Silver, *Forces of Labor: Workers' Movements and Globalization since 1870* (Cambridge: Cambridge University Press, 2003).

39 中國的政治人物和商人都很認真研究歷史。Ronald Herman Huisken and Meredith Christine Thatcher, *History as Policy: Framing the Debate on the Future of Australia's Defence Policy* (Canberra: ANU E Press, 2007), 61–65; Cheng Zhu, "What We Can All Learn from China's Business Leaders," *Forbes*, January 26, 2011, http://www.forbes .com/2011/01/24/china-america-business-lessons-leadership-managing-ccl.html.

40 Chris King-Chi Chan and Elaine Sio-Leng Hui, "The Dynamics and Dilemma of Workplace Trade Union Reform in China: The Case of the Honda Workers' Strike," *Journal of Industrial Relations* 54 (2012): 658–659, doi: 10.1177/0022185612457128.

41 Gregory T. Chin, *China's Automotive Modernization: The Party-State and Multinational Corporations* (New York: Palgrave Macmillan, 2010), 2, 145.

42 〈我國工會因勞資糾紛面臨重組，部分地方試點選舉〉，《中國新聞周刊》，2010年6月24日。

43 曾慶洪是一名「紅頂」商人。Kellee S. Tsai, *Capitalism without Democracy: The Private Sector in Contemporary China* (Ithaca, NY: Cornell University Press, 2007).

44 〈熟讀毛澤東詩詞的80後青年領導本田工人罷工〉

45 同上注。

46 "Strike Breakers."

47 〈熟讀毛澤東詩詞的80後青年領導本田工人罷工〉。其他報道指出這群人其實是戴著工會臂章假冒工會成員的警察，因此他們能夠進入廠房；在中國剛開始歡迎外商投資的時候，警察通常不會進入外資工廠。

48 "Strike Breakers."

49 Anita Chan, "Labor Unrest and Role of Unions."

50 "Yue Yuen Strike Is Estimated to Cost $60 Million," *Wall Street Journal*, April 28, 2014.（「勞工維權人士估計，裕元需要賠償的總金額大概在一億到兩億人民幣之間。」）

51 "Thousands of China Workers on Strike," *BBC News*, April 17, 2014, http://www.bbc.com/news/business-27059434.

52 "Defeat Will Only Make Us Stronger: Workers Look Back at the Yue Yuen Shoe Factory Strike," *China Labour Bulletin*, May 22, 2014, http://www.clb.org.hk/en/content/defeat-will-only-make-us-stronger-workers-look-back-yue-yuen-shoe-factory-strike.

53 Echo Hui, "Labour Advocate Helping Dongguan Factory Strike Arrested over WeChat Message," *South China Morning Post*, April 29, 2014, http://www.scmp.com/news/china/article/1500074/labour-advocate-helping-dongguan-factory-strike-arrested-over-wechat.

54 〈裕元不哭〉，中國勞工網絡，http://www.worldlabour.org/eng/node/674，2014年4月28發布。

55 Kam Wing Chan and Will Buckingham, "Is China Abolishing the Hukou System?," *China Quarterly* 195 (September 2008): 600–601.

56 "Defeat Will Only Make Us Stronger."

57 "Chinese Trade Group to Mediate Shoe Factory Strike," *CBS News*, April 18, 2014, http://www.cbsnews.com/news/chinese-trade-group-to-mediate-shoe-factory-strike/.

58 "Defeat Will Only Make Us Stronger."

59 Ibid.

60 「中國工人集體行動地圖」，中國勞工通訊，2016年1月16日瀏覽，見http://maps.clb.org.hk/strikes/en。罷工事件增加也許有部分是因為相關報道也日漸增加，尤其是透過社交媒體，所以數字才大幅上升；然而，罷工和集體抗議的真實數字幾乎肯定是更高的，畢竟中國在各種報道上仍有諸多限制。這些問題將在第9章更深入探討。

61 Sarah Biddulph近來描述中國處理勞動抗爭的「維穩」手段時，也提到類似的情形，相似的情況也可見於伊萊·傅利曼(Eli Friedman)對「中國暴動陷阱」的論述。Biddulph, *Stability Imperative*, chapter 2; Eli Friedman, *Insurgency Trap: Labor Politics in Postsocialist China* (Ithaca, NY: Cornell University Press, 2014). Friedman強調的是中央和地方政府之間的緊張情勢，因為地方政府若任地方企業予取予求，則會讓中央政府無法透過約束措施和改革來平息抗爭。除了這項重要的現象，我也強調了中央政府的矛盾心態，這樣的心態讓中央無論採取打壓或改革都無法全力以赴。

62 Qingjun Wu and Zhaoyang Sun, "Collective Consultation under Quota Management: China's Government-Led Model of Labour Relations Regulation," *International Labour Review* 153, no. 4 (2014): 609–633.

63 這並非首次有工人要求更民主的選舉。Anita Chan, "Challenges and Possibilities for Democratic Grassroots Union Elections in China: A Case Study of Two Factory-Level Elections and Their Aftermath," *Labor Studies Journal* 34 (2009): 293–317.

64 Edward S. Steinfeld, *Playing Our Game: Why China's Rise Doesn't Threaten the West* (Oxford: Oxford University Press, 2010).

65 這論點仍有爭議。中國領導層宣稱中國並非奉行資本主義，而是處於社會主義初級階段。Alan R. Kluver, *Legitimating the Chinese Economic Reforms: A Rhetoric of Myth and Orthodoxy* (Albany: State University of New York Press, 1996), 71–72.

66 Bruce J. Dickson, *Red Capitalists in China: The Party, Private Entrepreneurs, and Prospects for Political Change* (Cambridge: Cambridge University Press, 2003).

67 此處引用了Francis Fukuyama, *The End of History and the Last Man* (New York: Free Press, 1992)中的論點，他在書中主張西方的自由民主已經證實優於其他與其競爭的政體，且終將主導全世界。但福山後來對民主將贏得最後勝利的想法變得比較沒信心，有部分是因為像美國這樣長期奉行民主制度的國家，也開始出現了政治腐朽的跡象，這個主題他在以下著作有深入探討：Francis Fukuyama, *Political Order and Political Decay: From the Industrial Revolution to the Globalization of Democracy* (New York: Farrar, Straus and Giroux, 2014).

第2章

改革時代的中國崛起及勞工抗爭
——勞動抗爭浪潮的成因和改變

中國當前勞工狀況的背景及政府對此的多方面回應，都與中國的政治及監管制度息息相關。當然，這些制度都源於中國源遠流長的歷史。但我們現在不是要從中國歷朝歷代談起，也不是要從1911年成立的短命共和國、混亂的內戰時期和隨之而來的列強割據，以及1949年的共產主義革命開始談起。我們的故事始於七十年代末期，在毛澤東逝世和文化大革命結束後，這時鄧小平和幾位黨內高層的實用主義者開始掌權並著手建立現代中國。文革重創了許多中國既有的制度，包括過去針對計劃經濟及國有企業的管理架構。[1]鄧小平認為要先恢復那些制度，才能對它們實現徹底變革。因此，我們先簡要探討在鄧小平主導的「改革開放」下，中國出現的現代勞動管理制度以及平行出現的勞工運動和抗爭。

「改革開放」及隨之而來的陣痛

「改革」和「開放」這兩個詞彙雖然常被大家同時掛在嘴上，但它們其實是兩個不同的發展面向，是中國通過逐步且部分釋放市場力量來促進兩個不同面向的發展。「改革」是重組計劃經濟國有企業的過程，這些國有企業多集中於中國東北的城市，讓它們面對競爭和市場壓力。「開放」意味著歡迎國內外的私人企業和資金進入當時仍主要是農村的華南沿海地區，也鼓勵數百萬貧農加入工業勞動力。改革計劃經濟的過程較向私有企業和資金開放大門更複雜且長遠，因此改革的步伐一定落後於開放。接下來關於這兩個面向的敘述，完全著墨於近期幾項改革的背景，這幾項改革也是本書的重點。[2] 我們現在就從當時正要經歷「改革開放」的計劃經濟開始說起。

從毛澤東到市場導向，從單位到勞動合同

計劃經濟在毛澤東的統治下成形，並在鄧小平時代的一段時期重新建立。在計劃經濟體制下，企業由黨國擁有並管理。國家指派的企業管理人必須完成上頭制定的生產目標，但他們也要負責底下員工和工人的生計，他們幾乎是永久分派到特定的「單位」，也就是企業工作單位。[3] 魏昂德（Andrew Walder）這樣形容單位制度實行的最後幾年，一名工廠負責人所扮演的角色：

> [他]不僅是一家企業的管理者，也是一個社會政治群體的領導人。這個社群通常有上千人，有的甚至上萬。他不僅負責這些人的收入，還要負責他們及其家屬的福利。他必須要興建房屋，提供給很多需要更大居住空間的家庭以及想成家的年輕員工。企業也要努力建立並維持各種服務和設施，包括醫療照護、學校教育、供餐、娛樂設施、招待所、共乘車輛。企業還要幫員工子女找工作，要給付退休員工退休金，還要組織運動競賽隊伍和籌辦文化活動。一個企業的管理者必須負責以上所有事項，而且會由上層主管及其下屬來評斷管理者執行這些任務的能力，不單只看他是否能達成生產和財務目標。[4]

這就是城市工業經濟的「鐵飯碗」模式，並非建基於勞動市場或勞動合同。在此種模式下，勞動力並未「商品化」，勞工大多無法辭職，但也不會被解僱。[5] 工人是工廠名義上的主人，但實則受到中共及其指派的工廠管理人無孔不入的管控；工人的確是「單位」成員，而非僅是僱員而已。

工人被限制在單位裏，而貧困的農村居民則被摒除在單位制度外，這部分是由於中國的戶口登記制度幾乎把所有的社會福利，和人民的工作單位及登記戶籍綑綁在一起。[6] 中國工人形容這種「鐵飯碗」制度是「進不去，出不來」。「勞動合同制度」當時在單位制度的邊緣存在，但它是為少數被拉進中國經濟底層的農民工而設，完全不適用於處於城市的「工人國家的主人」。[7]

文革期間，全國上下混亂的局面打亂了工業發展，造成原料短缺、運輸中斷和停工。[8] 學生紅衛兵全力批鬥各單位負責人、工會領袖以及其他在社會上象徵權威的人物。城市青年和幹部被下放到農村學習「吃苦」，被迫離開自己的單位（同時也中斷學業）。此外，城市規劃被視為「受到資產階級意識形態的污染」，政府大減對城市工廠的投資。[9] 這一切都弱化了城市的單位制度。

雖然政府即將進行單位制度改革，但在鄧小平時代初期還是維持單位制度，並恢復相關的官方管理機構。除了工廠的董事長和監督組織以外，官方管理機構有工會（中華全國總工會的企業或「基層」分會）、職工代表大會以及地位淩駕前兩者的中共黨委會，這三個機構俗稱「老三會」。但在1994年中國實施《公司法》後出現的「新三會」，也就是董事會、監事會和股東會，老三會的權力很多都被劃歸到新三會。[10] 不過講到這我們的進度有點太快了，我們現在要談的是在大刀闊斧的改革之前，隨著開放私人及外國資金流入，一個截然不同的經濟體如何應運而生。

由華南地區原來主要是農村的珠江三角洲及其他沿海地區的「經濟特區」開始，中國政府邀請外商投資，通常是參與合資企業。屬於農村集體經濟組織的「鄉鎮企業」的運作模式也越來越像私人企業，同時國內的創業者也獲准建立和拓展民營企業。[11] 勞動力可以經由勞動市場買賣，而且勞動市場大多不受法律上的勞動標準約束。中國的工廠和快速發展的勞動市場，開始吸引外國企業爭相前往。中國赤貧的農民，也因為受夠了貧窮、想給家人更好的生活、夢想生活在繁榮的城市或甚至是因為受到愛國情操驅使，開始爭相走進那些血汗工廠。雖然他們在工廠裏必須忍受超長工時、超低工資和危險惡劣的工作環境，這些情況在很多西方先進國家的觀察家眼裏實在太過可怕，但對大多數農民工來說，在這種地方工作仍然優於繼續待在看不到未來的農村。[12]

在開放後的頭十年左右，中國的「社會主義市場經濟」看起來像有兩個完全不同經濟制度同時運行。社會主義經濟仍由黨國規劃和管理，在此體制下的勞工仍是企業的單位成員，不僅是員工；市場經濟雖然只在特定的地區和產業實行，但這些地區和產業的市場經濟幾乎完全不受國家約束，至少在勞工待遇方面是如此。

敞開大門歡迎私人資本和市場競爭，為後來以市場經濟為本的改革奠定了基礎，連國有部門的改革也深受影響。正如高敏（Mary Gallagher）教授所述，民營企業和外資企業蓬勃發展，再加上引入產品市場、勞動市場和盈利動機，皆促進了國有企業的合理化、部分私有化和「公司化」。[13] 隨著國有企業加入全球供應鏈，且被迫遵循西方跨國企業為全球經濟建立的許多規則，中國國有企業更進一步地公司化。[14] 當勞動合同制度和以市場經濟為基礎的僱傭關係逐漸主導中國勞動市場，甚至也主導了其他大型國有企業，勞動力便開始商品化。[15] 過去平等主義（但低薪）的薪資結構，逐漸被差距明顯（但工資都變得比較高）的薪資結構取代。[16] 城市工人原本享有的「鐵飯碗」和各種福利保障也被逐漸且刻意地廢除，且有數百萬城市工人遭到裁員，被迫離開過去食衣住行什麼都包，而且還包一輩子的工作單位。[17]

國有企業持續主導集中於東北地區的資本密集產業，它們幾乎只僱用擁有城市戶籍的勞工；儘管僱用人數逐漸減少，福利和工作保障也不像以前那樣包山包海，但薪資的確增加了。與之成強烈對比，持續成長的民營和外資企業一開始集中於勞力密集產業，大規模製造成衣、玩具和其他消費品，工廠主要集中於東南沿海地區。正如李靜君教授所述，東北衰退「鐵鏽帶」的城市工人，以及身處蓬勃發展「陽光帶」的極度血汗工廠農民工，各自形成不同特徵的工人不滿。[18]

中國鐵鏽帶的藍領階級

「鐵鏽帶」城市工人階級的不滿，來自他們原來在國有企業享有相對較高的工資和福利，也享有終身工作保障而且還被稱作「工廠的主人」；然而在推動經濟自由化措施後，他們卻要面對競爭更劇烈和以利潤為導向的環境。很多國有企業倒閉，有些經歷完全或部分私有化，而存活下來的國企則致力提高效率和營收。中國領導人很順理成章地憂慮在工人國家的心臟地帶會爆發勞工抗爭，尤其在天安門事件之後，因此只能循序漸進地廢除單位制度和鐵飯碗，甚至在改制過程中還不時出現停頓。[19] 但對在過去享有獲厚待遇的城市工人來說，他們有些人為求找到國有企業的「終身職位」，而甘願放棄接受高等教育的機會，現在他們在市場經濟地位卻逐漸驟降，意味著生活水平、保障和地位都急遽下滑。[20]

中國國有企業工人面臨的困境，對同時期美國鐵鏽帶的汽車工人和鋼鐵工人來說並非完全陌生。這些藍領工人是美國新政聯盟和中產階級的中流砥柱，工資、福利及預期能獲得的經濟保障，在美國工業蓬勃發展的數十年間都與日俱增。然而，從七十年代末期到九十年代，隨著全球競爭、貿易壁壘瓦解、新的生產和運輸技術問世，因素交疊造成殺傷力極強的裁員潮，他們無論在政治地位和影響力、物質生活保障以至人數方面都急劇下降。[21] 當數以十萬計薪酬不俗，並享有優厚國企退休金、醫療和附帶福利，兼且原來也很穩定的工作崗位消失時，整個地區便會經歷經濟衰退。

顯然地，中國「鐵鏽帶」所經歷的情況與美國非常不同。首先，在絕對條件方面，中國國有企業工人較美國鋼鐵業和汽車業工人貧窮得多，在行業萎縮時較後者面臨更慘淡的處境。在依靠了數十年以國企為本的「鐵飯碗」福利模式後，中國一直艱難地(而且至今仍舊無法)建立一套涵蓋公共福利和社會保險的較像樣社會安全網，以取代昔日的鐵飯碗制度。雖然中國「鐵繡帶」城市下崗工人的生活還是較農民要好得多，但跟美國的藍領階層比起來，他們面對的經濟衰退處境又艱難得多。另一方面，他們身處在經濟上升並迅速擴張的環境。他們在十多年間失去了原有的地位和保障，但有些前國企員工——尤其是較年輕的熟練男性工人——他們後來都賺得較從前工資水平要高的收入，反觀其他下崗工人卻承受長時期的經濟損失。[22] (前者的狀況是否有改善取決於個人看法——或者是他們的看法——如何看待絕對的價值，以及與之相比的經濟福利、地位和保障)。自七十年代起，被裁員的美國鋼鐵工人和汽車工人的經濟情況從雲端跌至谷底，而他們的慘況預示了美國一般勞工也將面臨實際工資持續下滑。很多工人在各方面都遭受長期損失，無論是收入、地位還是生活保障都大大降低了，而許多人都把這些損失至少部分怪到中國和中國工人身上。

中美「鐵鏽帶」衰退的國內政治情勢也大相逕庭。中國國有企業的私有化和重組是由國家高層從上而下策劃，過程中龐大的利益流向少數受惠者，這些人通常是地方政黨高層，也就是改制國企的管理層。財富持續流向有著千絲萬縷政治關係的上層社會人士，已成為中國最具爭議的社會問題。[23] 但在上世紀八、九十年代的第一波高幹致富潮，卻有一個令人不快的轉折——工人的上司及黨政領導人，他們過去身為相對平等的「單位」制度一分子，竟然不再在經濟上幫助工人，還侵吞本該為工人及其家屬提供永久生活保障的生產性資產。僅此一點就使得中國「鐵鏽帶」的重組及其引發的經濟陣痛，比美國的相應過程更具政治意味。

中國城市轉型帶來的衝擊，並不局限於政治層面，也具有深度的意識形態含意。這也是中美兩國「鐵鏽帶」的另一重大差別：在七十年代之前的數十年間，美國新政致力改善勞動條件和提倡產業民主，有些藍領工人享受到了集體爭取得來的權利和福利，而這一切都發生在社會於深層次上認可市場經濟、競爭和資本主義的情況下。到了八十年代，主張更不受約束的「自由市場」思潮湧現，引發一波又一波放鬆管制和貿易自由化的浪潮。[24] 但在美國，市場經濟和勞動力商品化不曾被妖魔化，工人也從未被捧成「工廠的主人」，美國也從未像由毛澤東統治數十年的中國般自詡為「工人國家」。對很多中國城市工人來說，摒棄毛澤東思想改為擁抱市場不僅讓人震驚，還有種背叛過去的感覺，這可能是美國藍領工人難以想像和理解的。

隨著計劃經濟解體及隨之而來的意識形態轉變，中國工人對少數權貴階層受惠，而工人卻失去原有的權益感到很憤怒。[25] 作為唯一合法官方工會的全國總工會，在此只擔當沒有什麼戲份的配角。全總向共產黨官員而非向工人問責，不僅要代表工人，還要維護生產和黨的管治。全總努力管控和緩解工人的怒火，但很多時候都是徒勞。[26]（全總在中國勞工現況還是很重要，其獨特的組織架構和任務將在第3章專門探討）。

國有企業「改革」所引發的抗爭浪潮在2002年前後達到高峰，對中共政權造成嚴重威脅。[27] 在地緣位置和意識型態上，這些抗爭給政治認受性和社會穩定造成很大衝擊，因為這些抗議從鄰近北京的東北工業重鎮向外擴散，而且參與的城市工人過去也是中共的核心擁護者，而且名義上仍是這個「工人國家」的「主人」。[28] 在那些國有企業的勞工抗爭，有些觀察家看到了新的工人階級意識逐漸抬頭。[29] 有些人則看到「工廠主人」被無情拋棄後的反應。[30] 不管怎樣，這些由下崗工人發起的抗爭，都是在抗議一種政治經濟秩序的逝去，而過去的秩序已經不會復來。工人干擾生產活動的能力有限，更不用談改變中國未來的發展進程。[31] 這就是「鐵鏽帶」的勞工抗爭，與昔日是農村的「陽光帶」地區在向民營和外國資本開放後出現的動盪顯著不同之處，而這也是本書的主要關注點。

中國陽光帶的黑暗面：農民工的苦難

中國「陽光帶」的發展始於七十年代末期，很大程度上由國內外的私人資本推動。不像國有企業主要發展資本密集的重工業，華南沿海地區的民營企業在開放的頭20年集中發展勞力密集製造業，包括以供出口的衣服、鞋履和玩具。這類以營利為目的新型非國有企業，在中國開放私人投資後的數十年間，為中國創造了驚人的經濟成長。

「陽光帶」的工人與北方的工人有幾個重大差別。城市國有企業工人因為失去了以往所享有的優渥待遇，因此感到崩潰並形成對政權構成政治上的威脅，但是「陽光帶」的農民工在到沿海製造業地區打工前，長期在貧窮農村過著受煎熬的生活。他們在上世紀六十到七十年代經歷的社會邊緣化、對近年飢荒和動盪的回憶，以至後來自願千里迢迢前往工廠打工，讓他們培養出堅忍刻苦的精神，甚至以特別能吃苦為傲，因此國家很容易忘記他們長期在艱難的工作環境中也會有越來越多不滿。全總並非是很稱職的核心城市工人代表，而農民工更不被納入範圍；直到2003年，農民工才獲准加入全總。[32] 當城市工人因為「鐵飯碗」制度瓦解而利益受損，南方的農民工卻深受作為鐵飯碗制度殘餘的戶籍制度所害。戶籍制度令農民工完全享受不到城市的繁榮與福利，也阻礙農民工獲得公平的工資和待遇，因為獲得社會福利的資格必須擁有城市戶籍。[33] 然而，大批農民工前往外地工作不僅已成社會常態，同時也是中國經濟發展策略的核心，因此戶籍制度亟需改革。[34] 不過，即使到現在，戶籍制度仍舊在法律框架上令農民工成為次等公民。

政府在「陽光帶」和「鐵鏽帶」扮演的角色也截然不同。在國有企業及其改革計劃，黨國政府的有形之手幾乎無孔不入且清晰可見；然而在改革開放的頭15年，政府似乎退出了新型非國有企業的舞台，至少從這些企業勞工的觀點來看確是如此。但事實上，國家不僅一手策劃後毛澤東時代的資本主義經濟發展，同時對在頭十年主導經濟發展的中外合資企業及純民營企業，仍然保持巨大的影響力。[35] 政府建立了「經濟特區」後，以出口導向的外資工廠成為第一批蓬勃發展的企業，政府甚至還為了監管這些外資企業制定了早期的勞動法規。[36] 然而，有「書面上的法律」不代表勞工薪資和勞動條件就會受到嚴格監管，這部分是由於當時中國還沒有公共監管的組織章程，來管理非受黨國直接管控的企業。於是在這種幾乎沒有監管制度的環境下，演化出如脫韁野馬般的放任型資本主義，讓中共標榜的社會主義顯得十分荒謬。[37]

中國在此段時期發生了幾場重大的工業災難。1993年深圳致麗玩具工廠大火燒死了80名員工，超過40人重傷；這場大火後來成為法規改革的重要轉捩點。[38] 就像1911年紐約三角內衣工廠大火一樣，致麗慘劇的部分原因是逃生出口不足或不暢通；致麗大火也與紐約三角內衣工廠大火一樣引起公眾震怒，促使政府當局推行必要的改革，這些將在第5章探討。不幸的是，無論在美國還是中國，這些慘劇以及隨後進行的改革都不足以預防近年來繼續發生類似的災害：1991年在北卡羅萊納州的哈姆雷特市有禽類屠宰場發生大火，燒死數十名員工；2013年6月在中國東北也有禽類屠宰場發生大火，造成逾百人身亡，其中很多人又是因為出口被封鎖或被阻擋而無法逃生。[39]

三角內衣工廠大火和哈姆雷特市的屠宰場火災，皆提醒我們美國無論是過去還是現在，都出現過缺乏監管的危險低薪工作。中國民營企業迅速發展的頭十多年間出現的血汗工廠以及大批貧窮農民工，讓人不禁聯想到美國新政實行前放任型資本主義的時代。雖然美國勞工和其盟友能夠透過民主選舉產生的立法機關制定立法提高勞動標準，但是非由選舉產生的司法機構，卻以聲稱憲法確立「契約自由」原則的理由推翻這些法例。[40] 這導致在該段時期，美國出現了監管真空和血汗工廠的問題，這與在後毛澤東時代的頭一個十年——利潤推動增長的時期，中國農民工所面臨的環境並非完全不同。

不幸的是，這些過去並未完全過去，因為美國國內仍有相當龐大的低薪勞動市場，勞動標準長期被忽視，工作往往既骯髒又危險，僱主還時常拒絕給予法律明文規定的薪資或福利(也就是「工資竊盜」行為)。[41] 與中國一樣，這些問題的主要受害者都是法律地位薄弱的貧窮農民工——也就是沒有證件進入美國的非法移民。[42] 正如有人期望的，由於在經濟和法律發展以及民主制度上具有優勢，雖然美國國內監管不足的低薪工作問題仍較其他發達工業國要普遍，但卻沒有中國那麼嚴重和常見。[43] 因此，美國提高勞動標準的歷程已有悠久的歷史和生動的現在，都讓我們更清楚中國工廠工人現今面臨的挑戰。

然而，若我們把中國的低薪勞動市場，以及自以為是的資本主義美國作類比，無論是實施「新政」前或當今的情況，我們都可以發現有一點很諷刺：怎麼一個自詡為社會主義工人的國家，會允許唯利是圖的資本家大老闆肆無忌憚地剝削勞工呢？第5章將回到低勞動標準這個令人費解的問題。需要知道，雖然中國的勞動法規已經存在數十年(這個事實令很多剛開始了解中國勞工現況的人感到驚訝)，但在執行上卻是相當落後，而且非國有企業規避勞動法規已成常態。在現代中國的「陽光帶」以及美國實施「新政」前的放任主義勞動市場，大批從較貧窮國家或地區湧入的勞工，在缺乏有效法規的制約下，讓受利潤驅使的老闆得以剝削和虐待勞工，得以把工資維持在低水平。

如果我們從這個角度去看中國近年工業快速發展的時期，那麼集體勞工抗爭的興起也就不足為奇，無論對我們或是中國領導人來說都是如此。的確，對中國某些人來說，如果用「科學方法」了解中國的社會主義發展進程，可以預言甚至斷言中國會經歷一段勞工被嚴重剝削的時期。[44] 剝削問題孕育社會躁動。長期工時過長、低薪以及危險的工作環境創造出一觸即發的局面，只要一點點火花，例如一場工業意外、一名勞工因過勞而倒下、一名懷孕員工遭解僱或是資方連講好的基本工資都不給付，就足以引爆激烈的抗爭。迄今中國已經出現了很多這樣的火花，尤其在過去的20年間更曾有連場爆發。[45]

勞工權利糾紛的上升浪潮：成因和改變

我們之前已經提過中國的「群體性事件」不斷增加，估計從2005年的8.7萬宗增加至2010年的18萬宗。[46] 專家估計當中約三分之一與勞工有關，其他則是肇因於侵佔農地、因為房地產發展而起的房屋拆遷以及環境問題等。官方2012年一份有關群體性事件的報告，故意省略了群體性事件的總數——顯然這個數據太敏感——但它卻提出了一些有趣的比例：近25%的事件持續超過一天，有的甚至持續三個月；有71%的事件導致人員受傷（包括9%的事件導致人員死亡）。這些事件當中有62%當局都以「負面措施」應對，包括「以武力驅散群眾」以及逮捕和拘留。[47] 因此，這些都不是無足輕重的小事件。

然而，人們還是應避免得出中國是一個動盪不安的大熔鍋的結論。我們應當知道，中國是一個大國，即使一年發生18萬宗抗議事件，但當中很多都是在偏遠農村發生的小型事件，散發在中國幅員廣大的領土以及14億人口之中，因此對整體社會穩定帶來的威脅不大。然而，抗爭的趨勢直線上升，在勞工和其他領域發生的抗爭事件持續增加，因此到二千年代中期這已成為中共政權極度關注的議題。

在轉到中國官方應對社會動盪這個話題之前，我們先簡要地思考一個在中國也有很多人在問的問題：在勞動抗爭的背後是什麼因素在推波助瀾，尤其連長期逆來順受的農民工都加入抗爭的浪潮，原因究竟為何？當然，這些勞工的確有很多事情可以抱怨，畢竟在非國有企業的工廠裏他們必須忍受超長工時、危險的工作環境和低薪，但為什麼農民工會越來越傾向帶著他們的不滿走上街頭？光是要認真回答這個問題可能就可以寫成一本書了，但我們現在先來看一些局外人可能看不到的因素。

用人口統計學和經濟學看勞動抗爭情勢高漲

很顯然，勞工抗爭興起的其中一個因素和世代差異有關：第一批農民工經歷了六、七十年代的極度貧困及文化大革命帶來的陣痛期，所以他們願意忍受可怕的工作環境和吃苦，甚至願意如鄧小平所呼籲的「讓一部分人先富起來」。[48] 然而，現在的農民工大多出生於1980年後的「一胎化」時期，已經不再像老一輩那樣逆來順受。他們面臨了父母輩從未面臨的選擇和負擔。他們的教育程度比父母高，但對農事一無所知，也沒想過要回鄉下過日子；他們也不認為自己非得要參與黨國領導的愛國民族主義運動。新世代比較傾向滿足自己的慾望，也常認為富人的利益與自己的利益互相衝突（雖然他們自己也想成為富人）。身為獨生子女特別容易成為所有期望和關愛的唯一寄託，也是家庭未來唯一的支柱，可能不只要養活爸媽，還要養活爸媽的爸媽，因為他們完全沒有兄弟姊妹或表（堂）兄弟姊妹，來分擔撫養的重擔和家族裏所有人的關注。由於強制退休年齡偏低（目前勞力密集產業的男性工人退休年齡為60歲，女性為50歲），加上人民預期壽命變長（2012年是75歲，但1964年只有49歲），這個所謂的「4-2-1問題」變得更加嚴重。[49] 中國工人的志向以及對工作的期望越來越高，而且抱持著利己主義的思維，這種獨善其身的思維其實會遏止參與群體抗爭的衝動，至少在物質條件不斷改善的情況下是如此。然而，現今勞工對工作期待越來越高，卻促成了集體勞工抗爭的興起。

與此同時，不滿的工人走上街頭不僅是抗議，還為了尋求更好的工作和更高的工資。簡而言之，他們的手段就是「出走」，這是工人對工作不滿的典型市場反應；或是「出走」和「發聲」的獨特混合，也就是罷工。[50] 這裏的焦點是罷工，但「出走」其實更普遍，而且至少對中國的僱主一樣造成很大的困擾。自從中國內陸地區發展起來，農村附近就有工廠可以提供工作機會，因此越來越少人願意千里迢迢從內陸農村，跑到較發達的沿海地區的工廠求職。農村居民的處境不再像十年前那樣艱困。此外，由於「獨生子女」世代（1980年以後出生）開始進入勞動市場，這個特殊世代所造成的人口懸崖[*] 也讓前往沿海工廠的勞動力逐漸減少。[51] 最後的結果便是至少從2004年起，中國持續出現勞工短缺——這讓很多西方人感到驚訝，因為他們之前一直認為中國能夠提供源源不絕的廉價勞力。[52] 如今，即使最低工資水平已很大程度上因應勞工抗爭而大幅提升，近年來有些僱主還必須靠著工資溢價[†] 來留住資深工人，避免他們跳槽。[53]

緊張的勞動市場給中國工人造成的影響可能不亞於政府干預或是集體抗議，還促使政府增強監管力度並同時促進勞工抗爭發展。例如，中國許多僱主宣稱《勞動合同法》會「抹殺許多工作機會」，但全球

---

* . 出生率下降和人口高齡化同時加劇。——譯注

† 針對特定群體給予特別高薪。——譯注

金融危機之後，中國迅速恢復元氣並再次出現勞動短缺，很大程度上平息了僱主這種危言聳聽的主張。雖然緊張的勞動市場和勞工的高流動性不利於組織集體行動，但這也使工人更敢於發起罷工和更大聲表達訴求，因為即使參與罷工可能會被解僱，多數人都可以很快找到新工作。(但在經歷2014年的經濟停滯後，不清楚情況是否仍舊如此。)

法律成為抗議的催化劑

讓西方觀察家驚訝的是，中國自改革開放以來，與勞工相關的「群體性事件」激增，也許更多是因為中國**出現**了勞動法規和工人擁有正式的法律權利，多於沒有這些法規和權利。如前所述，中國幾十年前已制定了許多勞動標準，雖然並沒有認真執行，卻被廣泛宣傳。作為在上世紀八十至九十年代建立「法治」社會努力的一部分，中國政府推行法治教育，讓官員和國民都知悉法例的規範。[54] 政府鼓勵勞工「把法律當成武器」，並且可以帶著他們的訴求到國家的仲裁和執行機關爭取權益。[55] 很多工人便透過這些方式維權。

不幸地，透過官方渠道的維權路上卻充滿阻礙。[56] 對美國低薪勞工來說這些阻礙可能並不陌生：工人投訴必須自行舉證，缺乏法律代表，有時候就算勝訴，也可能因為僱主避債潛逃或申請破產所以什麼補償都沒拿到。[57] 此外，中國工人常常無法證實自己與僱主之間有僱傭關係，也常受到官員施壓而接受毫無意義的和解，或者因為訴求「太敏感」直接被拒絕審理。[58] 在向地方勞動局或仲裁機關申訴幾次無果後，有些工人就走上街頭維權。[59] 拖欠工資是最常見的抗爭起因：過去僱主常常扣起工人幾個月的工資，然後就拒發；有的僱主會找些藉口，有的連藉口都懶得找。[60] 勞工要求的不過是法律賦予他們的權益，但他們的抗議往往不只一次被法院駁回，因此除僱主之外連政府也成為工人抗議的對象。簡而言之，法律常常決定大多勞工抗議的實質內容和表達方式，在2007年中國制定《勞動合同法》之前尤其如此。[61]

在中國，法律能夠形塑和動員群眾抗議，而且不限於勞動領域。針對土地侵佔、污染、過度徵稅和貪腐的抗議，常以歐博文(Kevin O'Brien)和李連江教授所說的「依法抗爭」的形式進行。[62]抗議者求助的對象是政府更高階層的官員，有時他們會走到省會或以外的地方，以抗議某地區發生的不公義事情；他們不是要挑戰既有的秩序，而是要依據法律反抗作惡多端的企業主，或對民怨不聞不問的地方官員。[63]「依法抗爭」是一邊試圖將法律作為制裁違法者的武器，一邊把法律當成抵禦打壓的盾牌。在中共允許的管道以外組織集體行動總是有風險，但若在過程中援引根據政府頒布法律所載的權利，與政治性抗議相比遭受到的打壓程度應該較小。

中美兩國勞工抗爭的反差，令人發人深省。美國勞工尤其是低薪勞工，往往對僱主多有抱怨，有些抱怨出乎意料地和中國勞工的抱怨頗為相似。尤其是，記者、人權倡議者和學者都發現「工資竊盜」的情況十分猖獗。例如，僱主會要求員工無償加班、偷偷刪除員工登記的上班時數，或沒有支付法例規定的加班費或最低工資(雖然在美國只有極少數僱主拒絕支付積欠薪資，但在中國卻很常見)。[64]雖然美國的法制較中國成熟，但卻仍然臃腫，未能迅速解決那些「權利糾紛」。因此，工人有時會發起集會抗議或抵制行動，一方面向僱主施壓解決糾紛，一方面則把工人組織起來。[65]在中國，那些事件被視為「群體性事件」；但在美國那些抗議很少針對政府，極少引發混亂失序和暴力，從不會威脅社會穩定。這有部分是因為美國憲法保障人民擁有和平抗議——尤其是**組織**活動的權利，因此即使不時出現聲勢浩大的抗議行動，基本上都是屬於民眾自組的和平抗議。而抗議活動能夠和平進行，既因為活動是有組織的，也因為法例保障了民眾抗議的權利，抗議不會遭到警察打壓。

諷刺的是，中國政府對集體抗議和組織抗議的領袖懷有敵意，意味著中國的抗議活動更多是沒有策劃、沒有領袖而且是混亂的；當混亂的抗爭遇上警力，暴力衝突往往一觸即發。另一方面，沒有組織的抗議活動，範圍往往局限，很難與其他地方的抗議匯流成一股大型的抗爭浪潮。抗爭缺乏組織對極力維持政治穩定的政權來說有利，因此中國政府及其支持者可能認為值得在地區化的抗爭活動付出一點代價。我們在第6章談到官方對於罷工的反應時，將再回到這個主題。

官方回應態度轉變：從打壓到安撫（再回到打壓？）

由於中共堅決維護一黨專制的統治形態，因此與勞工相關的群體性事件有時會觸發警察動用武力和拘捕，並不令人震訝。這是中共決意維護社會穩定，或者是胡錦濤所稱的「和諧社會」的黑暗一面。官員懼怕有組織的抗議活動會蔓延開來或是演變成政治抗爭，尤其擔心抗議導向的組織。橫跨多家工廠的工人抗議或勞工團體對政權最具威脅，也最可能招來政府的強硬打壓，但這種類型的組織在中國很少見。不過，若當局鎮壓地區性的一般事件，也要冒著把矛盾升級的風險，尤其是現在中國已經成為越來越緊密連結和互相連繫的社會，這樣做會招來地方政府所不願看到的、來自外界或上級的注視。（中國工人通過手機，可以很快在工友之間互相傳遞抗議信息，也可以把消息傳遞給外界。）因此，對擔心「群體性事件」會影響其仕途的地方官員來說，安撫就成為他們處理抗議的重要手段。

安撫的方式通常很簡單：勞動部門官員和法官直接發現金給在街上抗議的工人，利誘他們停止抗議！[66] 在2007年之前左右，據說這種直接給錢的安撫策略只用在沒有策劃和組織、且無人領導的抗議；或是有一點跡象顯示某起抗議是有組織的，就很有可能招來官方打壓。[67] 因此，工人學習怎麼組織看起來像「沒有策劃」的躁動，通常是透過工友之間用手機短信傳遞消息。不過，在過去十多年間，有時候官方不再對抗議活動的領導者懷抱敵意，改以採取較務實的策略找出帶頭抗議的人，以便與其協商以終結抗議。[68] 隨著工人的訴求越來越進取，通過街頭直接派錢的做法已不像以前般有效，這點將在第6章探討。

地方官員要採取什麼行動，部分取決於高層發出的不同信號。自二千年代初開始，高層領導人便一直就工人及其不滿表達更多的憂慮，因為這是為了達至「和諧社會」的另一個層面。大多數的勞工抗議雖然令政府頭痛，但都沒有很重的政治色彩，尤其是工人只是想要求僱主實踐承諾或法律責任而已，因此勞工抗爭一直被當作是「小打小鬧」，不會直接威脅政權。[69] 此外，中共高層越來越憂心日漸擴大的貧富差距，從衡量經濟不平等的傳統標準來看，中國經濟不平等的程度是最高的。[70] 這對一個號稱奉行社會主義的國家來說，實在非常尷尬。外界已越來越認識到，工人的不滿有其正當性，如果這些訴求沒有得到妥善處理，情況很可能惡化，進而以更危險的方式削弱中共政權的認受性。無論中國政府是否只是擔心抗爭會影響政治穩定，還是真心同情勞工，當局都已經開始認真處理工人各方面的不滿。

從權利糾紛到利益糾紛，從「群體性事件」到罷工行動

在工業發展起來之後，特別是資本主義主導的工業發展，有組織的勞工維權運動興起並非中國獨有。[71] 無論中國近年的經濟成長有多麼出乎眾人意料，有組織的勞工運動興起算是比較不讓人意外的現象。好幾年前中國領導人就清晰地了解到，勞工抗爭問題日益嚴重，政府需要更有系統地去應對。因此，政策制定者重新檢視了處理工人不滿的官方管道，並進行不同程度的改革。

中國一開始著重於提升包括工資在內的最低勞動標準，以及改善執行這些標準的司法、仲裁和行政制度。中國政府在2007年推出一

連串的國家立法，其中包括《勞動合同法》。然而，就算政府針對勞工抗爭而如火如荼地推出一連串措施（第5章的主題）——包括完善法規、加強執法力度和提高最低工資，頂多滿足了工人希望從經濟增長分享到更大的成果而已，當中尤其是生產力最高的經濟領域。因此，即使政府持續改善勞動標準並加強執行力，仍是會有新的勞工問題湧現，需要不同的策略來應對。

2010年發生了兩宗戲劇性大事，讓中國的勞工問題登上國際版面。第一宗就是第1章談過的本田工潮，這場罷工造成本田三個下游組裝廠停擺將近兩星期，本田一天就損失高達24億人民幣（大約3.5億美元）。大概同一時間，總部設於台灣，並為蘋果和其他知名科技品牌供應生產部件的世界知名超大型製造業巨頭富士康，因為一連串員工自殺案件而引起輿論譁然，也因工作環境過於嚴苛而倍受批評。[72] 據統計，光是在2010年的十個月內就有18名員工試圖自殺。[73]

對於西方一般消費者甚至是中國一般的城市中產階級來說，中國工人的困境，及其日漸累積的不滿實在相當模糊抽象。然而，富士康的多宗自殺事件和本田工潮讓我們更清楚地看到中國工人臉上的表情。由於兩宗事件持續時間長，發生時間碰巧相當接近，兩間大型企業亦直接供應零部件給全球知名品牌，又或者得到中國媒體（曾有段時間）罕見的公開報道，富士康和本田雙雙登上國際頭條新聞，而且持續數星期。[74] 如果說富士康多名員工自殺讓人看到中國工人的絕望，本田工潮似乎又讓人確信中國工人有能力改變現況，指出了一條能繼續前行的路。[75]

兩宗大事的共通處值得注意：無論是富士康還是本田在中國都不算最惡劣的僱主。與處於出口導向工業化時期初級階段勞動條件仿如狄更斯小說的成衣廠、製鞋廠和玩具廠不同，本田和富士康屬於經濟中技術含量較先進的板塊，僱用的工人相對較熟練，而且較中國國內一般僱主更遵守當地的勞動標準。（本田一些員工就是不滿工廠太過遵守法定最高工時，以至於影響他們的收入！）從這些例子我們同時看到工人的絕望和戰鬥力，他們用最戲劇化的方式，宣告中國的勞資關係邁進了新的發展階段。

兩宗事件的另一個共同特色，是工會幾乎完全沒有任何角色。作為大型外資企業，本田和富士康的工廠都有官方工會辦的分會，但兩間企業的員工都未有在意官辦工會的存在，或根本不考慮向官辦工會求助。在西方國家，我們想到罷工就會想到工會。隨著美國的私營部門組建工會減少，美國勞工的罷工頻率也隨之降低。不過在中國，從1949年的共產黨革命到現在，中華全國總工會和罷工都沒有什麼關係——除了他們努力阻止罷工的時候。[76] 事實上，在中共建政後，預防停工一直都是全總及其分會最重要的任務。但從中國近年罷工事件持續增加來看，全總這個最重要的任務似乎不怎麼成功。因為中國沒有公布罷工事件的官方數據，因此學者能夠參考的最佳獨立資訊來源，就只有《中國勞工通訊》（*China Labour Bulletin*），及其線上的「工人集體行動地圖」（Strike Map）。[77]《中國勞工通訊》發現，從2011到2015年間中國發生了近7,000宗罷工，而且罷工的次數幾乎每年增長一倍：2011年185宗，2012年382宗，2013年656宗，2014年1,379宗，2015年2,774宗（見第1章圖表1.2）。[78] 這些數字有兩大警示，所指的方向正好相反：第一，《中國勞工通訊》的數據只包括能夠查證屬實的勞工活動，其估計的數據可能僅是實際發生宗數的10%到15%。[79] 第二，《中國勞工通訊》所統計的「罷工」次數，不只包含罷工或集體停工，還包括其他跟勞動議題相關的集體抗議事件。簡而言之，只要是政府視為「群體性事件」且與勞工不滿相關的事件，《中國勞工通訊》就會將其列入罷工統計數據。

我們將在第6章返回工潮的興起以及官方的回應態度，但在此之前，要先替在中國勞動現狀中規模龐大但又模糊地存在的官方工會，勾勒出清楚的輪廓。中華全國總工會並不是西方國家普遍認知的工會，但它畢竟還是中國工人的官方代表，因此在任何因應勞工抗爭的官方策略，全總還是扮演很關鍵的角色。事實上，我們之後會看到全總其實很快地以其他改革方案來應對本田工潮。為了要了解這些改革方案，我們必須了解什麼正在經歷改革。我們還將初步探討，在中國工人和官方集體代表，兩者間的鴻溝中成長起來的非官方組織。因此，讓我們在這一章描述的中國勞工圖景中，加入一些自稱代表中國工人的不同類型組織。

注釋

1 文化大革命期間，革命委員會掌控了國有企業，使共產黨能夠實施「統一管理」。更深入的分析見Barry Naughton, "Danwei: The Economic Foundations of a Unique Institution," in *Danwei: The Changing Chinese Workplace in Historical and Comparative Perspective*, ed. Elizabeth J. Perry and Xiaobo Lu (Armonk, NY: M. E. Sharpe, 1997), 169–194. 關於文革對中國教育制度帶來的巨大衝擊，見Zhong Deng and Donald J. Treiman, "The Impact of the Cultural Revolution on Trends in Educational Attainment in the People's Republic of China," *American Sociological Review* 103, no. 2 (September 1997): 400–401.

2 「改革開放」對勞工的衝擊，詳見Mary E. Gallagher, *Contagious Capitalism: Globalization and the Politics of Labor in China* (Princeton, NJ: Princeton University Press, 2007); Ching Kwan Lee, *Against the Law: Labor Protests in China's Rustbelt and Sunbelt* (Berkeley: University of California Press, 2007); Tim Pringle, *Trade Unions in China: The Challenge of Labour Unrest* (New York: Routledge, 2011). 聚焦國有企業改革，見William Hurst, *The Chinese Worker after Socialism* (Cambridge: Cambridge University Press, 2009)。

3 魏昂德指這是一種「組織性依賴」體制，見Andrew G. Walder, "Organized Dependency and Cultures of Authority in Chinese Industry," *Journal of Asian Studies* 43 (1983): 51。而且這種依賴是互相的，因為工廠管理人必須哄著單位上的永久勞工拿出像樣的生產力，見Andrew G. Walder, "Factory and Manager in an Era of Reform," *China Quarterly* 118 (1989): 242, 247。

4 Walder, "Factory and Manager in an Era of Reform," 249. 魏昂德在八十年代後期，亦即國有企業改革與重組的早期階段描述該體制。

5 Walder, "Organized Dependency and Cultures of Authority in Chinese Industry"; Eli Friedman and Ching Kwang Lee, "Remaking the World of Chinese Labour: A 30-Year Retrospective," *British Journal of Industrial Relations* 48 (2010): 507–508.

6 Friedman and Lee, "Remaking the World of Chinese Labour," 516.

7 Gallagher, *Contagious Capitalism*, 106–107.

8 Robert Michael Field, "The Performance of Industry during the Cultural Revolution: Second Thoughts," *China Quarterly* 108 (December 1986): 625.

9 David Bray, *Social Space and Governance in Urban China: The Danwei System from Origins to Reform* (Stanford, CA: Stanford University Press, 2005), 131, 155.

10 Andrew Tylecote, Jing Cai, Jiajia Liu, "Why Are Mainland Chinese Firms Succeeding in Some Sectors and Failing in Others? A Critical View of the Chinese System of Innovation," *International Journal of Learning and Intellectual Capital* 7 (January 2010): 123. 原始資料見《中華人民共和國公司法》(1993年12月29日第八屆全國人大常務委員會第五次會議通過，1994年7月1日起施行)，第89至119條。

11 Yasheng Huang, *Capitalism with Chinese Characteristics: Entrepreneurship and the State* (Cambridge: Cambridge University Press, 2008), 73–77.

12 用二十世紀偉大作家魯迅的話來說，農民的命運是「辛苦麻木而生活」或「辛苦恣睢而生活」。見魯迅小說《故鄉》。

13 Gallagher, *Contagious Capitalism*, 45–61.

14 Edward S. Steinfeld, *Playing Our Game: Why China's Rise Doesn't Threaten the West* (Oxford: Oxford University Press, 2010). 此時，中國政府仍舊透過多種機制掌控著許多名義上已私有化的企業，其中一些機制顯然不怎麼公開透明。結果，私有和國有企業之間的界線變得有些模糊，當時剩下的國有企業的實際規模也不甚清楚。Huang, *Capitalism with Chinese Characteristics*, 13–19; Richard McGregor, *The Party: The Secret World of China's Communist Rulers* (London: Penguin Books, 2010).

15 關於資本主義在中國的發展階段和機制，以及外國直接投資扮演的關鍵角色，見Gallagher, *Contagious Capitalism*.

16 在改革初年，許多工廠管理人都被迫或多或少將較高的收益平均分配給勞工，這筆收益原本是要用來獎勵工作表現，但後來常被用來收買人心和避免衝突。Andrew G. Walder, "Wage Reform and the Web of Factory Interests," *China Quarterly* 109 (1987): 22; Gallagher, *Contagious Capitalism*, 74.

17 Pringle, *Trade Unions in China*, 25–28, 77–81; Hurst, *Chinese Worker after Socialism*, 37–59.

18 Lee, *Against the Law*.

19 Hurst, *Chinese Worker after Socialism*, 108–132: Pringle, *Trade Unions in China*, 68–81.

20 為了在國有企業工作而放棄高等教育的勞工受到的衝擊尤其嚴重，他們更容易被裁員而且更不易找到新工作。Shunfeng Song, "Policy Issues of China's Urban Employment," *Contemporary Economic Policy* 21 (April 2003): 258–269.

21 Barry Bluestone and Bennet Harrison, *The Deindustrialization of America: Plant Closings, Community Abandonment, and the Dismantling of Basic Industry* (New York: Basic Books, 1982).

22 Gallagher, *Contagious Capitalism*, 77. 李靜君舉出一個中年失業且低技術的前國有企業勞工的故事作為例子，見Lee, *Against the Law*, 69–70. 被裁員的女性勞工更難找到新工作，見Hurst, *Chinese Worker after Socialism*, 100. 有些被裁員或失業的員工「心理創傷久久難以平復」，見 Yu Xie and Jia Wang, "Feeling Good about the Iron Rice Bowl: Economic Sectors and Happiness in Post-reform China," *Social Science Research* 53 (2015): 203–217.

23 Minxin Pei, *China's Trapped Transition: The Limits of Developmental Autocracy* (Cambridge, MA: Harvard University Press, 2006).

24 Roger E. Backhouse, "The Rise of Free Market Economics: Economists and the Role of the State since 1970," *History of Political Economy* 37 (2005): 355–392.

25 Pringle, *Trade Unions in China*, 68–84; Lee, *Against the Law*; Eli Friedman, *Insurgency Trap: Labor Politics in Postsocialist China* (Ithaca, NY: Cornell University Press, 2014); "Going It Alone: The Workers' Movement in China, 2007–2008," *China Labour Bulletin*, July 2009, http://www.clb.org.hk/sites/default/files/archive/en/share/File/research_reports/workers_movement_07-08_print_final.pdf; Hurst, *Chinese Worker after Socialism*, 108–132.

26 Pringle, *Trade Unions in China*, 38.

27 Hurst, *Chinese Worker after Socialism*, 108–132; Lee, *Against the Law*, 69–122; Pringle, *Trade Unions in China*, 77–81.

28 "No Way Out: Worker Activism in China's State-Owned Enterprise Reforms," *China Labour Bulletin*, September 2008, 3–4, http://www.clb.org.hk/sites/default/files/archive/en/File/research_reports/no_way_out.pdf.

29 Ching Kwan Lee, "The 'Revenge of History': Collective Memories and Labor Protests in Northeastern China," *Ethnography* 1 (2000): 217, 226.

30 Kai Chang and William Brown, "The Transition from Individual to Collective Labor Relations in China," *Industrial Relations Journal* 44 (March 2013): 102–121.

31 Pringle, *Trade Unions* in China, 80, 84. 普林格爾（Tim Pringle）指出一旦勞工被解僱，他們就不再能夠影響企業的生產力，因此喪失影響力。

32 Friedman, *Insurgency Trap*, 51.

33 Friedman and Lee, "Remaking the World of Chinese Labour," 516. 戶口制度的改革

一直不夠全面且進度緩慢，至今仍遭到地方官員和城市居民的抵制，見Fang Cai, "Hukou System Reform and Unification of Rural-Urban Social Welfare," *China and World Economy* 19 (2011): 33–48。

34 Tania Branigan, "China Reforms Hukou System to Improve Migrant Workers' Rights," *Guardian*, July 31, 2014. 大規模都市化政策為戶口制度帶來額外的壓力，見Ian Johnson, "China's Great Uprooting: Moving 250 Million into Cities," *New York Times*, June 15, 2013.

35 Huang, *Capitalism with Chinese Characteristics*; McGregor, *Party*, chapter 7. 中國政府對非國有企業也能有龐大影響力的原因之一，是中國土地的最終所有權掌握在政府手裏，或者說由人民「集體」共有，現在土地仍不開放私有。雖然有些人能安心租賃和使用土地，但有些人(尤其是農村居民)的土地租賃和使用權是出了名的沒有保障。Eva Pils, "Land Disputes, Rights Assertion, and Social Unrest in China: A Case from Sichuan," *Columbia Journal of Asian Law* 19 (2005): 235–292; Frank Upham, "From Demsetz to Deng: Speculations on the Implications of Chinese Growth for Law and Development Theory," *Journal of International Law and Policy* 41 (2009): 585–591.

36 Gallagher, *Contagious Capitalism*, 14, 105–110.

37 Gallagher, *Contagious Capitalism*, 103–107; Sean Cooney et al., "China's New Labour Contract Law: Responding to the Growing Complexity of Labor Relations in the PRC," *University of NSW Law Journal* 30 (2007): 788–803. 在中國這個「社會主義工人國家」，勞工的工作條件居然宛如狄更斯筆下一般惡劣，第5章會再談此矛盾現象。

38 Shen Tan, "Private Conversations among Working Women: An Analysis from Hundreds of Letters Collected from the Remnants of the Zhili Toys Factory in Shenzhen," *China Academy of Social Sciences* (2012), http://csen.cssn.cn/Publications/Publications_Articles/201208/t20120822_1976045.shtml.

39 B. Drummond Ayres, Jr., "Factory Fire Leaves Pall over 'All-American City,'" *New York Times*, September 5, 1991; Chris Buckley, "Over 100 Die in Fire at Chinese Poultry Plant," *New York Times*, June 3, 2013.

40 關於後者，見William E. Forbath, "The Ambiguities of Free Labor: Labor and the Law in the Gilded Age," *Wisconsin Law Review* (1985): 767–817; Friedman and Lee, "Remaking the World of Chinese Labour," 507–508。

41 「工資竊盜」意指非法扣留員工應得的薪資(或福利)，包括完全未給付說好的薪資，或是以各種方式違反工資或工時法規，導致員工無法拿到應得的薪酬。

42 Kim Bobo, *Wage Theft in America: Why Millions of Working Americans Are Not Getting*

Paid—and What We Can Do about It (New York: W. W. Norton, 2009); Steven Greenhouse, *The Big Squeeze: Tough Times for the American Worker* (New York: Alfred A. Knopf, 2008); Annette Bernhardt et al., eds., *The Gloves-Off Economy: Workplace Standards at the Bottom of America's Labor Market* (Champaign: University of Illinois at Urbana-Champaign, 2008).

43 Jérôme Gautié and John Schmitt, eds., *Low-Wage Work in the Wealthy World* (New York: Russell Sage Foundation, 2010), 5.

44 Naixin Chen, Jianbing Lou, and Mei Chen, "The New Thinking of Stipulating the Right to Strike into the Constitution" (paper presented at Labor Relations Conference, Renmin University, 2011): 98.

45 見Anita Chan, *China's Workers under Assault: The Exploitation of Labor in a Globalizing Economy* (Armonk, NY: M. E. Sharpe, 2001)，其中蒐集了許多關於工廠惡劣環境及勞工心聲的媒體報道、信件及訪談。

46 見第1章的討論。

47 Jeremy Goldkorn, "Legal Daily Report on Mass Incidents in China in 2012," *Danwei*, January 6, 2013 (citing *Legal Daily*,《法治日報》, 2012 Mass Incident Research Report [2012年群體性事件研究報告]), http://www.danwei.com/a-report-on-mass-incidents-in-china-in-2012/.

48 "China Celebrates Deng Centenary," *BBC News*, August 22, 2004.

49 女性白領勞工的退休年齡為55歲，男性為65歲。Owen Haacke, "China's Mandatory Retirement Age Changes," U.S.-China Business Council, April 1, 2015, https://www.uschina.org/chna%E2%80%99s-mandatory-retirement-age-changes-impact-foreign-companies. 關於「4–2–1問題」，見Mu Mian, "4–2–1 Phenomenon: New Partnership Explores Aging in China," *Social Impact*, Winter 2007, http://brownschool.wustl.edu/Documents/China%20Aging.pdf。關於逐漸提高的預期壽命，見"World Databank: World Development Indicators," World Bank, http://databank.worldbank.org/data//reports.aspx, 2015年7月19日查閱。關於退休年齡，見"Paying for the Grey," *Economist*, April 5, 2014, http://www.economist.com/news/china/21600160-pensions-crisis-looms-china-looks-raising-retirement-age-paying-grey。

50 Albert O. Hirschman, *Exit, Voice, and Loyalty: Responses to Decline in Firms, Organizations, and States* (Cambridge, MA: Harvard University Press, 1970).

51 獨生子女政策於1980年開始，但生育率從七十年代就開始下降，其中一個原因是毛澤東強制實施家庭計劃政策，不過生育率下滑也是經濟發展後的常見現象。Martin King Whyte, Wang Feng, and Yong Cai, "Challenging Myths about China's One-Child Policy," *China Journal* 74 (July 2015): 144–159. 雖然中國政府

近年已放寬獨生子女政策，但此舉對現今勞動市場影響甚小，至少要到2030年才能看到比較明顯的影響，有人甚至預估即使到那時影響也不大，見Minxin Pei, "China's One-Child Policy Reversal: Too Little, Too Late," *Fortune*, November 2015。

52 有關《華爾街日報》對中國勞動力短缺的早期報道，見Yiping Huang, "A Labor Shortage in China," *Wall Street Journal*, August 6, 2004。中國官方英文報報對勞動力短缺的報道，見Qihui Gao, "What Is behind the Labor Shortage?," *China Daily*, February 25, 2010。

53 Keith Bradsher, "Defying Global Slump, China Has Labor Shortages," *New York Times*, February 26, 2010; Tingting Zhao, "China's Salaries to Increase 139% in Five Years," *China Business News*, January 7, 2011, http://www.chinadaily.com.cn/bizchina/2011-01/07/content_11811112.htm.

54 Mary E. Gallagher, "Mobilizing the Law in China: 'Informed Disenchantment' and the Development of Legal Consciousness," *Law and Society Review* (December 2006): 793–796. 亦參閱Benjamin van Rooij, "Pufa: Legal Education Campaigns," (unpublished manuscript, 2003)。

55 Gallagher, *Contagious Capitalism*, 98; Lee, *Against the Law*, 157–203.

56 Gallagher, *Contagious Capitalism*, 114–116; Gallagher, "Mobilizing the Law in China."

57 高敏特別提到了Du Linxiang的故事，他的個案曾在一個受歡迎的電視節目中播放。雖然他打贏了爭取遣散費的官司，但一年後仍舊沒拿到半毛錢。然而，由於很多其他工人看到他打贏官司，因此也努力尋求法律管道為自己爭取權益。Gallagher, "Mobilizing the Law in China," 796.

58 關於中國工人想拿回被剋扣工資時會遇到的多種阻礙，見 Aaron Halegua,"Getting Paid: Processing the Labor Disputes of China's Migrant Workers," *Berkeley Journal of International Law* 26 (2008): 254–322。

59 Sean Cooney, "Making Chinese Labor Law Work: The Prospects for Regulatory Innovation in the People's Republic of China," *Fordham International Law Journal* 30 (2006): 1050–1097; Halegua, "Getting Paid," 270; Virginia Ho, "From Contracts to Compliance? An Early Look at Implementation under China's New Labor Legislation," *Columbia Journal of Asian Law* 23 (2009): 35–107.

60 Halegua, "Getting Paid."

61 有關在實行《勞動合同法》之前，法律在處理勞資糾紛的案件中如何舉足輕重，見Gallagher, *Contagious Capitalism*; Lee, *Against the Law*。

62 Kevin J. O'Brien and Lianjiang Li, *Rightful Resistance in Rural China* (New York: Cambridge University Press, 2006).

63 Carl F. Minzner, "Xinfang: An Alternative to Formal Chinese Legal Institutions," *Stanford Journal of International Law* 42 (2006): 103–179.

64 Kim Bobo, *Wage Theft in America*.

65 這些抗議即可說明班傑明．薩克斯(Benjamin Sachs)所說的「作為勞動法的僱傭法」。Benjamin Sachs, "Employment Law as Labor Law," *Cardozo Law Review* 29 (2008): 2685–2748; Benjamin Sachs, "Revitalizing Labor Law," *Berkeley Journal of Employment and Labor Law* 31 (2011): 333–347.

66 Xin He and Yang Su, "Street as Courtroom: State Accommodation of Labor Protest in South China," *Law and Society Review* 44 (August 11, 2009): 157–184.

67 Ibid.

68 2011年5月和12月與中國勞工學者的對話，所有訪談都是秘密進行，受訪者的姓名皆在雙方同意之下保密。

69 Mao Zedong, "On the Correct Handling of Contradictions among the People," *Selected Works of Mao Tse-Tung* (Beijing: Foreign Language Press, 1977), 5: 384–421.

70 "Wealth Gap Tops List of Concerns ahead of China's Political Meetings," *China Real Time Report* (blog), *Wall Street Journal*, February 27, 2015. 北京大學最近一項研究顯示，中國的堅尼系數為0.49，在全球前25大經濟體中排名第三，遠高於美國的0.41。Gabriel Wildau and Tom Mitchell, "China Income Inequality among World's Worst," *Financial Times*, January 14, 2016, http://www.ft.com/intl/cms/s/0/3c521faa-baa6-11e5-a7cc-280dfe875e28.html#axzz3xFnm5EI8.

71 Beverly J. Silver, *Forces of Labor: Workers' Movements and Globalization since 1870* (Cambridge: Cambridge University Press, 2003); Beverly J. Silver and Lu Zhang, "China as an Emerging Epicenter of World Labor Unrest," in *China and the Transformation of Global Capitalism*, ed. Ho-fung Hung (Baltimore, MD: Johns Hopkins University Press, 2009), 174–187.

72 Jason Dean and Ting-I Tsai, "Suicides Spark Inquiries: Apple, H-P to Examine Asian Supplier after String of Deaths at Factory," *Wall Street Journal*, May 27, 2010.

73 Margaret Heffernan, "What Happened after the FoxConn Suicides," *CBS News*, August 7, 2013.

74 中國國內媒體有關本田工潮的報道，在工潮爆發後幾天便停止。

75 Anita Chan, "Labor Unrest and Role of Unions," op-ed, *China Daily*, June 18, 2010, http://www.chinadaily.com.cn/opinion/2010-06/18/content_9987347.htm.

76 伊萊．傅利曼探討了全總對天安門事件的反應，這印證了全總堅決反對任何獨立的勞工組織。Friedman, *Insurgency Trap*, 47.《中華人民共和國工會法》(1992年4月3日第七屆全國人民代表大會第五次會議通過，2001年10月27日修訂)第27

條：「企業、事業單位發生停工、怠工事件，工會應當代表職工同企業、事業單位或者有關方面協商，反映職工的意見和要求並提出解決意見。對於職工的合理要求，企業、事業單位應當予以解決。工會協助企業、事業單位做好工作，盡快恢復生產、工作秩序。」

77 "Strike Map," *China Labour Bulletin*, 2016年5月5日查閱，http://maps.clb .org.hk/strikes/en.

78 Ibid.

79 "China Saw a Dramatic Increase in Wage Arrears Protests in Run Up to New Year," *China Labour Bulletin*, Feb. 3, 2016, http://clb.org.hk/content/china-saw -dramatic-increase-wage-arrears-protests-run-new-year (2016年5月5日查閱)。

第3章

誰為中國勞工發聲？
——全國總工會及非政府勞工組織

中華全國總工會及其眾多分會和附屬機構是中國工人唯一合法的官方代表。然而，從過去到現在，無論個人還是集體，工人仍不斷透過各種非官方管道發聲，這些管道或多或少具官方性和可見度，也多少是在黨國的默許下才能存在。協助勞工發聲的官方和非官方組織之間的緊張情勢，正好說明了中國領導人努力阻止工人抗爭白熱化面臨的兩難。

全總是全國性的工會聯合會，總部設於北京，分會遍及十大產業領域以及各省、市、縣、鄉鎮和市轄區。截至2012年，全總宣稱在企業層級全國基層工會組織總數逾270萬個，工會會員總數達2.8億人，工會覆蓋面近80%。[1]然而，雖然全總規模超級龐大，但許多試圖爭取加薪和改善工作條件的工人卻形容全總「毫無用處」。[2]其中一個原因很容易理解：雖然全總是中國唯一合法的工會，但卻非勞工自行選擇、真正能代表勞工維權的組織，而是由執政的共產黨創造出來，協助鞏固權力和維護政權穩定的產物。然而，全總內部的矛盾和改變讓情況變得更加複雜，本章將概述在中國的政治經濟制度中，全總的歷史沿革、組織架構和功能，也會介紹全總內部一些關鍵的糾葛、矛盾和變革。[3]

本章也將介紹一些其他勞工代表組織，這些組織旨在處理全總忽視的工人不滿，尤其是農民工的不滿。對於這些致力改善勞工命運的非政府組織(「勞工NGO」)的興起，中國領導人謹慎看待，因為它們有可能成為獨立工人運動的溫床。然而勞工NGO的確能處理實際的需要，而且不僅是勞工的需要，以大方向來看有時也符合中共政權的需要。中共政權對勞工NGO抱有疑慮，某種程度上反映的是政權對公民社會的疑慮；然而，工人集體抗爭運動興起，以及有些勞工NGO參與了這類抗爭之後，中共對獨立勞工維權運動便感到特別憂心。本章將概述在中國代表勞工的幾大組織，而這一切都必須從全總開始談起。

全國總工會：
黨的臂膀、管理方的工具，還是工人的喉舌？

全總成立於1925年，最初只是一個普通的工會聯合會，但很快便成為中國共產黨革命聯盟裏的重要組織。[4] 隨著1949年共產主義革命以及一黨執政體制的確立，全總的功能成為不同意識形態間激辯的主題：在「工人國家」裏，工人還需要工會做什麼呢？[5] 當然，在五十年代中共把產業收歸國有並代表全國人民履行管理後，全總過去扮演的傳統工會角色——也就是代表勞工對抗僱主的角色，在某些地區變得非常莫名其妙。以當時主導的列寧主義觀點來看，全總處在黨的牢牢從屬之下，發揮中共領袖聯繫群眾的重要「紐帶」作用，一方面使群眾的關注能上達到領導層；另一方面使黨高層的決策和命令也能順利傳達給人民。[6] 歷史上，支持以更獨立的角色代表工人的隱性壓力，也曾偶然浮出水面，比如1957年的上海罷工浪潮：一些全國總工會領導人將這場躁動視為密切與工人關係的機會，並認為罷工者的委屈屬實。當時的全總領導人在後來的反右運動，因為犯下這些罪名遭到免職。[7]

一如中國其他的黨政機關，全國總工會在文化大革命受到衝擊，直到1978年實行經濟改革和自由化後才得以重生。[8] 在八十年代，獨立的行動主義一度在全總內部曇花一現，有一段時期官方稱工會為「獨立的社會實體，且就組織隸屬關係而言，不應該等同黨的工作部門」。[9] 然而在1989年天安門事件以及波蘭出現由工會帶頭挑戰共產黨統治以後，中共再更加牢固地控制全總，所有分會都被賦予「致力鞏固黨的執政基礎、實踐執政任務並擁護黨的使命」等任務。[10] 從1989年起，全總接受黨的領導的承諾從未曾動搖過，並嚴格限制了(雖然未完全排除)在全總及其各地分會的試驗和變革。

全總內部的試驗、變革及其局限是這本書主題的重點。然而，即使只對全總於1949年後的歷史作簡要概述，還是會看到一個不斷重現的現象：在中國的勞動政策史上，尤其是關於集體勞工運動和全總的歷史，改革派的努力——包含各種改革辭令、提案、試驗和試點計劃，總是經歷不斷的起起落落，而並非穩步向前。這種不斷循環或來回震盪的模式，讓人很難相信改革計劃可取得實質進展。

以全總的例子來說，改革討論和行動的周期性模式，以及改革只能夠在相對狹隘的範圍進行，有部分原因是全總目前肩負的任務彼此衝突：全總既要保護勞工權益，同時也要增進黨及「全體中國人民的福祉」。[11] 明顯地，這種多面向的任務掩蓋了工人和中共高層的利益衝突。不過只要中共實權在握，黨永遠處於雙方利益衝突勝利的那一方。用中國常用的簡單術語來說，就是全總應該要保護勞工權益(維權)及維持政權穩定(維穩)；但如果這兩個目標有所衝突，維穩往往更重要。

全總的任務也掩蓋了勞工和僱主間難以避免的利益衝突。由於全總旨在增進「全體中國人民的福祉」，代表著賦予了其維護生產和紀律，並促進經濟增長的傳統角色。[12] 在計劃經濟裏，工廠的管理層要負責維持單位制度及其成員，從這個邏輯來看，工會其實是管理層的分支，功能更傾向於維護生產而非代表工人權益。不過，即使當國有企業在許多方面開始模仿市場導向的民營企業，私人資本和農民工開始流入中國的「陽光帶」，全總還是保留了舊有的特性和架構。自九十年代起，全總便一直在外資企業裏組織工會(儘管是用以下所述的罕見方式)；接著自2003年起，全總開始接受農民工入會。[13] 然而，即使中國從計劃經濟急劇地轉型為混合經濟，也就是利潤導向的企業、資本家和國有企業同時發展，全總的組織結構和官方任務還是沒有重大變化。在企業層面，管理層仍舊要求工會幹部對其保持忠誠。[14]

全總的基層由企業管理層主導，上層則接受中共的領導，再加上企業管理層和黨的利益強烈一致，都是要追求社會穩定和經濟增長，工人的處境因此更艱難。黨國官員和企業管理層對工人和在工會內部都握有不同的權力槓杆，只要工人有任何蠢蠢欲動的跡象，雙方就可以聯手打壓。這不是說他們一定都能成功壓制勞工抗爭的火苗，但他們通常會站在同一陣線，形成強大的聯盟來對付抗爭工人或擁有獨立思維的工人領袖。雖然全總為工人爭取權益的能力已然被削弱，但中共仍不允許其他任何組織成為集體勞工代表。全總的官方壟斷地位在地方得到強勢執行。類似獨立工會的團體若要把不同工廠的工人組織起來，不僅是違法實際上也不存在。正如接下來將看到的，即使是在一般法律糾紛代表個別勞工的勞工NGO，力量也十分薄弱，沒有穩固的立足之地。

走筆至此，我對全總的描述有些簡略，恐怕會讓人看不清全總內部的關鍵特色和近期有趣的發展。我們現在先從企業外部的全總層級開始介紹，然後再介紹企業內部的分會。

企業外部的全總——黨的分支

全總的層級從全國、省以至各級地方行政單位都對照了中國共產黨，各層級的全總官員都是由同一層級的黨委支部任命並對其問責。因此，無論在哪個層級，全總都受到黨的控制。不過，黨的控制是平行地操作，例如黨中央管轄全國總工會、省級黨委管轄省總工會，一直以此類推至地方層級，而非由全總從上到下管理（見頁72圖表3.1）。[15] 這樣具體來看，全總的確是黨的分支，而非工人的喉舌。但是中共宣稱自己為勞工發聲和行動，並透過全總來達成此目標。因此，我們要更仔細地探討全總的結構和功能。

在全國層面，全總在政策討論上有時確實能夠為工人利益發聲。不過，全總是作為黨國體制的不可或缺部分來扮演此角色。作為中共中央領導機構的中央政治局由25人組成，全總歷任主席曾經長年擔任中央政治局委員，在2013至2018年間擔任全總主席的政治局委員李建國，同期還兼任全國人大常委會副委員長。全總在國家政策制定的中央角色，令其有能力推動某些頗具爭議的勞動立法，包括2007年的《勞動合同法》和2012年的《勞動合同法修正案》，後者為僱用「被派遣勞動者」增加更多規範。[16]《勞動合同法》及其修正案（第5章將更詳細討論）遭到外國僱主和許多內地僱主的強烈反對，兩項立法獲通過在某程度上顯示全總在黨內發揮影響力，以及它也能促成許多僱主反對，但至少能改善勞動標準和保障勞工的法律。這樣看來，全總就算不能**代表**中國工人的聲音，但至少能為工人**發聲**。

在全國層面之下，省總工會及地方層級全總分會的官員由中共幹部擔任，這些職位可說是在黨內獲得晉升的跳板。[17] 中央政府並未給予省政府和地方政府真正的主權或自治權，然而由於中國幅員廣大、情勢複雜，使地方政府實際上擁有一定的自治權。[18] 中國有句老話「山高皇帝遠」，這種地方自治權也有著悠久的淵源。這種實際上的地方自治權，容許地方政府有一定的發揮空間。例如廣東省（位於珠江三角洲）和浙江省（靠近上海）的官員，斷斷續續試驗過幾次工會幹部直選以及產業部門集體談判。[19] 這些在第6章和第7章將更詳細探討的試驗，可能已為全國性的改革奠定了基礎（或者只是為新一波「試驗」奠定了基礎）。然而，地方政府的自治權通常對地方企業有利，對勞工卻不利。

圖表3.1 全總組織架構與中共的關係

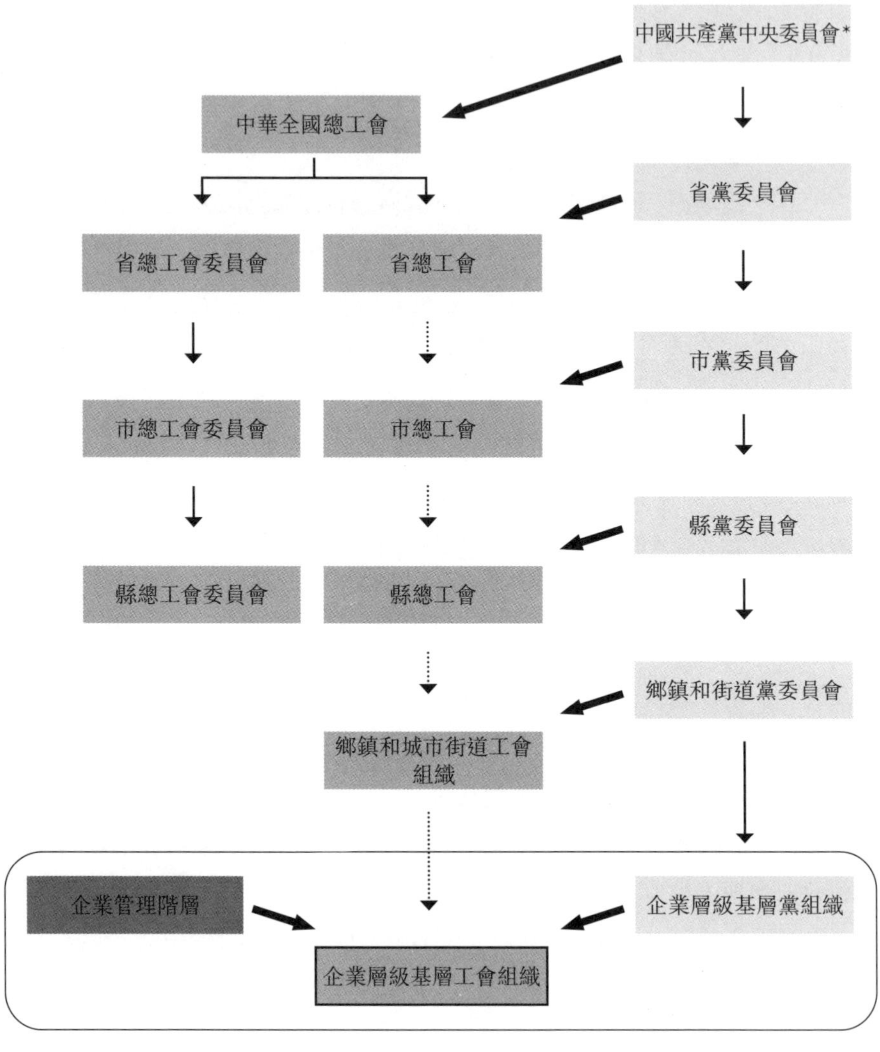

*全總主席為中央政治局委員或中央委員會委員

尤其在「改革開放」的頭幾十年，中央政府把追求經濟增長擺在首位，地方幹部的考核和擢升都是看地方能繳出什麼樣的經濟成績單，因此地方官員很縱容既能給他們帶來個人好處；另一方面又能促進經濟增長的地方企業。也就是說，全總不僅受到黨的掌控和必須為黨服務，與地方企業的利益影響，使得它在地方上很難為工人發聲。

到了胡溫時期（2002年後），中央政府的首要目標轉變為處理社會動盪的肇因以及改善經濟發展不平衡，地方的自治權以及地方官員與地方企業之間的緊密關係，對中央構成更重大的問題。這就是傅青山（Eli Friedman）所指「叛亂的陷阱」（insurgency trap）的關鍵：「資本與地方政府官商勾結」且此現象已根深蒂固，致使中央政府更難執行需要制約資本的政策，包括那些處理工人不滿的政策，因此點燃了工人的怒火，加速了工人維權運動的發展。[20]也就是說，中央政府對地方官員約束力不足（雖然中央在此要負上大部分的責任），結果威脅到中央政府極力想維持的政治穩定。

2010年爆發本田工潮之後，勞工躁動就成為中國政府首要關注的議題。全總內部有些重量級人物開始質疑雙向「紐帶」的概念及功能，以及全總在協調勞資利益過程中扮演的角色。[21]改革派主張資方有足夠的其他管道保障自身利益，因此努力想讓全總能夠真正代表工人向資方爭取權益。不過，這並不代表他們和美國及其他西方國家一樣認為工會和資方處於敵對的立場，他們也沒有打算為工會配備西方世界工會藉此與資方抗衡的「經濟武器」。改革派也並非主張全總要成為通過從下到上選舉機制，完全直接向工人問責的機構。再者，即使政府高層能夠欣然接受全總更努力為工人爭取權益，但就如傅青山所說，這也得用極長的時間和極大的心力，去改變地方政府及企業管理方在數十年來養成的惡習，正是這些惡習導致現狀難以改變。然而，全總主要任務要有所變化，這個想法也許正好說明，或是促成了全總在組織架構和行為上的其他變革。

企業內部的全總分會：管理方的爪牙？

企業內部的全總分會也稱作「基層工會」，具有相當不同的特徵。全國總工會在執行任務時碰到的矛盾，也反映在企業層級的分會：企業工會的官方任務是擔任勞工代表，同時也要提升紀律和生產力。同樣的，中共對全總的控制也反映在企業層級的分會：企業工會必須接受企業裏的黨組織的監督。(沒錯，在中國，除非是非常小型的企業，否則無論是外資或民營企業都設有中共的黨組織，黨組織通常由一位黨員經理擔任領導。)[22] 此外，一個重大的差別，也是這裏討論的重點，就是企業工會有別於企業外部的工會，工會幹部理應由工人成員選出。然而實際上，資方管理層卻長期主導企業工會。[23] 儘管長期以來已有正式授權舉行選舉，但管理層通常有能力從管理層級人員任命一人，或是操弄選舉讓屬意人選擔任工會幹部領導工會。這人通常是高階主管，同時具有黨員身分。[24]

走筆至此有必要暫停一下，注意全國總工會的諷刺之處(至少從美國人的角度來看)，就是全總**不只**是中共遍及全國的龐大分支，**同時**在逾100萬個利潤導向的私營企業也設有分會。美國人一般認為共產主義者和資本家處於敵對陣營。然而，兩者卻在全總(以及中國其他機構)內部合作性地共存，說明了自解放資本主義以來，中國的政治經濟具備某種重要特色，這點我們將在之後討論。現在我們先聚焦在那些企業層面工會的特徵。

企業工會隸屬於管理層，這樣的從屬關係部分源自於國有企業時期，全總目前的組織架構和功能都是在那時制定下來的。在計劃經濟時期，國有企業的管理人由黨指派，他們的責任不是讓股東滿意，而是要照顧企業的勞工，這些人同時也是這個「工人國家」的重要成員。當時管理人的薪資、津貼和地位跟企業裏的工人沒什麼不同。[25] 舊有制度的影響正好解釋了全總某些令人費解之處，尤其是全總為何拒絕正視勞工與企業資本家及管理層之間的利益衝突。不過這樣的解釋也讓人禁不住要問：為什麼全總的組織架構沒有進行大幅度變革，以滿足私營企業工人的需要？其中一個原因是直到約十年前，全總在非國有領域（在這些領域農民工佔僱員的多數）幾乎並不存在；而且當時全總正把精力投放在鎮壓和平息下崗國企工人的怒火，因為他們的生活保障、福利和地位都因為國企私有化和改組面臨重大衝擊。

從更近期來看，尤其是「和諧社會」時期，中共政權越來越認識到，要維持社會政治的穩定，就需要替數以百萬計在快速成長、非國有產業打工的農民工解決問題。[26] 接到這樣的指示，全總便開始大張旗鼓在國內名列《財富》世界500強的企業裏組織工會。最有名的例子包括沃爾瑪，當時全總的目標很明確，就是要「在中國所有外資企業裏都建立工會組織」。[27] 全總在這方面已有一些已廣泛宣傳的進展。到了2009年初，全總表示《財富》世界500強等跨國公司在華總部的工會建會率已達83%。[28] 相較於美國和許多西方國家的工會日漸衰微，全總的成就聽起來特別了不起；但對一般工人來說，這樣的成就意味著什麼呢？

至少到近期為止，全總在外資企業建立「工會組織」大都是從上而下的事。（但這樣的模式現在是否正在改變仍不得而知，目前看起來似乎沒有明顯變化，但我會用過去式描述相關事件。）一般的流程是，企業管理層接到全總地方分會的電話，告知該企業必須設立工會組織。當企業管理層很慌張地打電話問律師怎麼辦的時候，律師通常會告知「壞消息」和「好消息」——無論是壞消息還是好消息，都足以顯示中國和美國組織工會的過程截然不同。

「壞消息」是管理層沒有選擇，只能乖乖聽話按照要求「組織」工會，就像必須聽話讓中共在企業內設立黨組織一樣，之後還要分撥薪資總額的2%資助工會活動。但如果「壞消息」是資方不能拒絕成立工會組織，那麼「好消息」就是他們也沒有必要拒絕，因為除了要分撥薪資總額的2%給工會以外，工會的存在對企業營運其實沒有什麼影響。首先，管理層通常可以自行選擇工會主席(無論有沒有經過選舉這關)，而且可以選擇不僅對管理層友好、甚至根本就是管理層一分子(雖然此人可能戴上中共幹部的帽子)的人來領導工會。再者，這樣的工會發起的「集體協商」提出的訴求，最多是要求企業支付法定最低工資或遵守法定勞動條件(包含提供一些對企業來說不痛不癢的勞工福利，例如改善伙食以及偶爾給女性員工休假)。[29] 這樣的工會也不會發起勞工抗爭或是罷工，相反的，這些官辦工會還會盡力避免罷工的情形出現，甚至會在與外資企業的談判時一再強調自己有能力預防罷工發生。[30]

這種「由上至下」組織工會的模式，以及工會傾向維護資方利益而非替勞工爭取權益，都與美國工會的性質截然不同。在美國，工會必須「由下而上」組成；也就是說，工會必須獲得大多數僱員的支持才能成立。舉例來說，美國規範私人企業勞資關係的法例規定，某一特定企業的工人(以及在企業內部「具談判能力的單位」的工人)必須投票決定是否成立工會，選舉通常會在勞工委員會的監督下進行投票，而負責監督的勞工委員會則要保持中立，不會干涉工人的決定。除了投票以外，工會也可以用別種方式證明自己受到大多數僱員的支持，例如出示勞工授權書，努力説服資方承認工會並與工會協商。無論如何，工會必定要獲得大多數僱員的支持。在美國法例下，若一個工會無法獲得大多數僱員的支持，則資方不得與其進行協商；工會也必須證明自己擁有大多數僱員的支持，才有資格對資方施壓，迫使資方承認工會並與其協商。其實，「由上至下」組織工會的模式在美國也曾經相當普遍，但根據現行的美國勞動法，這種模式已經違法。

可惜的是，對於資方抵制僱員和工會「由下而上」的組織努力，美國的法例目前仍未能規管。雖然法例規定僱主不可報復或威脅爭取權益的僱員和工會，但僱主常常無視法例，對僱員的補償措施又往往太少且來得太遲，根本無法糾正或遏止僱主的惡行。[31] 由於法律給予過多的言論自由，僱主因此也有權利發起激進的反工會活動，包括在上班時間強制僱員進行「被動受眾」的會議，而且不讓工會負責人進入工作場所查看。[32] 雖然美國勞動法明確規定僱員享有「選擇自由」，但僱主對工會的反制行動，卻大大限制了僱員的選擇自由，這也解釋了為什麼超過93%的美國私人企業沒有工會代表。

相較之下，中國的工會是黨國的分支組織，因此擁有許多人脈和勢力來影響僱主的行為。在中國，外資企業和民營企業的僱主有時很排斥有關設立工會組織的規定。[33] 不過，由於與中國政府打好關係實在好處多多，所以僱主想一想後又沒有那麼排斥了；而且僱主就算有抗拒心態，對象也非工人，因為工人從頭到尾根本沒有什麼選擇權。可以肯定的是，儘管僱員並非當局在非國有企業建立工會組織的推動力，工人仍能從以這種由上而下方式建立的工會組織受惠。不過，這還是要看工會組成後是由誰和怎樣主導，而這些問題將在下文討論。

中國其實曾出現過一些組織模式並非由上而下，組織過程亦沒有管理層介入的工會。例如，零售龍頭沃爾瑪在全球各地都以反工會著稱，當中國首家沃爾瑪分店成立了工會後，許多勞工維權人士都為之振奮，認為這是給抵制工會的沃爾瑪一記前所未有的重擊。不過，他們的高興沒有多久，因為這個沃爾瑪工會很快又走回過去的老路，對管理層言聽計從。全總地方分會與沃爾瑪管理層達成框架協議後，當時的沃爾瑪南昌店工會主席高海濤（他也是推動組織工會的主力）還想方設法在協議裏增加特定條款，好為工會成員謀福利。但沃爾瑪管理層直接繞過他，把已經印好的協議書拿給另一間店的工會代表簽名，高海濤也在2008年9月黯然辭職。[34] 沃爾瑪有段時期還大力吹噓中國分店的勞資關係多麼良好，以證明自己扛起了新的社會責任，而事實上勞工還是沒有自己的組織來為他們爭取權益。

近年來，沃爾瑪的員工開始反擊，使得該公司重塑品牌形象的效果大打折扣。沃爾瑪員工開始抱怨低薪，勞動議題專家陳佩華說：「沃爾瑪只支付最低工資，而且沒有加班費。如果員工只領最低工資而且沒有加班費，根本很難糊口，所以很多員工都離職去找更好的工作。」[35] 正如陳佩華所說，大多數不滿意待遇的沃爾瑪員工跟其他地方大多數中國工人一樣，都選擇「出走」而非「發聲」。但在深圳有些工人開始考慮用集體協商來回應不公平的待遇。他們在2012年開始參加集體談判的培訓課程，但這些課程是由工人維權律師段毅而非官方工會舉辦。後來有40名沃爾瑪配送中心的員工因為工資問題發動罷工，沃爾瑪因此開除了好幾名參與的員工。[36] 不過講到這裏我們又有點超進度了，我們會在第6章談罷工和集體協商時，繼續這個故事。

管理層在中國企業工會的主導角色，可能會讓美國的觀察家聯想起美國的「公司工會」(company union)一詞，它指的是從二十年代到三十年代早期某些美國企業的御用工會，主要功能是阻止勞工成立獨立工會。不過到了1935年，《全國勞資關係法》(National Labor Relations Act, NLRA)認定公司工會違法，於是從那時起公司工會就幾乎絕跡(或者只是秘而不宣)。[37] 近幾十年來，研究勞動法規的學者和改革派不斷爭論《全國勞資關係法》是否管得太寬，不只禁止資方在勞工組織中擁有任何主導權，也不准資方「協助」勞工組織，而且「協助」的定義還非常廣泛。有些學者認為若企業內部沒有獨立工會代表勞工，那麼法例應該要允許管理層可以發起，或支持某些形式的工作場所僱員代表。然而，反方意見則認為(或是一再強調)僱員絕對有權利成立獨立工會，該工會應由勞工成員主導，管理層不得干涉。相較之下，由於全總是中國唯一的合法工會組織，所以即使工會對管理層言聽計從，工人也沒有別的選擇。

在中國，管理層之所以能夠掌控企業工會，其實有好幾個原因。其中一個原因是資金：中國的企業工會，或者說全總從上到下，大都靠著企業繳納等同2%員工薪資總額的稅金在營運，這筆錢在工會成立之初就會撥給工會（工會成員只是象徵性地繳納會費）。這和美國非常不同，美國法例明令禁止資方以金援或其他方式來「協助」工會運作。一位中國勞動法學者在官媒《中國日報》曾略為提及中美這方面的差異：

> 與西方國家獨立於管理層的工會不同，中國工會的資金大多來自企業。李小平說：「這削弱了工會的獨立性，也讓工會領導處於很尷尬的地位。雖然工會領導應該捍衛勞工權益，但又不敢得罪付他們薪水的資方。」[38]

不過，工會的經費只是其中一個因素，更重要的原因是管理層通常能夠決定誰來領導工會。雖然法例明文規定工會領導要由選舉產生，但即使真的進行選舉，管理層也總是能輕易操控選舉。[39] 事實上，直到近年大多數的企業是由人力資源部的主管來擔任工會主席。例如，全總在2006年指出，在廣州幾乎所有當地民營企業和外資企業的工會主席都由企業高層兼任。[40]

不過這樣的模式已經開始改變。中國勞動學會支持工人擁有自己的代表，不應受到管理層的控制。[41] 全總現在的政策是禁止企業主管、副主管、人事經理、企業合夥人或以上這些人的近親來擔任工會主席。[42] 不過因為政策規定「工人和職員」都可加入工會，所以企業可以擴大解釋說他們的管理層也在員工之列，因此還是能夠參與甚至把持工會。許多企業主管不僅成為工會代表，他們還跟拿著最低工資的基層勞工一起成為「談判單位」的一員（不過他們不會用這個詞彙稱呼工會）。

對大多數西方觀察家來說，企業經理和生產線工人在很多勞動議題上一定會有利益分歧；在這些議題上，屬於企業管理階層的僱員似乎比較容易倒向「僱主」那一方，而且他們和一般工人的待遇和工作環境也不一樣。[43] 美國的勞動法例體現了不同類別僱員的利益分歧，因此法例把經理(及主管)從參與工會「僱員」的定義中剔除，而且處於同一個「談判單位」的成員必須是「利益共同體」。事實上，美國的勞動法在西方國家裏有點算是異類，甚至與國際勞動法在某些層面也有牴觸，因為美國勞動法不允許企業主管和低階管理人員加入工會，他們也不在勞動法的保護範圍內。[44] 不過相較之下，中國的狀況更加不尋常，他們把整個企業從管理高層到工廠勞工，一個都不漏地塞進同一個工會。[45]

能夠參與工會的僱員層級這麼廣泛，源自於計劃經濟。在「鐵飯碗」時期，企業營運是為了照顧所有工人，工人不僅是國家的公民，也是企業的公民；工人才是企業的主人，而且企業若有盈餘收益都應該回饋工人。[46] 當時工人的社會地位和經濟保障，並不亞於企業管理階層(雖然人民普遍貧窮而且欺壓情形相當常見)。在講求平等的計劃經濟時期，不難理解當時企業裏的員工都在同一條船上，因此不需要不同的代表。現在的問題是，隨著「勞動合同制度」出現、勞動力商品化、盈利掛帥的私有企業快速成長以及經濟不平衡發展等問題，這樣的觀念為何在幾十年以來仍舊屹立不搖。

中國為何不大幅調整工會在企業中扮演的角色，以應對私營企業工人現今面臨的挑戰？事實上，為了處理越演越烈的勞資衝突，全總已經逐漸把任務再聚焦到工人代表而非僱主身上。但還是有人抗拒這麼明確地承認勞資糾紛，以及在工人和管理層中存在制度性的矛盾。這樣的想法正是中國勞資關係制度的「中國特色」：仍有不少人認為，在社會獲法律認可的社會關係和行動者之間，「衝突」可以亦應該在綜合性組織內解決，並且要關起門來解決，而不是把衝突攤到陽光底下鬥個你死我活。[47]

可能有人會以為(我剛來中國時也是這樣認為)，既然中國政府奉行馬克思列寧主義，那麼勞工和私營企業主的利益衝突會更加公開透明。然而，矛盾的是，意識形態卻讓勞資衝突變得更模糊而非更清楚，也更不鼓勵把勞資衝突搬到枱面上來談。即使中國已經以資本主義的形式發展了幾十年，政府仍堅持中國不是資本主義國家，而是處在「社會主義初級階段」。如果坦白承認勞工和資方的確存在利益矛盾，然後又承認勞工在勞資糾紛中需要自己的代表，似乎會讓人覺得中國打算捨棄社會主義並投入資本主義的懷抱。畢竟，勞資衝突是資本主義的招牌特色。因此很諷刺地，中國政府為了維持共產主義的意識形態，反而造成勞工缺乏強而有力的代表來替他們向資本家僱主爭取權益。

不過我要再次強調，別看中國明顯有缺陷的制度就以為美國的制度很完美，想想美國絕大多數的工人，也缺乏有力的集體代表來幫助他們與資本家抗衡。美國勞動法基本上認定勞資之間存在利益矛盾，若要和平解決，必須由對代表對象絕對忠誠且負責的代理人進行公平的談判。這的確催生了強而有力的勞工代表，能夠在談判中為勞工爭取到豐厚的利益，但目前能夠享有這些利益的只有少數擁有獨立工會的勞工，而且人數還持續減少。另一方面，美國勞動法也有利管理層採取強硬手段對付工會組織和處理勞資談判，這讓美國很多勞工向工會求助的意願降低，因為他們其實不願意與僱主公開衝突。事實上，大多數勞工希望勞工代表能與資方合作解決問題，而非衝突對立，即使把姿態放低可能削弱工會爭取權益的能力，但這是大多數勞工較樂見的情況。[48] 對於美國勞工來說，只要他們還是有管道發聲和有人能傾聽他們的訴求，他們會比較希望維持「和諧」的勞資關係。美國法例規定勞工有權組織或加入獨立工會，他們可以像過去某些工會一樣對僱主發起抗議，只要他們覺得時機合適就可以這麼做。但在現實情況裏，爭取權益之路仍是道阻且長。

中國的問題則不一樣：管理層在企業工會佔主導地位，對上亦要服從黨的指揮，這讓全總變得很「沒用」，無法積極表達工人訴求。[49]

因此，全總就算在企業設立工會組織，管理層也不太抗拒，這使得過去十年來全總成員人數迅速增加。簡而言之，全總在二千年代初期能夠這麼順利在各大企業設立工會組織有兩方面的原因：一方面是因為它的弱點，既沒辦法抗衡管理層，也沒有辦法替工人向管理層爭取更多權益；另一方面則因為其背靠著中國共產黨的實力，而不是靠著工人的支持和團結。同樣地，假如全總要轉移其使命，站在更具對抗性並以工人為中心的立場，那麼它要建立工會組織，一定會遭到管理層的更大抗拒。目前來說，全總還可以借助中共的力量令管理層屈服，但僱主在黨的內部也具有影響力，尤其在地方層級的黨組織。

全總與「結社自由」：初步比較與反思

由中共掌控的全國總工會是中國工人唯一的官方代表，這是中國勞工狀況的特色。就算工人對全總不滿——很多工人明顯不滿意全總的表現——但他們還是不能在國家和全總的體制外組建獨立工會。全總受到黨國的牢牢控制，只有它才能在中國進行有組織的勞工活動，而中國領導層並沒有認真考慮過改變此等現狀，中國的勞動法學者亦未曾對此表示公開質疑。全總的壟斷以及中共對其的控制，令企業管理方得以掌握企業工會，對工人構成嚴重問題。這兩項特徵，讓中國的工會完全不同於西方民主國家認知中的工會，而且面臨的問題也截然不同。

不過，我們在這裏要稍作停頓，在比較中美工會的情況時需要調整透視鏡，不要因為前述中國官方工會被黨國和企業管理層掌控，就以為我在暗示美國工會是獨立民主工會的典範，對勞工不離不棄，而且完全不受國家權力影響。

美國的勞工運動也有其自身問題，包括由管理層主導的工會淪為私下與資方達成協議的「甜心工會」（"sweetheart unions"），有些工會幹部積習難返但仍然在位，存在腐敗問題或受制於僵化的官僚體系，這些問題都削弱了工會的力量，使其無法盡力回應勞工的訴求。其實美國的工會一直以來也受到政府的各種干預，有時候政府介入是為了對付前述的種種惡行，並強化工會的民主問責，但有些介入則以維護政治穩定之名（就像在冷戰時期迫害左翼工會和工會活躍人士）取消工人的自主權。[50] 第4章將回到美國勞資關係的歷史，但那段歷史有兩點值得留意：美國僱主和政府有時候都尋求控制工會，以削弱工會的獨立性並使其變得溫和，這些企圖有時候亦成功了。但自實施新政以來，工會獨立於僱主和國家體制之外的概念已成主流，因此制約了僱主和政府干預工會自治的力度。在中國可沒有這種獨立工會的規範。

在其他西方發達工業民主國家，工會都具有同樣的獨立性，但同時也具備一些讓人不禁聯想到中國工會制度的特色。例如，許多西方工會隸屬於政黨，有時還隸屬於執政黨，但這些政黨不會把工會掌握在自己手裏。工會幹部是由工會成員選舉產生，而且在多黨制之下，各政黨必須與他黨競爭，透過選舉爭取政治權力和人民的支持。不過在一黨專制的國家，由黨國壟斷的工會組織就完全不是這麼一回事。

當然，由工會代表勞工群體的制度，通常會壓縮勞工個人選擇的自由。例如，在美國，要不要組成工會是由多數人來決定，而多數決則會限制個人的選擇自由，像有些人希望有工會，卻因多數人不同意而無法得償所願；或者有些人不希望有工會，卻必須勉為其難接受多數人想要工會的決定（在美國，前者的情況遠超過後者，部分原因是管理層勢力太龐大，影響了勞工選擇工會的自由）。在某些歐洲國家，每個產業通常都會出現特別強大的工會，無論勞工是否選擇參加該工會，或參加了別的工會，或根本沒參加任何工會，那個強大的工會都能夠代表所有勞工向資方爭取權益。[51] 這就是標準的「雙巨頭」談判，也就是由勢力龐大的單一工會與僱主聯會談判，談判結果往往會影響到整個產業領域，亦明顯限制了個別工人有關代表工會的選擇。

然而，多個工會很多都要基於政治因素積極爭取工人的支持，而工人也有充分的自由選擇加入哪個工會。

在所有這些西方國家的制度，工人完全可以選擇加入或自行組建大大小小的工會組織，他們也能透過選舉制度或其他方式來主導工會。在這些制度下，如果工人非常不滿意現有的工會，或是不滿意主要工會，可以自由加入或組織新工會並設法拉攏其他工友，這樣的制度使工會不得不正視工人的訴求。但中國的情況不同，中國的工會組織模式和基本概念與西方差十萬八千里，中國只有一個由一黨專制政府指派及支持的工會，禁止自由組織其他工會。

一直以來，中國政府透過層級和壟斷的黨國體制控制有組織的勞動活動，與其對「有組織資本」較為寬鬆的態度成強烈對比。在計劃經濟時期，生產性企業基本上就是黨國的分支，企業的資本和勞工都是由國家指派的經理和工會幹部管理，這些人都是中共幹部。但自從「改革開放」以來，企業或者各種資本積聚開始有較大的自主權，成為相對上較自主、自行組織和自行決策的市場行動者。中國政府原來直接控制或**管理**生產性資本的角色，也轉為**規管**的角色。[52] 然而，當局仍希望透過全總——這個黨國的重要組織，直接**管理**工會。

對中國政府來説，與自主的資本聚集和大公司的投資者相比，自主的集體勞工活動，名義上對中國的社會主義政權構成更大威脅。作為一種意識形態的問題，中國試圖通過意思含混，並持續演變的「社會主義市場經濟」概念，以調和資本的實質性企業自主權，和大部分生產資料私有制，以及其社會主義的承諾。若就現實層面來看，中國政府已經培養出對黨忠心耿耿的國內資產階級；事實上，許多政府官員已成為資產階級。[53] 商界與從地方基層由下至上的中共權貴，在身分和利益上都有所重疊，大幅地降低有組織資本可能對政權構成的威脅。不過，被官商同盟排除在外的工人，若被允許自行組織起來，可能就會影響政治穩定。因此，在黨國體制之外的「有組織工人」，被視為較「有組織資本」對政權構成更大的政治威脅。因此，中共才要利用全總這條臂膀，牢牢掌控工會，強調只有全總才是唯一合法的工人代表。

目前沒有任何跡象顯示中國當局會在可預見的未來放棄其核心政治理念，亦不會允許獨立工會或放鬆對全總及其分會的控制。這代表中國明確拒絕給予工人「結社自由」，但結社自由卻是國際勞工組織(International Labor Organization)明訂組成工會的基本原則，而中國本身是國際勞工組織的成員。[54]在毛澤東時代和改革開放的早年，中國堅持全總為唯一工會的做法，讓中國和冷戰時期的蘇聯看似站在同一邊。蘇聯及其東歐的衛星國也只承認官方工會為唯一合法工會，禁止任何其他獨立工會組織。[55]事實上，當時在東亞的一些反共產主義的獨裁國家和地區，同樣只有官方工會，如南韓和台灣便是如此。[56]但後來隨著蘇聯瓦解及許多東亞社會民主化，中國在這方面就更加成為眾人眼中的異類。多年來，全總一直遭到西方工會尤其是美國工會的鄙視。隨著近年中國經濟持續成長，日漸融入世界經濟體系並有能力影響全球的勞動標準，西方工會的這種態度開始有所改變，令某種形式的交往看來已越來越重要；而中共政權對政治改變的抗拒，亦令人不對獨立工人運動在中國的發展寄予厚望。[57]因此，無論全總在作為工人代表方面有再多的缺失，它都已經成為「池子裏唯一的大魚」，而且裝著這條大魚的池子還不容小覷。[58]許多國家的工會聯盟，都因此尋求與全總建立有批判性，但具建設性的溝通接觸。

然而，近年中國工人維權意識高漲，導致政府以一手打壓一手回應的方式處理。許多中國工人試圖脱離現有體制，自行組成勞工組織以抗衡全總的壟斷，令政府不得不從制度面下手，以某些方式(雖然有可能是加強監視或實施報復性的政策)來回應工人的訴求。不過工人運動帶來的政治壓力並非只威脅到全總，而是威脅到整個中共政權，且影響層面極廣，當中一些我們會在後面章節談到。

全總真的是「工會」嗎？

全總既複雜又矛盾的性質，令許多資深觀察家對其有相當大分歧的評價。一派的說法是，全總只是中共用來鞏固政權的工具，全總近年積極在各企業內組織工會只是要讓黨的觸手深入較彈性自由的民營企業領域。因此，有些支持工人擁有更多自由的觀察家認為，全總積極協助建立工會組織對工人並沒有好處，因為這樣做反而使工人遲遲沒法獲得結社自由，也阻礙了獨立民主工會的發展。有些人則不同意這樣的說法，特別是那些在中國做生意的美國企業，因為全總讓中共更有權力（或至少更有機會）干預企業管理層對企業的管理，所以對勞工並非毫無幫助。

相反，很多學者和工人則認為全總（就算不是真正的工會）並非只是中共鞏固政權的工具，由於中共堅定禁止工人組織獨立工會，因此在未來很長的一段時期內，全總仍會是池子裏唯一的大魚，是唯一能代表工人發聲的組織。但他們認為，工人其實能從全總由上而下、環環相扣的權力結構中得益，而且全總代表的是企業以外且超越地方層級的權力，雖然這樣的特徵似乎讓全總很難成為真正能回應工人訴求的組織，但因為它能壓制資方的權力，因此也許有時候能間接幫助工人抗衡資方。對這派觀點的觀察家而言，如果中央集權的全總能夠致力為工人爭權、提高工資、逆轉日益嚴重的不平等發展趨勢，那麼它會是民營企業和外資企業工人在爭取權益時最強大的盟友。

中國勞工問題專家戴威廉（Bill Taylor）和李琪皆認同此觀點。他們認為，雖然全總不符合西方人認知中的工會，但它還是能成為中國工人維權抗爭的最大助力。中國工人「除了僱主以外並沒有受到其他人的壓迫」，[59] 因此亟需強大的盟友協助他們抗衡資方。全總身為中共權力架構中較親近勞工的組織，是「唯一有能力或是有意願從制度面幫助全國勞工的組織」。[60] 當中共關起門來討論各種攸關勞工權益的政策，全總可以成為勞工在中共內部的關鍵盟友，為勞工發聲(就像它協助推動了2007年頒布的《勞動合同法》，以及近期幾項關於勞動力派遣的修正案)。戴威廉和李琪指出，削弱僱主在企業(及地方)層級工會的勢力是當務之急，但削弱全總和黨之間的連結對工人反而不利。

中國勞動政策的知名評論學者陳佩華也有類似的想法。[61] 她曾提出兩套結構性的改革方案，兩個方案都試圖減弱企業管理方的勢力，但都沒有正面挑戰政府對全總的掌控。她的概念是這樣的：第一，她和其他人一樣認為企業層級的工會領袖，應該由工會的工人成員直接選舉產生(在第7章會詳談工會直接選舉的趨勢)；第二，她認為企業層級的工會應該由更高層級的全總分會領導，也就是由省級總工會官員領導，而不是由企業或地方層級的黨幹部和工會官員領導，因為這些人時常和地方企業官商勾結。[62] 陳佩華認為她提出的兩項改革，可以使全總成為真正的工人維權組織，也能真正促進建設「和諧社會」，完全符合中共指派給它的角色任務。

習慣民主思維的西方人，可能很難認同由全總繼續壟斷工會的想法，因為這代表中國工人仍舊無法自組工會，不過全總身為中共的臂膀，的確有其特殊優勢幫助工人改善薪資和工作條件。有些人可能跟我一樣，相信由工人自己掌控的獨立工會對工人來說，才是比較好的選擇，但就算中國工人可以自組工會(先不管這樣的可能性有多低)，他們真的就會選擇自組工會嗎？美國大多數低薪工人就沒有自組工會；他們完全沒有工會代表，而且未來組成工會的可能也非常低。大家可以想想在以下兩種工會，美國的低薪工人會有怎樣的選擇：屬於國家臂膀並與工人友好，具有經濟實力代表工人；還是由低薪工人自行組織，但實力薄弱並不時遭到資方打壓。[63] 就我來看，他們大概不會選擇後者，也不該選擇後者。

至於中國工人，他們既沒有國家的強力臂膀撐腰，也沒有獨立工會來支持他們與僱主交手，中國政府對獨立工會如火如荼的打壓，也不斷削弱勞工維權人士之間原本就很脆弱的鏈結。即便如此，近年來很多中國工人還是想盡辦法動員自己人的力量發起一場場的勞工抗爭，抗爭規模有大有小，而且無論是次數還是參與人數都逐年上升。本書要探討的關鍵問題是：中國的勞資關係是否即將迎來重大突破？這樣的突破是否能讓工人擁有暢通和有效的渠道爭取權益？或甚至擁有獨立的勞工組織？要知道答案的話，我們必須先來看看目前中國非官方工人代表的境況，雖然這些組織相對來說的確是獨立於官方體制之外，也相對弱小，不過在中國的勞動現況中仍扮演著相當重要的角色。

勞工非政府組織及「具中國特色的公民社會」

被官方制度邊緣化甚至拒絕排除的中國工人，尤其是農民工，一向必須自己設法維護自身權益，有時還會為此組成勞工團體。但勞工非政府組織（以下簡稱非政府組織為NGO）正如其名，挑戰了全總這個唯一官方勞工代表的權威，也因此屢遭政府的審查和質疑。但是勞工NGO也是逐漸茁壯的「公民社會」的組成部分。公民社會在文化大革命結束後，曾經緩慢但逐漸受到官方承認，但如今卻遭到嚴酷打壓。所以我們現在先把格局放大，一窺中國公民社會不斷改變的特質，再聚焦於勞工NGO艱難的處境。

毛時代以來中國公民社會的蓬勃發展（和遭受的限制）

在中國共產黨本身以外，全總昔日屬於黨控制的集體社會行動體制的一部分，並作為當中較強的組成部分留存下來至今。在中國式的「國家統合主義」下，各種團體利益的代表（例如代表婦女、青年、勞工權益的組織）都是只有單一的官派代表組織，由政府批准成立且由中共掌控。[64] 因此，全總算是國家級的「群眾組織」，這種組織位於省級和地方分部的金字塔頂端，負責把群眾的利益上傳至中共領導人，同時也負責將「黨的路線」傳達給群眾。這種列寧主義的「紐帶」體制曾經是中國官方社會組織制度的骨幹，但隨著社會和經濟情勢改變，這樣的體制開始遭到質疑且力量大不如前，不過它至今仍持續影響，也限制了獨立社會組織在法律和政治上的活動空間。

然而，這類官方群眾組織後來面臨了重大挑戰。中國社會在歷經了經濟發展和城市化之後，「群眾」的生活經驗、利益和觀點開始愈加差異化甚至是個人化。在計劃經濟時期，人民的生活以及能獲得的支援，都是由永久分配的單位（或是工作單位）來統一管理。單位制度強化了政府對社會的控制，有部分是因為它同化了所有人的生活經驗、利益和觀點。當人民生活各方面同質性都很高，就不難理解為什麼當時中國政府只給每個公認的團體（例如婦女團體、勞工團體）單一的官方代表渠道。可以肯定的是，這是一種極權主義思維，站在西方多元化公民社會的對立面，但它畢竟有其邏輯。然而，這種單一官方群眾組織注定會走向衰亡。隨著單位制度走向歷史、市場興起、人民與黨國之間不再如以往那般緊密連結，而且人民的生活經驗、對未來的期盼和觀點也都開始產生差異，單一官方群眾組織當然無法繼續滿足人民需求。

中國的「八二憲法」（1982年獲通過），確立了至今仍然規管大部分非政府組織的基本原則。[65] 當中的核心是註冊制度：民間組織必須向當地民政部門註冊，而且為了註冊必須「掛靠」在某個願意、且能夠擔任其主管單位的黨國組織之下。[66] 例如說，一個勞工NGO可能要掛靠在全總的地方分會之下；專門服務女性勞工的NGO，可能要掛靠在中華全國婦女聯合會的地方分會之下；法律援助團體可能會成為司法部的附屬組織。這種兩段式的註冊制度，象徵性地保留了黨國對群眾活動的領導地位。不過黨國的領導遠非僅是象徵式，民間組織掛靠的主管單位，必須向上級保證底下這些組織不構成任何政治威脅，因此他們有動機也有手段，把NGO的活動限制在允許的(且不涉及政治的)範圍內。沒有政府主管單位的政治敏感組織則明顯違反了這種註冊制度。註冊制度背後埋藏的，其實是對NGO的疑慮(而且不只是中國政府官員有這樣的疑慮)，認為「非政府組織」與「反政府組織」僅有一步之遙。這樣的疑慮正可顯示反多元化的強大勢力，一直壓抑著中國公民社會的發展。

在後毛澤東時代初年，即使結社活動開始復蘇，政府的註冊制度仍舊繼續維持這種單一渠道的社會管理模式。正如安戈(Jonathan Unger)和陳佩華所述：

> 八十年代有兩個全國書法協會成立，但北京卻規定只有一個能合法註冊，後來乾脆命令兩個協會合併成一個全國性的協會。八十年代後期，瀋陽市一支受歡迎足球隊的鐵桿球迷同時自組了兩個球迷俱樂部，兩個俱樂部的成員分別屬於不同的社會群體，不過當時瀋陽市有關當局還是規定，即使是俱樂部也要由法律核准，因此兩個俱樂部必須合併成一個，這樣才能符合當時的註冊條件。[67]

西方人聽到這樣的故事大概只會覺得荒謬好笑，但這些故事也印證了黨國政府曾試著對人民結社實行極權掌控。

中國的公民社會自八十年代至今已有長足的進展。[68] 1995年，第四次世界婦女大會在北京舉行，超過25,000名代表齊聚一堂，且大多數代表皆來自NGO。這場大會讓中國的觀察家大開眼界，也促使一些人開始組織自己的NGO。[69] 2008年的四川大地震造成極慘重的災情，但地震後中國全國各地許多人民自組團體協助救災，各項援助不斷湧入災區，讓中共這個一想到自治群眾組織就頭痛的政權見識到志工組織的價值。[70] 隨著NGO和志工組織在中國遍地開花，外國的

NGO也尋求向中國的NGO伸出援手，提供金錢或其他方面的協助。因此，中國NGO不只是數量急遽上升，它們的能力和公眾形象也大幅提升。

近年來，中國官方對公民社會的態度漸漸分成兩種：對某些組織越來越寬容，且願意給予其合法性；但對某些組織則越來越不信任，且施以更嚴格的審查。2013年，中國開始對某些NGO放寬註冊制(或者允許地方政府放寬註冊規定)。[71] 例如在北京，工商協會、社區福利團體、慈善團體以及科學研究團體，都可以直接向民政部門註冊，不需要再找個黨國組織當主管單位。但大多數參與具爭議性社會議題的NGO和宗教團體不在此列，至今仍需要掛靠主管單位才能註冊。[72] 團體的使命和活動越「敏感」——何謂「敏感」要看官方不斷變化的態度，就越難找到主管單位，也就越難合法運作。因此，很多中國的NGO至今仍無法向民政部註冊，只能註冊為公司法人，或者根本完全沒有註冊。[73]

習近平政府在2016年頒布了極為嚴格地限制境外NGO在華活動的新法律，因為很多活動被中共認為是西方國家試圖在中國人民的心中埋下異見的種子。[74] 當時該新法的草案就讓有些人滿腹疑問，像是柏恩敬(Ira Belkin)和孔傑榮(Jerome Cohen)就在他們的評論專欄寫了斗大標題：「中國即將關上大門嗎？」[75]。該草案激起了西方國家強烈的批評聲浪，很多人還透過官方管道向中國政府表達不滿，希望最終版本能夠寬鬆一點。[76] 但2016年4月拍板定案的最終版本，幾乎沒有比草案寬鬆多少。如今，在華運作的境外NGO受雙重登記制度規管：首先，它們也要找一個政府組織來當主管單位，而且它們不是向民政部登記，而是向公安部——也即跟警方登記。資深的觀察家相信，這些新規範主要是為了打壓藉由與境外NGO結盟而受益的中國NGO。[77]

習近平政府也加強了其他形式的監督。自2015年起，中央政治局要求每個國內的NGO必須成立黨組織作為「領導核心」，以「確保黨的方針、原則和政策都有確實執行，並參與重大事件的討論和決策⋯⋯集合非黨內幹部與大眾齊心完成黨國交付的任務，指導黨組織以及旗下所有組織的工作」。[78] 結果，現在似乎漸漸變成只有願意服從黨國權威並支持黨的方針的NGO，才是合法的NGO。

中國政府對自主的社會組織充滿敵意，對公開的政治結社尤具最有強烈敵意。雖然很多中國人民可以自由抒發己見，甚至在政治議題上也能直抒胸臆，但他們不能跟志同道合的人集結在一塊追尋政治理想，無論他們的行動再怎麼和平都不行。[79] 遭到囚禁的諾貝爾和平獎得主劉曉波，曾經有很多年在中國自由地發表言論，但當他高調發起連署鼓吹自由民主，就形同召集群眾一起追求他的政治理想，不再只是單純發表個人想法而已，這就超越了中國政府的紅線，因此成為「罪犯」。維持劉曉波定罪原判的法院認定：「以在互聯網上發表誹謗性文章並廣泛徵集簽名等方式，實施煽動顛覆我國國家政權和社會主義制度的行為，劉曉波的行為顯已超出言論自由的範疇，構成犯罪。」[80]

許志永同樣觸及了官方的紅線。他因為參與一個由記者、學者和律師組成鬆散組織起來的公民團體，倡議中國應由威權主義，過渡至憲政以及更加公正透明的社會秩序，多年來不斷遭到政府騷擾。2012年他在網絡上寫了一篇文章，呼籲群眾發起新公民運動。[81] 當他的組織開始支持舉行一些和平集會和非正式的室內聚會，政府對他的騷擾便升級為多次拘留、逮補和起訴。許志永在2014年被判入獄四年，罪名是「聚眾擾亂公共場所秩序」。[82]

甚至連個別的法律界代表或組織，如果在人權或憲政權利問題上與國家對抗，也可能被視為逾越官方的政治紅線，這在國家主席習近平的凜洌政治寒風下尤其如此。在2015年，中國各地就有逾200名維權律師和維權人士在短短幾星期內遭到拘留、逮捕或入獄，罪名通常是「尋釁滋事」，或被指為了沽名釣譽或金錢利益利用有爭議的案件生事，但這很明顯是中國政府找藉口來打壓規模雖小但卻十分活躍的維權運動。[83] 另一位知名律師浦志強在2014年被逮捕入獄，2015年12月法院根據他在網絡上發表的言論，判他「煽動民族仇恨」及「尋釁滋事」。雖然他後來獲得緩刑，卻被吊銷了律師執照。[84]

2015年的打壓行動，令外界意識到律師是公民社會中很可能被列為「敏感」的成員，因為他們的職業就是要維護他人權益。整體來說，法律相關行業自文化大革命結束後重獲了合法性，而且在中國融入全球經濟體的時候扮演了舉足輕重的角色。[85] 即便如此，律師還是得受制於政治和行業規範，這部分是透過中華全國律師協會及其省級和地方分會的監督。若律師的法律維權行動超過了政府能忍受的範圍，就有可能被吊銷執照。雖然這樣的例子算是少見，但2009年北京就有十幾名活躍的維權律師被吊銷執照。[86] 現今的中國律師協會以黨國分支機構的名義，對全國律師實行政治監督（這正是單一渠道社會組織管理制度的特色），律師幾乎沒有職業自主權。（美國律師協會實行業內自我監管的制度，在冷戰時代也曾對律師實行過政治監督，也曾以吊銷執照作為制裁手段。[87] 但在過去半世紀以來，被吊銷執照的事件極少發生。）

宗教團體也被認為是「敏感」團體，在單一渠道的社會組織管理原則下受到嚴格的監督，因為它們所信仰和服從的是高於中共的權威。在中國，唯一獲得官方核准的天主教組織是中國天主教愛國會，愛國會在黨的監督下運作，不接受教宗的管理。中國天主教徒不得在愛國會之外另組群眾團體，也不可公開宣稱梵蒂岡為更高的權威，因為在海外的教廷不受中共管控。就跟處理勞工運動一樣，中國政府不會用嚴厲的手段對付一般天主教徒，但那些帶頭挑戰天主教愛國會的人往往會受到嚴厲的懲罰，已經有幾人因此被判處長期監禁。[88] 在浙江的中共官員從2013年起不斷拆毀教堂和十字架，若有神職人員敢公開反對或組織信徒抗議，就會遭到政府騷擾或甚至入獄。[89]（美國本身也有反天主教的歷史，有部分原因是天主教徒服從的是「外國」

的權威領導。[90] 但美國政府從未採取如中國一般嚴酷的手段對付天主教徒。)

考量到中國的意識形態和歷史，勞工組織在公民社會中的地位相當特別，但也相當模糊。奉行共產主義的中國政府照理說要努力增進工人權益，但他們又禁止工人在官方體制之外成立工會。從世界各地的獨立勞工運動歷史來看，工會運動的確會對政權構成威脅，儘管它力圖避免挑戰中共的統治或全國總工會的壟斷地位，試圖組織跨企業勞工運動觸及官方紅線的團體，仍有可能面臨起訴。例如在2010年10月，西安一名勞工維權人士就被判三年有期徒刑，因為他「從大約二十間國有企業號召了三百八十多名工人組織了一個勞工維權團體，以監督國有企業的重組過程和舉報貪腐及濫權」。[91] 即使有些勞工組織已盡量避免參與「政治」組織行動，只充當工人代表以伸張訴求，然而這個局限的空間自2014年以來已不斷縮小。

幾乎所有從事維權倡議活動的勞工NGO，都無法以簡化的新程序註冊。如今勞工NGO要註冊成為合法的公民組織，還是必須找一個政府機關作為主管單位；找不到政府機關作為主管單位的NGO(大部分勞工NGO都不能夠)，也許可以註冊為公司法人，此舉比較簡單亦無須找官方主管單位，但亦要冒上被視為規避政府社會管理制度的風險。[92] (而且這也代表若組織有任何收入都須繳稅，因而可能造成組織在財政和法律層面的困境)。中國政府對勞工NGO登記要求的監督和執行力度隨著時期或不同地區有所不同，但由於近年來勞工NGO的數量不斷增加，而且它們在罷工事件中越來越活躍，因此官方監控更加嚴密。[93]

於是，我們再次看到現代中國政府對勞工和資本的態度實在很諷刺：跟勞工相比，資本和資本家反而享有較大的聚集或結社自由。個人可以透過籌組公司聚集資本，大企業可以組成行業公會或類似組織，受惠於放寬後的單一登記程序。簡而言之，資本家的團體較工人團體享有更高的自主權，甚至還獲政府正式同意。當然，跟西方國家一樣，資本家團體(尤其是大企業本身)還是要受政府監管，然而工人卻受到更全面和專制的管控，提醒著人們中國仍處在極權統治時代。正如第1章所提過的，這種諷刺現狀的背後是在一個名義上號稱社會主義的國家，其實存在著難堪的事實：相對上有較高度自主權的資本和資本家聚集，對中國的經濟增長和官員獲利都是必需的；但若容許對資方和政府官員有諸多不滿的工人享有自主聚集和結社的自由，就被視為對中共構成危險的敵手，以及潛在的政治威脅。因此，現在各種勞工NGO都受到嚴密監控，以防止它們的維權行動踩到政治紅線。

中國政府對不同勞工維權團體的政治接受程度各異，部分取決於它們與官方監管制度的關係(對律師和NGO而言)，部分則視乎這些團體的活動範圍：它們有否與某些參與或甚至帶頭暴力抗議的工人站在同一陣線？它們的維權訴求是否「敏感」，或是未經政府核准，或甚至根本觸及政府底線？(有些情況牽涉到勞工維權律師特別會面臨到的問題，這將在下文談到。)簡而言之，在中國有些NGO接受政府設定的各種限制，同時也享有按照政府規定做事的好處，但有些NGO就沒有那麼逆來順受了，而且還一直設法掙脫體制並獨立運作。

在第一類的組織，少數勞工NGO能夠在與地方勞動部門或總工會官員維持良好關係的同時，找到或創造了參與工人和社區活動的空間。在中國社會，有政府的認可等於有強大的靠山，因此很多勞工NGO都希望能獲得政府認可，讓組織能獲得法律保障和成員人身安全無虞。再者，工人有關訴求所需的大部分條件都被地方黨政官員控制——尤其當訴求涉及政策改變的時候。因此，有些勞工NGO很樂意走上政府鋪好的路徑，同時接受所有政府加諸的限制，因此有些學術評論把那些組織標籤為「反團結機器」(anti-solidarity machines)，並質疑它們有多少自主性。[94] 然而，這類組織有些真的成功地在體制內為工人爭取到許多福利，例如北京致誠農民工法律援助與研究中心(在中國通常簡稱「致誠」)，已經從中國法律援助基金會和中華全國律師協會，為工人爭取到了逾100萬元人民幣的補助金，也獲得北京司法局允許擔任農民工的合法代表。與官方打好關係讓「致誠」能夠安全地運作，而且還在一些矚目的案件上取得勝訴。[95] 但要與官方打好關係，也意味著組織提供援助時會被諸多限制綁手綁腳，尤其當援助對象為未實名登記的農民工，或是想要提出集體訴訟的工人，政府的規範會讓維權行動困難重重。[96]

對比之下，那些依然尋求保持獨立並且不願向全總地方分會、勞動部門或司法部門登記的勞工NGO，卻面臨非常嚴峻的情況，生存岌岌可危。它們可能以公司形式註冊，但即使它們持有公司執照，仍會面對地方官員，包括警察在內的敵意，遭到以「維穩」為名進行的拘留、監控和被撤銷租約等，不同形式的打壓。勞工NGO都異口同聲地指政府的打壓行動，早在習近平仍未掌權前的2006年起已變得更頻繁。指導公安廳、檢察院和法院工作的廣東省政法委員會(沒錯，中共指導法院工作，第5章將回到這個驚人的事實)，2009年發布的〈關於廣東省「職業公民代理人」問題的調研報告〉令許多勞工維權人士相當憂心。工人的盟友認為報告「刻意抹黑」未登記的勞工NGO和維權人士(報告點了幾個人的名字)，還主張當局實施更嚴厲的監管和打壓。[97]

在近年轉以更大力度打壓之前，由於中國的黨國機關並非鐵板一塊，因此勞工NGO面臨的不同情況其實滿有趣。廣東一個勞工NGO的負責人在2011年曾説，儘管當時有五個地方政府部門同時向房東施壓，要求他不可出租場地給該組織，總工會的地方和省級領導卻向他請教工人培訓和外展工作服務的方法。不過，近年願意為勞工NGO説話的官員，已遠少於贊同嚴加監控民間組織和勞工維權活動的官員。與此同時，工人維權意識的高漲和集體維權行動的興起——從爭取法律明文賦予的權利，轉到要求更廣泛的利益——已經威脅到全總的壟斷地位，都使中共政權更加憂心獨立勞工運動崛起。

從2012起，整個大環境對勞工NGO明顯越來越不利，有些組織被迫關閉（2012年光是廣東就有七個組織被迫關閉），有些維權人士遭到警方任意拘留。[98] 2014年4月，曾擔任裕元工潮工人顧問的林東，遭到警方首次以經修訂禁止使用互聯網擾亂「社會秩序」的法律，被刑事拘留30天。[99] 2015年3月，曾號召群眾支持「女權五姐妹」（她們在一場公開抗議性騷擾的活動後，在沒有明確罪名的情況下被拘留一個月）[100] 的知名反歧視組織「北京益仁平中心」也遭警方突襲，不僅電腦遭沒收，還有一名成員被拘留。[101] 接著在2015年12月，廣東有二十多名勞工維權人士被拘留，私人物品被沒收，其中三人被指涉嫌「聚眾擾亂社會秩序罪」，一人被指涉嫌「職務侵佔罪」，還有兩人「被失蹤」。[102] 隨著廣東工潮事件激增，與警方的衝突也告上升。勞工維權人士形容，2015年官方恐嚇的程度屬「前所未見」。[103] 簡而言之，代表工人的一些勞工NGO已經變得政治敏感，開始與其他人權倡議團體一樣，面對著隨時遭到拘留、入獄、強迫精神治療、監視居住和其他身體虐待等，同等的風險。[104]

第5和第6章將再次談到中國的勞工NGO，以及其運作的兩個重疊領域——權利落實和利益糾紛，我們將探討中國政府處理勞工抗爭最常用的監管策略，以及官方對勞資關係較為收斂的處理態度。然而，在探討中國因應勞工抗爭的多面向策略之前，我們在這裏先加插中、西方的比較。本書討論了一些關於中國未來的大問題：中國的工人倡議和政府改革，將會走到多遠和走向何處？中國真的能夠建立良好的監管制度，確實執行理想的勞動標準，並建設良好的勞資關係以解決勞工抗爭問題嗎？中國工人可以得到按國際勞動法明文規定，並在西方國家幾十年前已經以某些形式建立的結社自由，和集體談判的基本權利嗎？我的目的並非回答這些問題（雖然在討論的過程中我會不斷大膽推測），而是要闡明中國政府自己試圖回答這些問題時，所碰到的風險和困境。

不過，我在嘗試了解這些議題的時候，難免會以美國人的角度去思考，並戴著充滿西方色彩的眼鏡看待中國的勞工現況。我所看到的，無論是中國和西方過去的相似或相異之處，在很多方面都很驚人，也推翻了我原先的預測。過去好幾年我在中國旅行和做研究，一直嘗試摘下西方的眼鏡去看中國，也仔細審視若透過西方的眼鏡看中國會造成什麼樣的誤解和曲解。對特別是跟過去的我一樣習慣以西方角度看中國現況的讀者來說，也許應該站到比較客觀的角度，才能看得更透徹。

注釋

1 "ACFTU Seeks to Organize All Workers into Unions," *All-China Federation of Trade Unions*, http://en.acftu.org/28739/201405/23/140523150246365.shtml; Stanley Lubman, "The New Challenge of the Strikes Won't Go Away," *Wall Street Journal*, July 11, 2010.

2 案例參見Anita Chan, "Labor Unrest and Role of Unions," op-ed, *China Daily*, June 18, 2010, http://www.chinadaily.com.cn/opinion/2010-06/18/content_9987347.htm。

3 更多關於全總的客觀描述以及全總在不同地區、部門和企業層級扮演的不同角色，見 Eli Friedman, *Insurgency Trap: Labor Politics in Postsocialist China* (Ithaca, NY: Cornell University Press, 2014); Tim Pringle, *Trade Unions in China: The Challenge of Labour Unrest* (New York: Routledge, 2011); Mingwei Liu and Chunyun Li, "Environment Pressures, Managerial Industrial Relations Ideologies, and Unionization in Chinese Enterprises," *British Journal of Industrial Relations* 52 (March 2014); Mingwei Liu, "Union Organizing in China: Still a Monolithic Labor Movement?," *Industrial and Labor Relations Review* 64 (October 2010): 30–52。

4 中華全國總工會在誕生不久後就成為國民黨政府的攻擊目標，在1927年國民黨政府的「清黨」大屠殺和鎮壓之後，全總成為中共的臂膀多於是工會聯合會，例如它曾動員會員參加對抗政府的內戰。Lai-To Lee, *Trade Unions in China: 1949 to the Present* (Singapore: Singapore University Press, 1986), 20.

5 Pringle, *Trade Unions in China*.

6 關於全總的「紐帶」功能，見Jude A. Howell, "All-China Federation of Trade Unions beyond Reform? The Slow March of Direct Elections," *China Quarterly* 196 (2008): 849; Richard McGregor, *The Party: The Secret World of China's Communist Rulers* (London: Penguin Books, 2010)。

7 Elizabeth J. Perry, "Shanghai's Strike Wave of 1957," *China Quarterly* 137 (March 1994): 17–19.

8 關於全總歷史沿革及組織結構的概述，見"Protecting Workers' Rights or Serving the Party: The Way Forward for China's Trade Unions," *China Labour Bulletin*, March 2009, http://www.clb.org.hk/sites/default/files/archive/en/share/File/research_reports/acftu_report.pdf。

9 Ibid., 11–12.

10 "Going It Alone: The Workers' Movement in China, 2007–2008," *China Labour Bulletin*, July 2009, 70–71, http://www.clb.org.hk/sites/default/files/archive/en/share/File/research_reports/workers_movement_07-08_print_final.pdf. 有關全總與中共之間關係變化的概述，見Bill Taylor and Qi Li, "Is the ACFTU a Union and Does It Matter?," *Journal of Industrial Relations* 49 (2007): 411–428。

11 有關2001年《工會法》修訂的詳細信息，見Pringle, *Trade Unions in China*, 53。

12 Simon Clarke, Chang-Hee Lee, and Qi Li, "Collective Consultation and Industrial Relations in China," *British Journal of Industrial Relations* 42 (2004): 235–254, 241.

13 "Union Accepts Migrant Workers," *China Daily*, September 3, 2003, http://www.chinadaily.com.cn/en/doc/2003-09/03/content_260707.htm.

14 Kai Chang and William Brown, "The Transition from Individual to Collective Labor Relations in China," *Industrial Relations Journal* 44 (March 2013): 102–121.

15 Ching Kwan Lee, *Against the Law: Labor Protests in China's Rustbelt and Sunbelt* (Berkeley: University of California Press, 2007), 57–59. 嚴格來說，只有國家級的全總能被稱作「中華全國總工會」（也因此才能被簡稱全總），其他的分會其實是以地區名或產業名作為標識（例如：廣東省總工會），但為了方便讀者理解，我一律稱這些工會為全總或全總分會。

16 「被派遣勞動者」直接受僱於勞務派遣機構，然後「被派遣」至其他公司工作。在二千年代早期，尤其在《勞動合同法》實施後，無論是民營企業還是國有企業，都越來越常使用派遣勞工以規避資方的法律義務。"The Dispatch Labor System in China Questioned," *China Labor News Translations*, September 29, 2011, http://www.clntranslations.org/article/64/dispatch-labor-questioned.

17 Taylor and Li, "Is the ACFTU a Union and Does It Matter?," 707–708.

18 Yongnian Zheng, *De Facto Federalism in China: Reforms and Dynamics of Central-Local Relations* (Hackensack, NJ: World Scientific, 2007).

19 Howell, "All-China Federation of Trade Unions beyond Reform?"

20 Friedman, *Insurgency Trap*, 5–6.

21 Yu Juan Zhai, "Thoughts on the Labor Side of China's Collective Consultation," (paper presented at Labor Relations Conference, Renmin University, 2011): 606.

22 無論是外資或是本國企業，只要擁有超過25名員工，就應該在全總的領導之下成立工會。Mary E. Gallagher, *Contagious Capitalism: Globalization and the Politics of Labor in China* (Princeton, NJ: Princeton University Press, 2007), 44, 76. 然而，在許多這樣的企業工會裏，都是由資方管理層擔任工會幹部和黨組織代表。Lee, *Against the Law*, 59.

23 Zhai, "Thoughts on the Labor Side of China's Collective Consultation"; Lubman, "New Challenge of the Strikes."

24 Clarke, Lee, and Li, "Collective Consultation and Industrial Relations in China," 242–243. 如何選擇企業工會官員是第6章的重點，我們屆時將再討論。

25 Ibid., 237.

26 Elaine Sio-Ieng Hui and Chris King-Chi Chan, "The 'Harmonious Society' as a Hegemonic Project: Labor Conflicts and Changing Labour Policies in China," *Labor, Capital, and Society* 44 (2011), http://www.lcs-tcs.com/PDFs/44_2/7%20Hui%20and%20Chan.pdf.

27 Andreas Lauffs and Jonathan Isaacs, "Responding to the Unionization Drive," Baker and McKenzie, 2015年7月25查閱：http://www.bakermckenzie.com/RRChinaRespondingToTheUnionizationApr10/。

28 Jianhua Feng, "Unions Target Foreign Firms," *Beijing Review*, January 11, 2009, http://www.bjreview.com.cn/nation/txt/2009-01/11/content_174156.htm.

29 在與上海和香港多家國際律師事務所的訪談，都提及過中國政府規定的「組建工會時間表」。所有訪談都是秘密進行，受訪者的姓名皆在雙方同意之下保密。

30 與地區工會和市工會領袖討論後得到確認。

31 Cynthia L. Estlund, "The Ossification of American Labor Law," *Columbia Law Review* 102 (October 2002): 1527–1612.

32 Ibid.

33 Liu, "Union Organizing in China."

34 "Union Chair Resigns over the Imposition of Collective Contracts at Wal-Mart," *China Labour Bulletin*, September 23, 2008, http://www.clb.org.hk/content/union-chair-resigns-over-imposition-collective-contracts-wal-mart.

35 Esther Wang, "As Wal-Mart Swallows China's Economy, Workers Fight Back," *American Prospect*, April 23, 2013.

36 Ibid.

37 不過，由於可能非法，非正式的僱員代表計劃出乎意料地相當普遍，見第8章。

38 Yanfeng Qian, "Collective Contracts Sought for Worker's Rights," *China Daily*, July 9, 2010, http://www.chinadaily.com.cn/china/2010- 07/09/content_10084430.htm.

39 Howell, "All-China Federation of Trade Unions beyond Reform?," 854–862.

40 "Protecting Workers' Rights or Serving the Party," (citing "Unions: The Gap between Ideal and Reality," *Sino-Foreign Management* 10 [2006]: 28–29).

41 著名的常凱教授，已從中國人民大學退休。常凱：〈論中國的團結權立法及其實施〉，《當代法學》，121 (2007)。

42 《工會法》第二章第九條，禁止企業主要負責人的近親屬擔任本企業基層工會委員會成員。《中華人民共和國工會法》(1992年4月3日第七屆全國人大第五次會議通過，2001年10月27日修正)。

43 在美國，企業高管不可參與工會或代替勞工進行集體談判，其實此規定更具爭議，也更加凸顯企業高管想要保有勞動場所的控制權，而不是反映出工會對於企業高管加入工會的疑慮。

44 Gerald Mayer and Jon O. Shimabukuro, *The Definition of "Supervisor" under the National Labor Relations Act* (CRS Report no. RL34350) (Washington, DC: Congressional Research Service, 2012). 另見國際勞工組織第87號公約，該公約規定，勞工和僱員皆有權組織工會。"Human Rights Watch Expresses Deep Concern about Recent U.S. National Labor Relations Board 'Supervisor' Ruling," Human Rights Watch, October 22, 2006, https://www.hrw.org/news/2006/10/22/human-rights-watch-expresses-deep-concern-about-recent-us-national-labor-relations.

45 「在中國境內的企業、事業單位、機關中以工資收入為主要生活來源的體力勞動者和腦力勞動者……都有依法參加和組織工會的權利。」(《工會法》第三條)更多相關論述，見《中國工會章程》(2008年10月中國工會第十五次全國代表大會通過，2013年10月22日經中國工會第十六次全國代表大會部分修改後通過)，第一條。

46 「工會組織和教育職工依照憲法和法律的規定行使民主權利，發揮國家主人翁的作用，通過各種途徑和形式，參與管理國家事務、管理經濟和文化事業、管理社會事務。」《工會法》第五條。

47 欲知另一立場的精彩論點，見Jianrong Yu(于建嶸), "Holding Tight and Not Letting Go: The Mechanisms of 'Rigid Stability,'" *Global Asia* 5 (June 2010): 28–39. 于建嶸認為「彈性穩定」(flexible stability)的做法(包括加強保護勞工權益及組織)，才能確保更長久的安定。

48 在美國的沒有隸屬工會的非管理層級僱員，30%到40%表示希望能有工會。Richard Freeman and Joel Rogers, *What Workers Want*, 2nd ed. (Ithaca, NY: ILR Press, 2006), 87. 不過，逾八成人表示希望能參與由僱主和勞工共同運作的工會(但這類工會違反聯邦勞工法)。Ibid., 84. 事實上，若硬要勞工從「與資方合作的工會」和「權力很大但與資方對立的工會」二選一，多數勞工選擇前者，比例大約三比一(63%比22%)。Ibid., 84–85.

49 Chan, "Labor Unrest and Role of Unions." 相關支持論述見Jonathan Soble and Tom Mitchell, "Toyota Affiliate Hit by Strike in China," *Financial Times*, June 18, 2010。

50 Nelson Lichtenstein, *State of the Union: A Century of American Labor* (Princeton, NJ: Princeton University Press, 2002).

51 例如，法國的薪資協商相關描述，可見Christophe Vigneau, "Labor Law between Changes and Continuity," *Comparative Labor Law and Policy Journal* 25 (2003): 129–135。

52 相關案例見 Curtis J. Milhaupt and Wentong Zheng, "Beyond Ownership: State Capitalism and the Chinese Firm," *Georgetown Law Journal* 103 (2015): 665–722; Curtis Milhaupt and Katharina Pistor, *Law and Capitalism: What Corporate Crises Reveal about Legal Systems and Economic Development around the World* (Chicago: University of Chicago Press, 2008); Edward S. Steinfeld, *Playing Our Game: Why China's Rise Doesn't Threaten the West* (Oxford: Oxford University Press, 2010)。

53 Bruce J. Dickson, *Red Capitalists in China: The Party, Private Entrepreneurs, and Prospects for Political Change* (Cambridge: Cambridge University Press, 2003).

54 該原則要求成員國必須確保勞工可以組建或參加組織，而且這些組織「有權自行訂定章程和規則，有充分自由選出組織代表，可自行安排行政工作和活動，可自由制定計劃」。Convention on the Freedom of Association and Protection of the Right to Organize (no. 87), International Labor Organization, July 9, 1948, 68 U.N.T.S. 17.

55 Sarah Ashwin, "Social Partnership or a Complete Sellout? Russian Trade Unions' Responses to Conflict," *British Journal of Industrial Relations* 42 (March 2004): 24–46; Sue Davis, "Russian Trade Unions: Where Are They in the Former Workers' State?," in *Russian Civil Society: A Critical Assessment*, ed. Alfred. B. Evans (Armonk, NY: M. E. Sharpe, 2006), 197–208.

56 Paul W. Kuznets, "An East Asian Model of Economic Development: Japan, Taiwan, and South Korea," *Economic Development and Cultural Change* 36 (April 1988): S28.

57 Eli Friedman, "'Change to Win' Delegates Visit China," *China Labor News Translations*, June 18, 2007, http://www.clntranslations.org/article/18/change-to-in-delegates-visit-china.

58 Taylor and Li, "Is the ACFTU a Union and Does It Matter?," 712.

59 Ibid., 709.

60 Ibid., 711.

61 Anita Chan, *China's Workers under Assault: The Exploitation of Labor in a Globalizing Economy* (Armonk, NY: M. E. Sharpe, 2001).

62 Chan, "Labor Unrest and Role of Unions."

63 2010年我第一次到中國進行研究的前夕，美國勞聯產聯(AFL-CIO)團結中心的厄爾．布朗(Earl Brown)就問了我這個問題。這裏並不是説全總實際上有積極為勞工維權，而是它如果能積極為勞工維權，它仰賴的是政府的支持而非本身的獨立性。

64 Anita Chan, "China's Trade Unions in Corporatist Transition," in *Associations and the Chinese State: Contested Spaces*, ed. Jonathan Unger (Armonk, NY: M. E. Sharpe, 2008), 69–85.

65 Karla W. Simon, *Civil Society in China: The Legal Framework from Ancient Times to the "New Reform Era"* (Oxford: Oxford University Press, 2013).

66 《社會團體登記管理條例》(國務院1998年10月25日發布)，第三條。

67 Jonathan Unger and Anita Chan, "Associations in a Bind: The Rise of Political Corporatism in China," in Unger, *Associations and the Chinese State*, 48–68.

68 Simon, *Civil Society in China.*

69 Jo Freeman, "The Real Story of Beijing," *Off Our Backs* 26, no. 3 (March 1996): 1, 8–11, 22–27, http://www.jofreeman.com/womenyear/beijingreport.htm.

70 Shawn Shieh and Guosheng Deng, "An Emerging Civil Society: The Impact of the 2008 Sichuan Earthquake on Grassroots Civic Associations in China," China Development Brief, November 1, 2011, http://chinadevelopmentbrief.cn/articles/an-emerging-civil-society-the-impact-of-the-2008-sichuan-earthquake-on-grassroots-civic-associations-in-china/.

71 "NGO Law Monitor: China," International Center for Not-for-Profit Law, February 25, 2015, http://www.icnl.org/research/monitor/china.html. 自2013年4月起，北京政府允許公益團體直接在民政部門註冊，無須掛靠黨政機關。〈下個月起社會組織可直接登記，無須掛靠主管單位〉，新華網，2013年3月29日。有些地方政府更早也更全面地放寬註冊條件，至少最不具政治敏感性的NGO可受惠於放寬後的條件。Dan He and Yuli Huang, "NGOs Get Boost from Shenzhen Register Reforms," *China Daily*, August 21, 2012, http://usa.chinadaily.com.cn/china/2012-08/21/content_15690983.htm.

72 Simon, *Civil Society in China.*

73 Isabel Hilton, Carl Minzner, Teng Biao et al., "The Future of NGOs in China: A ChinaFile Conversation," *ChinaFile*, May 14, 2015, https://www.chinafile.com/conversation/future-ngos-china.

74 外界對該新法最終版本的初期反應，見Sebastian Heilman, Thomas Kellogg, Christina Ho, William C. Kirby, Charlie Smith, Zhou Dan, and Francesco Sisci, "How Should Global Stakeholders Respond to China's New NGO Management Law?," *ChinaFile*, May 5, 2016, https://www.chinafile.com/conversation/how-should-global-stakeholders-respond-china-new-ngo-management-law。也可參考Edward Wong, "Clampdown in China Restricts 7,000 Foreign Organizations," *New York Times*, April 28, 2016。

75 Ira Belkin and Jerome A. Cohen, "Will China Close Its Doors?," *New York Times*, June 1, 2015.

76 美國對該法律草案的相關評論，參見同上；Andrew Jacobs,"Foreign Groups Fear China Oversight Plan," *New York Times*, June 17, 2015; Stanley Lubman, "China Asserts More Control over Foreign and Domestic NGOs," *China Real Time Report* (blog), *Wall Street Journal*, June 16, 2015, http://blogs.wsj.com/chinarealtime/2015/06/16/china-asserts-more-control-over-foreign-and-domestic-ngos/; "Uncivil Society: A New Draft Law Spooks Foreign Non-profit Groups Working in China," *Economist*, August 22, 2015.

77 參見例如前引 *ChinaFile*（《中參館》）對話中Thomas Kellogg的評論。

78 Shaoming Zhu, "The Chinese Communist Party in Chinese NGOs" (August 24, 2015): 1, http://www.thecpe.org/wp-content/uploads/2013/05/The-CCP-in-Chinese-NGOs.pdf.

79 有人曾提出主張肯定中國的政治模式，並贊同「政治權利應是基於國家的需求和情況，透過協商後而賦予的權利」，相關論述見 Eric Xi, "Why China's Political Model Is Superior," *New York Times*, February 6, 2012。

80 〈北京市高級人民法院（2010）高刑終字第64號刑事裁定書〉（2010年2月9日）。

81 Zhiyong Xu, "The New Citizens Movement in China," *China Change*, July 11, 2012, http://chinachange.org/2012/07/11/china-needs-a-new-citizens-movement-xu-zhiyongs-许志永-controversial-essay/.

82 Andrew Jacobs and Chris Buckley, "China Sentences Xu Zhiyong, Legal Activist, to 4 Years in Prison," *New York Times*, January 26, 2014.

83 Andrew Jacobs and Chris Buckley, "China Targeting Rights Lawyers in a Crackdown," *New York Times*, July 22, 2015.

84 Jane Perlez, "Chinese Rights Lawyer, Pu Zhiqiang, Is Given Suspended Prison Sentence," *New York Times*, December 21, 2015.

85 Jenkin Chan Shiu-Fan, "The Role of Lawyers in the Chinese Legal System," in *Law in the People's Republic of China: Commentary, Readings, and Materials*, ed. Ralph Haughwout Folsom and John H. Minan (Dordrecht, Netherlands: Martinus Nijhoff, 1989), 216– 217; Youxi Chen, "A Tale of Two Cities—The Legal Profession in China," *International Bar Association's Human Rights Institute Thematic Papers* No. 2 (March 2013): 6–7, 18.

86 Austin Ramzy, "Human Rights Lawyers on Defense in China," *Time*, April 22, 2010. 律師執照有期限，「他們申請執照續期（通常只是形式上的手續）時卻受到阻礙，這些律師說這樣做是為了阻止他們繼續從事律師工作。大約一年後，這些被為難的律師中，至少六人仍在設法要求北京市律師協會為他們的執照續期。」Ibid.

87 Norbert C. Brockman, "The History of the American Bar Association: A Bibliographic Essay," *American Journal of Legal History* 6, no. 3 (July 1962): 269–285, 282.

88 Another Underground Priest Arrested in Fujian," *Asia News*, March 24, 2010, http://www.asianews.it/news-en/Another-underground-priest-arrested-in-Fujian-17965.html.

89 Tom Phillips, "China's Christians Angry as Removal of Church Crosses Continues," *Guardian*, August 7, 2015.

90 David Brion Davis, "Some Themes of Counter-Subversion: An Analysis of Anti-Masonic, Anti-Catholic, and Anti-Mormon Literature," *Mississippi Valley Historical Review* 47, no. 2 (September 1960): 205–224.

91 "Worker Activist Sentenced to Three Years in Jail—Scholars Demand Release," *China Labour Bulletin*, October 22, 2010, http://www.clb.org.hk/content/worker-activist-sentenced-three-years-jail-%E2%80%93-scholars-demand-release.

92 Simon, *Civil Society in China*.

93 中國政府在2009年「提醒」北京的勞工NGO必須登記。在2010和2011年，廣州的勞工NGO獲邀與廣東省總工會官員見面，總工會官員大力宣傳NGO掛靠在政府機關的好處，但並未強制要求NGO一定要這樣做。在上海，消息來源指出沒有任何獨立勞工NGO有辦法長時間維持運作。

94 Ching Kwan Lee and Yuan Shen, "The Anti-solidarity Machine: Labor NGOs in China," (working paper presented at The Changing Face of Chinese Labor and Employment conference, Cornell ILR, Ithaca, NY September 26–28, 2008); Jennifer Hsu, "A State Creation? Civil Society and Migrant Organizations," in *China in an Era of Transition: Understanding Contemporary State and Society Actors*, ed. Reza Hazmath and Jennifer Hsu, (New York: Palgrave Macmillan, 2009), 132.

95 "Leading Cases," Beijing Legal Aid Office for Migrant Workers, accessed July 25, 2015, https://sites.google.com/a/chinapilaw.org/blaomw/leading-cases.

96 "Legal Aid," Congressional-Executive Committee on China, accessed July 25, 2015, http://www.cecc.gov/legal-aid.

97 〈關於廣東省「職業公民代理人」問題的調研報告〉，廣東省政法委員會，英文翻譯見 http://www.clntranslations.org/article/51/citizen-agents。

98 Fiona Tam, "Guangdong Shuts Down at Least Seven Labour NGOs," *South China Morning Post*, July 27, 2012, http://www.scmp.com/article/1007829/guangdong-shuts-down-least-seven-labour-ngos.

99 "Labour Activist Lin Dong Released after 30 Days Detention in Dongguan," *China Labour Bulletin*, May 22, 2014, http://www.clb.org.hk/en/content/labour-activist-lin-dong-released-after-30-days-detention-dongguan.

100 Edward Wong, "China Releases Five Women's Rights Activists Detained for Weeks," *New York Times*, April 13, 2015.

101 Andrew Jacobs, "China Raids Offices of Rights Group as Crackdown Continues," *New York Times*, March 26, 2015.

102 "Chinese Labor Activists Detained en Masse," LaborNotes, December 9, 2015, http://www.labornotes.org/blogs/2015/12/chinese-labor-activists-detained-en-masse.

103 Alexandra Harney, "China Labor Activists Say Facing Unprecedented Intimidation," Reuters, January 15, 2015.

104 "World Report 2015: China," Human Rights Watch, https://www.hrw.org/world-report/2015/country-chapters/china-and-tibet.

第4章

新政如何解決美國的「勞工問題」?
——深入探討美國勞動史這塊「他山之石」

如果透過戴著有西方色彩的眼鏡，觀察中國工人和越來越有組織的工人集體行動，以及中國政府對此的反應便會發現，中國的情況在某些層面似乎跟隨著二十世紀美國和其他工業大國的腳步。大規模工業化帶來勞資衝突，隨之而來的「勞動問題」(也就是如何處理勞資衝突帶來的失序和動盪)成為國內重要議題，也為改善勞動條件的重大改革揭開序曲。[1] 重大勞動改革大概可分成兩類：第一類改革監管法規和勞動條件，主要透過提升最低勞動標準並改善執行法規的機制；第二類則是修法或制定新法，允許勞工能透過工會進行和平自救行動與集體協商。光是政府出手監管工資和勞動條件，絕對不足以應付勞工抗爭帶來的挑戰，在生產力較高的經濟領域尤為如此，因此國家必須要有制度來規範勞工集體自救行動以及集體協商。很多發達國家在二十世紀都出現了不同形式的「監管型資本主義」(regulatory capitalism)，而這樣的規範體制正是監管型資本主義的管理勞資關係制度的核心。[2] 在美國，許多監管型資本主義的勞資制度於三十年代初步確立，在這個帶來許多重大變革的「新政」時期蔚為主流。

現在中國的工業市場經濟越來越發達，正積極尋求策略以解決勞工抗爭帶來的難題，而特別是美國等早期工業化國家的勞資衝突史及解決策略，也許可以清楚説明中國目前面臨的困境。不過，這裏不是要預測或指示中國未來數年間該走上哪條路。對中國領導人而言，二十世紀西方國家勞資衝突與改革的歷史比較像是警世故事，而不是值得效仿的榜樣。他們的確希望能複製一些西方國家改革後的成果，像是和平穩定的勞資關係和更加平等繁榮的經濟，但卻不希望複製獨立勞工運動興起的歷史經驗，也不希望國內出現民主政治或可能帶來民主的群眾運動。然而，從西方國家的歷史，也許可以看到中國是否能夠完成，或如何能夠完成這項創舉。尤其如果我們仔細看獨立工會如何在二十世紀的美國扮演解決勞工問題的關鍵角色，或許我們就可更清楚中國是否能夠，或如何能夠在不允許獨立工會出現的情況下，解決二十一世紀的勞工問題。

西方國家(或是說某些西方國家)勞動抗爭與改革的歷史沿革很值得好好審視，因為局外人很容易有意或無意地用西方國家的認知看待中國的發展。我自己早期研究中國勞動現況就難免受到西方經驗的影響，即使到現在，這樣的影響還是難以完全消除。既然難以完全擺脫用西方觀點看待中國發展，那我們就應該先審視所謂的「西方觀點」，然後再繼續探討中國近年來對勞資衝突的因應策略。我最主要會拿來與中國比較的對象，是美國的勞資關係與改革史，而且是發生在新政時期的濃縮版歷史。不過有時候我還是會提到西方國家的整體經驗，不僅限於美國。雖然每個國家處理勞資關係的經驗不同，但還是有一些共通的特點值得深入探討。

美國勞資衝突和改革簡史

勞工和資本或是工人與僱主之間的衝突，長期存在於工業市場經濟的社會和政治。當企業老闆和管理層追求更全面的掌控權、更高的生產力和更龐大的利益，工人也會設法保護自己的權利並爭取更多的利益。工人可能靠自己的力量設法透過勞動市場為自己維權，在不斷變化的市場條件下，拿著或大或小的談判籌碼為自身謀求福利。在情況允許時，工人也有可能透過政治維護自身權利，像是要求政府制定法律保障勞工權利及最低勞動標準，並要求國家要確實執行這些法律。[3] 若工人無法透過法律或勞動市場獲得他們認為應得的福利，就會透過集體自救行動聚集眾人的經濟力量，並且提高個人的聲量。

工人的政治監管策略和集體自救策略，其實與整體社會環境如何處理勞工衝突相互呼應。也就是說，政策制定者可能認為只要賦予工人更多法律權利和提高勞動標準，且確實執行，同時創造公平的環境讓勞工可以和平的集體協商，就可以安撫勞工的不滿。這樣的監管策略和中國現今的政治制度並不衝突，而且已經建構了四分一個世紀以上。不過，這種處理勞工抗爭的策略有其自身的問題，而且難免會被拿來做比較，這點將在第5章再談。本章聚焦於勞工的集體自救策略，以及美國和其他發達國家為了讓勞工能夠採取自救行動而發展出的勞資關係結構。不過，勞動改革在中國遇到阻力，因為勞工的集體維權行動對中國的一黨制造成威脅。然而，集體勞工維權行動在美國也曾經被視為威脅，後來卻逐漸演變成基本的社會、經濟和政治秩序。我們現在就來簡要地回顧這段歷史。

美國「勞工問題」浮上枱面

從前，每個工匠都使用自己的工具製造產品和提供服務，或許還會僱用幾名助手。[4] 對於美國早期的共和思想家來說，專業的工匠和自耕農是具有代表性的公民，他們的經濟獨立為政治獨立和公民美德打下良好的基礎。[5] 然而，到了十九世紀，由於工廠制度興起，勞工與資本分流以及資本以大公司的形式聚集，這個基礎變得搖搖欲墜。為了保留少許自主權，各行各業的工人開始組織團體。透過政治活動和集體自救行動，工人不只通過這些團體改善僱傭條款和勞動條件，同時也試圖掌控生產的步調和方式；在十九世紀的大部分時期，熟練工人都抗拒被併入工廠制度裏當「工資奴隸」。[6] 然而，當僱傭勞工和工廠制度主宰了生產的領域，尤其在內戰過後以及奴隸制度廢除之後，勞工逐漸商品化而且可透過勞動市場進行交易，此時的工人和勞工團體大概採取兩種主要的維權策略——透過推動保障最低勞動標準的立法，以及透過工會參與集體自救行動，以在僱傭勞動體制內改善工作條件和工作報酬。

就僱主的角度而言，他們抗拒透過法律加強政府對資方的規管，以及勞工發起的集體自救行動，比較希望與工人個別協商和控制生產方式與速度，以為他們獲取更大的回報。在整個二十世紀初期，美國僱主在法院（尤其是聯邦法院）找到盟友，由於法院堅持個人的「合同自由原則」*，令工人的集體行動和最低勞動標準的立法都沒有什麼發展空間。[7] 這樣的結果，就是延遲並壓縮了制定最低勞動標準和勞資關係法的進程，加劇了有關立法制定之前的勞資衝突。

圖表4.1（頁111）呈現美國過去一個世紀以來勞動衝突的消長，從該圖表不難看出故事有怎樣複雜（如果要仔細說真的說不完）。圖表顯示了從1917年到2014年每年參與罷工工人的人數，黑線顯示每年有多少工人參與了涉及人數超過六人的罷工，不過這項官方數據止於1980年；灰線顯示有多少人參與了參與者逾1,000人的「大型罷工」，此官方數據始於1947年。接下來我會多次提及此圖表，但我們現在首先要看到的是，勞動抗爭在1919年幾乎飆升到二十世紀最高點，超過400萬名工人參與罷工，然後在1930年實施新政前罷工人數

---

* Liberty of contract，也就是以個人身分與僱主自由締結合同，工資福利應該由個別勞工與僱主協商——譯注。

圖表4.1　1917年至2014年美國參與罷工的勞工人數

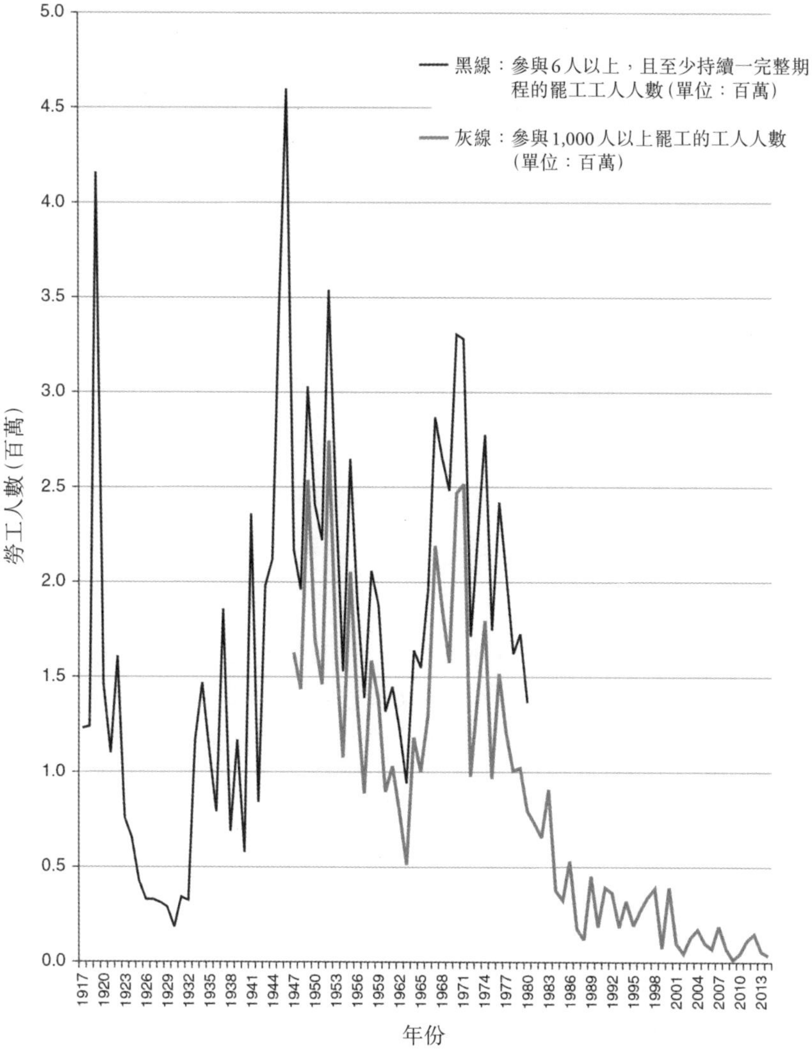

注：從1947年後才有參與千人以上罷工的勞工人數數據，而參與六人以上罷工（至少持續一個完整期程）的勞工人數數據只列至1980年。

資料來源：Florence Peterson, *Strikes in the United States 1880–1936: Bulletin of the United States Bureau of Labor Statistics*, No. 651 (Washington: U.S. Government Printing Office, 1938).

又急遽下降，不過這只是暴風雨前的寧靜。接下來要注意的是，到了1937年《全國勞資關係法》生效，罷工又飆升至另一高峰，這種向上飆升的態勢是從1919年後就沒有見過的。然而，第二次世界大戰後罷工人數又再創新高，接著在六十年代初連續下降後，又在動盪的六十年代後期和七十年代急速攀升，接著便逐漸趨緩；過去十年，美國參與「大型罷工」的人數是有官方數據以來的最低紀錄。

我們還會回來談上圖表的數據背後的故事，但需要注意的是數據不能說明一切，勞工抗爭的嚴重程度不只要看次數和規模，還要看罷工事件的性質，尤其要看罷工是否涉及暴力和是否染上政治色彩。因此我們回來談這些故事時，務必記起這點。

到二十世紀初，工會大都由美國勞工聯合會(American Federation of Labor, AFL)及該會的熟練工匠基層成員領導，發起密集的組織運動、罷工、抵制以及其他集體行動，目的是要逼迫僱主僱用工會成員並提高工資和勞動標準。雖然在一場場的「利益衝突」中，工人團結起來利用集體的經濟影響力向僱主施壓，但卻時常遭到僱主和國家的打壓，打壓手段包括刑事制裁、司法禁令、民事處罰以及出動地方警力和私人民兵使用槍械和警棍鎮壓。不過，並非所有僱主都只會用「棍子」回應工會訴求，有些僱主採用比較圓滑和正面的策略，這些我們之後會再談及。然而，整體而言，僱主的反擊和政府對勞工抗爭的暴力鎮壓，美國的情況比許多其他工業化國家更嚴重，這至少從工人在罷工期間的傷亡比例可見一斑。[8] 一場場衝突往往讓勞工運動及帶頭領袖傷痕累累和元氣大傷(而且工會成員人數和罷工潮在二十年代實際上是下降的，見圖表4.1)，但同時他們也變得更堅強，甚至有時變得更激進。[9] 當時許多政府機關似乎都不願支持勞工，而是與僱主站在同一陣線。

經濟大蕭條不只讓國家經濟雪上加霜，也動搖了人民對資本主義和「自由市場」的信心。勞工衝突變得越來越頻繁也越來越激烈，當勞工抗爭遭遇到私人武力乃至政府武力鎮壓時，衝突往往變得更加暴力也更加政治化。[10] 三十年代早期，好幾場大規模罷工席捲了各大城市，尤以明尼波利斯和舊金山情況最嚴重，而且這些勞工抗爭皆明顯有政治化的趨勢。同時，新的工會開始針對所有工廠和各大產業要求更全面的結構性改革，也對當時的階級正義和財富分配提出質疑。[11] 共產主義和社會主義的黨派，透過勞工運動爭取到許多追隨者，尤其獲得工會大力支持。[12] 到了三十年代早期，所謂的「勞工問題」連同越來越激烈和政治化的勞工抗爭成為國內首要政治議題，而且似乎對政治經濟秩序造成嚴重威脅。

新政如何解決美國勞工問題

在新成立的產業工會聯合會（Congress of Industrial Organizations, CIO）的帶領下，工人及其盟友開始向政府施壓，透過支持工人組織工會和進行集體談判的形容，從制度上解決勞工問題。[13] 富蘭克林．羅斯福在1932年高票當選總統的「新政」政綱，當中的主要綱領就是推動勞資關係的結構性改革——一套通過改革現行制度，以保存憲政和資本主義制度的方案。[14] 羅斯福在1932年大選的勝利以及後來推動的新政，背後助力不僅來自社會上層的政治領袖，同時也來自社會基層的勞工及工會。正如歷史學家莉莎白．科恩（Lizbeth Cohen）所述，工會在工廠和勞工階層都有很深的根基，於是藉此優勢組織地方、州郡甚至全國勞工發起公開、創新且積極的行動，呼籲政府改革。[15] 產業工會聯合會的維權人士透過罷工、街頭動員、大眾傳媒與政治領袖、知識分子及其他社會維權人士合作，一起對當權者和盛行了幾十年（尤其在法院）的保守派意識形態發起挑戰。（對中國領導人來說，這種由下而上、協助促成新政勞動改革的政治運動，跟改革本身一樣可怕。）

1933年的《全國工業復興法》(National Industrial Recovery Act, NIRA)是勞動改革首次重燃的一部分，反映了社團主義[†]的勢力不斷擴散，因為人們不信任市場和資本主義。[16]《全國工業復興法》試圖整合有組織的勞工、集體組織的僱主和各產業協會，三方一體合作管理企業和經濟，其宗旨是以「公平競爭」取代「自由競爭」。[17] 如果該法案在當時能扎穩腳跟，那麼美國的經濟體制就會變得和北歐更為類似，中國版本的「國家社團主義」對我們來說也會變得較能接受。[18] 但這並沒有發生。雖然《全國工業復興法》當時激起了一波籌組工會的浪潮，但它的致命傷也暴露無遺，並且在1935年由最高法院裁定違憲。[19]

然而在同一時期，工人的政治運動和選票讓民主黨在1934年國會中期選舉取得壓倒性勝利。當時群眾的政治意識高漲，社會菁英也越來越重視勞工訴求，使得正式認可工會和集體談判的新一輪勞動改革能夠順利展開。1934至1935年間罷工情勢高漲，凸顯了改革的必要，也因此推動《全國勞資關係法》過關。該法案為組織工會和集體談判設立了基本框架，時至今日這套基本框架仍規範著美國大部分的私營部門。

可是，許多人在1935年都很懷疑剛出爐的《全國勞資關係法》能撐多久，畢竟，在國會通過法案的幾星期前，最高法院才以違憲為由判了《全國工業復興法》死刑，看起來《全國勞資關係法》也是在劫難逃。此外，該法案才頒布不久，罷工事次便直線上升。這時工人和工會有法律新賦予的聯邦權利撐腰，更是如火如荼地發起勞工運動，要求資方正視勞工訴求。然而，當時很多僱主相信最高法院很快也會裁定《全國勞資關係法》違憲，因此無視新法並拒絕與代表多數工人

---

† 社團主義(corporatist)是一種政治體制；在此體制內，權力掌握在各產業或職業團體代表手裏，通常由非選舉出來的組織掌控決策過程，又稱為經濟法西斯主義——譯注。

的工會談判。[20] 結果，由於新法而鼓起勇氣的工人、工會和拒絕讓步的僱主之間的衝突，促使1936和1937年間罷工活動越演越烈，幾個重要產業都出現過「靜坐」罷工，幾個大城市也出現過大罷工。[21] 不過，最高法院在1937年出乎全國意料地支持《全國勞資關係法》，主要理由是法案能透過勞資結構改革促成「勞資和諧」。[22]

很顯然地，「勞資和諧」並非新政勞工政策的唯一目標。[23]《全國勞資關係法》旨在為在勞動領域中促進正義、自由和民主，並努力矯正「勞資協商的不平等關係」，而當時的工會和新政推行者皆認為，個別勞工與僱主之間的關係原本就不平等。新法保障工人基本的結社自由，且能透過和平自救行動表達訴求；新法賦予的權利讓勞工成為職場上的準公民，也允許他們按照多數決的原則，通過集體談判參與產業治理。不過，這些權利之所以在三十年代得到國會和法院的支持，部分是因為這些權利當時逐漸被視為平息勞資衝突，和維持社會秩序的必要手段。也就是說，如果沒有一波波勞動抗爭一再凸顯公平正義的經濟秩序與基本的社會和政治穩定息息相關，光靠促進經濟公平、自由和民主這類目標，或是光靠工人及其盟友的選票，可能都不足以讓國會通過《全國勞資關係法》，也不足以讓最高法院認可該法案。[24]

美國新政特別強調「勞資和諧」，讓我們不禁想起如今也在追求「和諧勞資關係」的中國所面臨的問題。所有產業社會都會出現嚴重的勞資糾紛，而這些社會的領袖（無論是否透過選舉選出）都會想方設法緩和衝突，避免勞資糾紛威脅社會秩序或拖累經濟成長。因此，勞工抗爭通常會促使政策制定者尋求以和平的方式解決問題，最好是從制度面治本，而不僅是一次性地解決特定個案。其實，即使在民主社會，若工人沒有透過發起抗爭把勞資矛盾升級，也極少能夠爭取得到，尤其是賦予勞工組織權力的重大結構性改革。因此，中國觀察家和中國的領導人都應該好好思考美國新政推行者，是用什麼方式追求勞資和諧，並且最終圓滿達成理想目標。

1935年實施的《全國勞資關係法》，讓勞工和工會終於迎來重大的勞資結構改革：該法的第七款認可工人有權利組織獨立工會，並且參與其他包含罷工在內的集體行動，僱主不得干預也不可挾怨報復。雖然在某種程度來說，國會一直努力想解決罷工的問題，但也需要通過立法**保障**罷工權利來達到這個目的，抑制國家和僱主對勞工集體行動的打壓，因為打壓往往是對抗爭行動火上加油，只會有反效果。然而，光是保障勞工罷工權利並不足夠，該法案也試圖針對大多數罷工的肇因對症下藥，規定僱主必須與工會協商。這為勞工集體談判確立了基本的法律框架，其核心是僱主有義務承認在企業裏「適當談判單位」內代表著大多數工人的工會，並真誠地與它談判。該法案還設立一個聯邦行政機構，即全國勞資關係委員會(National Labor Relations Board, NLRB)，負責監督工會代表的選舉並執行該法案。

《全國勞資關係法》是要讓聯邦政府成為工人的後盾，保障工人組織工會和參與集體談判的權利。然而，整個法案的設計目標其實是要將政府的干預降到最低，並且讓工會在與資方訂定合同時有更大的發揮空間；無論是決定僱傭合同的重要條款及勞動條件，還是在討論如何解決勞資糾紛，工會都能有更多話語權。該法案確立了「勞工集體自決」的框架，這在當時還被吹捧為能取代政府直接監管工資和勞動條件。[25] 的確，國會很快通過了1938年的《公平勞動標準法》(Fair Labor Standards Act, FLSA)，該法禁止僱用童工，設立全國最低工資，並強制規定僱主必須給付一周工作超過40小時的員工加班費。不過在工會相當活躍的核心產業，國會卻希望由勞資雙方自行協商工資、工時、工作保障及其他事項；國會期待勞資雙方能透過工會和集體協商，解決大多數權利和利益方面的衝突。代價高昂但非暴力(而且有法律保障)的經濟衝突能促使工會與僱主妥協並達成協議，進而建立共同合作的程序好在協議期間內解決糾紛。

新政的勞工立法的確為解決美國的「勞工問題」奠定了基礎（雖然起初並非藉由減少罷工行動來解決問題）。1937年後，僱主終於不情願地接受了《全國勞資關係法》，開始與擁有多數工人支持的工會談判，但他們並未放棄對抗這股新興的勞工勢力。他們仍舊希望一切能回復原狀，甚至說服最高法院在新政初期作出幾項裁決，以限制工人可用來對抗僱主產權和經營管理權的法定權利，避免該法「太過分地」賦予勞工和工會權利。[26] 不過，在新政頭十年，工會還是在不斷成長的重要經濟領域攻城掠地，組織勞工活動。集體協商開始變成常態，程序制度也逐漸完備，在工會越來越強大的產業領域工資和福利也隨之上升。

然而，如圖表4.1所示，即使集體談判的制度越來越完備，也不代表罷工活動能從此絕跡或立即減少。相反地，因為新法認可罷工，也認可罷工可能造成的影響是工會用來與資方談判的重要籌碼，所以在接下來的十多年，隨著工會密度不斷增加，罷工數量也隨之攀升，在第二次大戰期間和戰後皆是如此，戰後尤為明顯。但整體來說，這些罷工都是一般的利益糾紛，即使有些罷工劇情高潮迭起還引起不小騷動，但僱主和工人基本上都能在新法設立的協商框架下談判。警察和罷工參與者再也不需參與長期的街頭抗戰，工人的不滿再也沒有上升到引發「全城或全國大罷工」的程度。[27] 簡而言之，1937年後，勞動抗爭不再那麼政治化和那麼暴力，同時也不再對既有的政治經濟秩序造成重大威脅。[28]

這裏也許是結束這段比較插曲的好地方，並為中國的改革家得出一系列簡單的啟示：勞資關係一定存在矛盾，若是一味壓抑這些矛盾很可能會讓原本很普通的權益糾紛演變成政治抗爭。推動結構性改革賦權工人透過其自身組織作出集體行動，通過集體談判的公平且和平的協商程序以化解矛盾，讓勞資衝突不要走向失控或政治化的道路，才是解決勞資矛盾之道。故事還沒講完，接下來要說的可能會讓中國面臨的情況更加複雜。

新政的冷戰篇章：工會活動受限、「商業工會主義」興起

美國的勞資衝突在第二次世界大戰結束後急遽上升：「由於通貨膨脹，勞工決意向資方要求大幅加薪，但資方卻決意加強對勞工的掌控，不再任由勞工予取予求……於是激起美國史上最大的罷工潮，1946年有高達460萬人參與罷工。」[29]（根據圖表4.1，這次罷工潮來到整個世紀以來的最高峰。）其中有些罷工拖累了重要產業的發展，造成的混亂使企業、勞工和廣大民眾都付出了巨大的代價。當時有越來越多人（雖然並非所有人）開始覺得工會變得太強大且太霸道，再加上那時正值反共產主義、反左翼分子的保守派政治勢力崛起，所以資方越來越有信心能推翻《全國勞資關係法》。[30] 企業聯合這股保守派勢力，用《塔夫脫—哈特利法》(Taft-Hartley Act of 1947) 給予工會沉重一擊。[31] 根據艾倫．海德 (Alan Hyde, 1990年) 的說法，「《塔夫脫—哈特利法》是發達工業國家最後一個完全用來壓制工會，且對工人毫無讓步空間的法案。」[32]

《塔夫脫—哈特利》修正案並未撤銷《全國勞資關係法》對勞工的基本保護，但它作出了一些重大的修改，重塑整個國家的勞動政策。該修正案讓美國勞動政策不再過度鼓勵集體談判，而是推行較中立的「僱員自由選擇」(employee free choice)」概念，並且特別強調僱主也有對抗工會（但不能用脅迫勞工的手段）的權利。[33] 最重要的是，該修正案大幅削弱工會的力量，讓工會過去最愛用的策略失去法律保障：它禁止工會針對「間接僱主」(secondary employer)（也就是和引發勞動爭議的「主要僱主」(primary employer) 做生意的企業）發起罷工或以糾察封鎖生產場所 (picketing)，[34] 也規定工會必須證明自己擁有多數僱員支持，否則不得強迫僱主認可其地位並與其談判。[35] 這些針對集體勞工行動的限制也獲得聯邦法院的支持，若工會違反規範，聯邦法院可以祭出禁制令或判其給付損害賠償金。[36] 現在看來，我們可以說美國聯

邦政府對勞資關係的監管大致分成兩階段：一開始用《全國勞資關係法》賦予工會合法地位和各項權利，後來又推出《塔夫脱—哈特利法》修正案來規範和限制工會的力量。

《塔夫脱—哈特利法》還有另一特點值得注意：它明確禁止共產黨員擔任工會幹部，以免他們有機會利用全國勞資關係委員會中一些不公平的勞動操作程序。[37] 冷戰讓人憂慮「共產主義帶來的威脅」會影響國家安全，因此國會不惜出手干預工會的內部事務，以壓制激進工會領袖的影響力並打壓左翼工會。我並不是説這類干預等同於中國政府對工會的階級式掌控。畢竟，承繼《塔夫脱—哈特利法》的反共條款(像是冷戰時期其他反共產主義的法案)後來都被最高法院裁決違憲。[38] 但至少這一特點可以提醒我們：政府出手干預工會，以遏止工會裏的激進派以及威脅政治穩定的勢力，這種事情在美國不是沒有發生過。

《塔夫脱—哈特利法》修正案遭到勞工團體強烈譴責，尤其是當中針對工會糾察以和平手段封鎖生產場所的限制。如果此法案在其他時期推出，可能會引爆激烈的政治衝擊，但當時美國的政治環境正因冷戰而吹起寒風，因此連當時的兩大勞工聯盟——美國勞工聯合會(AFL，以下簡稱勞聯)和產業工會聯合會(CIO，以下簡稱產聯)都不得不屈服於來自於政界和法律界的反共勢力，而且還要幫忙肅清工會中許多激進活躍的左翼分子。[39] 1995年後，新合併的勞聯－產聯(AFL-CIO)採取較溫和從容的「商業工會主義」(business unionism)：工會仍舊負責與資方協商，通常都頗有成效，成功為工會成員從經濟增長中分享到更大的成果；但工會很大程度放棄在新經濟領域組織工人，不再為全體勞動階級爭取更多權利，也不再挑戰資方對生產的掌控權或「自由企業制度」(free enterprise system)的重要原則。[40] 於是，工會在國家經濟決策桌上獲得席次，工會成員的薪資、福利和工作保障得以提高，並受惠於完善的勞資糾紛解決機制。罷工還是持續發生，但大都屬於在1947年後法律框架範圍內的一般的勞資衝突，這些罷工都沒有挑戰亦未試圖挑戰當時的經濟、政治和社會秩序。

穩定的勞資關係結構，為美國產業中有核心工會組織的部門提升生產力作出了穩定貢獻。隨著工資增長和員工按資歷獲提升待遇，較公平和非個人的紀律和晉升過程，取代了過去獨斷的升遷體制，不僅使員工流失率下降，亦提高了長遠的技術投資，參與工會的工人薪資優渥亦得到工作保障，成為美國富足中產階級的中流砥柱；但同時勞動市場還有很廣大的產業領域仍舊沒有工會，而且工會在私營經濟領域的成員似乎不斷減少（我們不久將再看相關數據）。

如果我們要在這裏結束比較，可以推測中國可能面對的前景與美國新政時期所經歷的有相當不同，而且對集體談判的支持者來說，大概也不會有什麼好消息。首先，集體談判的利益很有可能只會落在核心產業的工人身上，他們原本就有比較大的市場力量，而且也最有能力運用經濟槓杆作為籌碼；最需要幫助的最窮困工人反而最無法受惠於集體談判，他們更需要的是國家直接出手協助。第二，就算國家願意保障工人罷工或發起其他自救活動的權利，也很有可能同時為工人維權設下限制，這些限制有可能如鋒利的刀刃般反過來削弱勞工權益。事實上，美國的刀刃可比許多西方民主國家都鋒利得多。不過，這些針對集體勞工權利的限制（針對集體行動的時機、目標和策略所設的限制）在現代處理勞資關係的政策中相當常見，也成為社會維護「勞資和諧」的關鍵因素。以上兩點可能令在中國倡議勞工集體權利和集體談判的人十分憂心，但故事還沒有結束。

最後一輪的勞動法改革，以及罷工和工會的式微

五十年代後期，美國工會在很多地區和產業部門仍有很強大的經濟影響力，深刻影響著僱主和個體工人。當時又有另一派聲音要求立

法監管工會，處理工會中的貪腐及黑道勢力，以及防止工會打壓內部異議分子，破壞工會的內部民主。最後兩個問題特別值得關注，因為這剛好對應到中華全國總工會欠缺民主，以及無法回應工人訴求的特點。在美國歷史上，工會內部民主碰到的最大威脅並非來自政府的外部干預，而是工會內部的**當權者**自己會打壓異議分子，並掌控工會幹部選舉。[41] 後來推行的1959年《勞資報告與披露法》(The Labor-Management Reporting and Disclosure Act of 1959) 以及其中的「工會成員權利條款」，有部分就是為了處理這樣的問題。該法案保障工會成員在工會內部有表達意見及行使正當法律程序的權利，也規範了工會的選舉程序，使現任工會領導不能完全不顧工會內的民主競爭和不同立場的聲音。[42]

美國監管工會選舉等內部事務的法律，令到在「監管型資本主義」下要如何應對勞工集體行動的廣泛比較，變得凸顯和複雜：西方發達民主國家的工會都是自治型的勞工組織，不受國家直接掌控，但在不同程度上仍舊受到政府**監管**。然而在美國，政府的監管介入甚至已經深入工會的內部管理，這些介入方式在西方國家並不常見，而且實行起來都有很大爭議(不過跟中國政府對全總及其分會的掌控比起來，美國政府對工會的干預算是小巫見大巫)。制定這類監管法案的主要目的是要保障基層工人能夠選出屬意的候選人，以取代在工會內有深厚根基(有時還相當腐敗)的現任領袖。現在的美國工會確屬較《勞資報告與披露法》實行之前更民主。[43] 不過，工會規模變得較小，勢力也沒以前般大。

五十年代之後美國的工會密度[‡] 降至個位數，下滑的過程並非一帆風順。六十年代末和七十年代初，各種形式的逆權運動在包括東

‡ 加入工會的勞工佔全體勞工的比例——譯注。

歐、西歐和中國等世界各地如火如荼地上演。美國的民權運動和反戰運動皆越演越烈，再一次部分是出於對暴力反抗的回應。此時罷工情勢好不容易趨緩了幾年，勞動抗爭卻在這段時間又開始激增。正如戴維·蒙哥馬利(David Montgomery)所描述，「在美國接踵而來的罷工潮」，從西維珍尼亞州的礦工，到通用電氣的全國大罷工，再到俄亥俄州勞德斯敦鎮通用汽車廠罷工，「皆嚴重挑戰管理層的權威和合理性，也挑戰了工會既有的行事方法和領導層。」[44] 其中一些罷工是由新興活躍工會帶頭發起，抗議工廠沒有人性的制度。但有很多罷工是工人自行發起「野貓式罷工」，挑戰巴著權力不放卻又不為工人做事的工會領袖。商業工會主義之下有些工會高傲的姿態，讓有些工人認為工會無法有效代表工人維權，於是他們發起的集體抗爭便越過了工會原本負責堅守的法律界線。

不像許多西歐國家，美國在這個混亂的時期並無重大勞動改革法案出現。[45] 罷工潮迅速達到高峰，而於此時開始的經濟衰退和「去工業化」讓工人和工會的抗爭訴求不再是爭取更多經濟利益，而是要守住原本享有的一切。在七十、八十年代，重建後的歐洲與日本經濟競爭力逐漸提升，接著許多發展中國家(包括中國)也加入競爭行列，使二戰後的美國工業逐漸失去全球領導地位。當中的部分原因，是工會過去艱難地為產業工人爭取到的利益：1977年美國鋼鐵業勞工平均時薪是12.31美元，同期日本勞工時薪只有6.5美元，西德也僅8.68美元。[46]

美國製造商在國內外奮力爭取市場大餅的同時，也開始設法壓低勞力成本，大力推進生產流程機械化，把許多大型工廠收縮規模或者關閉。這些大型工廠曾經是美國經濟發展的重要推手，令有組織的產業工人在戰後獲益。於是，美國工會中的藍領工人開始奮力守護曾經受保障的工作和優渥的薪資福利，努力對抗裁員、工廠關閉以及僱主試圖縮減勞工薪資福利的要求。然而，要對抗這些新興威脅，罷工注定成效不彰，尤其當美國企業主開始將生產線移往工資較低廉的地區，或是外包給海外供應商，罷工更無法發揮影響。到了八十年代，資方更是積極運用《全國勞資關係法》，這法很早就賦予僱主權利，也就是永不錄用參與罷工的員工，但他們過去很少行使，於是罷工對資方的威嚇效果再度被削弱。[47] 後來對工會來說，罷工似乎變成「自殺行動」，因為這不但給予僱主機會永不錄用罷工參與者，也讓工會失去多數工人的支持，令工會失去認受性。

美國主流勞工運動到此終於遇上最重大的難關，也終於意識到如今必須組織新型工會，並尋找新方法以追求他們在經濟和組織上的目標。但各種政治和經濟力量卻合謀鼓動並給企業管理層壯膽，透過合法和非法的手段，以強硬手法反對工人籌組工會——拒絕與工會協商，也不願作任何讓步，而且還有一股很奇特的政治勢力，連工會用以改良內部機制的漸進式改革都要持續阻撓。[48]

組織新工會所面臨的挑戰，部分來自《全國勞資關係法》對工會和集體談判所設下的法律限制：單一企業或機構裏「適當談判單位」的工人，可以依多數決來決定是否要有工會來代表他們；如果工會獲得多數工人的支持，它即成為該單位所有工人的「唯一」代表。因此，工會若要獲得代表權就需要發起熱烈的宣傳攻勢以爭取多數工人的支持，而《全國勞資關係法》（以及第一修正案）卻也給僱主很充分的自由，發起強大的宣傳攻勢來抗衡工會。[49] 在以企業為基礎的談判制度，僱主幾乎都肯定反對工會，因為自家企業設有工會的僱主必須與不設工會的企業僱主在同一個市場競爭（除非整個產業都有工會，而且新進企業要面對限制）。有工會往往代表勞動成本增加，所以僱主當然會強烈反抗工會組織和協商要求。[50] 相較之下，有些發達民主工業國家很樂意把勞動成本從競爭條件中剔除，其中一項做法就是透過產業部門協商。[51] 產業部門協商的最極端形式就是由每個重要產業部門的龍頭工會，與僱主聯會進行全國性的薪資談判，談判成果適用於整個產業部門的勞工。不過，美國工會只能通過把整個產業部門的工人組織起來——每個工作場所都設有一個工會，並且一般會遭到僱主的強烈抗拒，才可把工資從競爭條件中剔除。

僱主的抗拒妨礙了工會的組建和集體談判的進行。《全國勞資關係法》奠基於「集體合同自由」的概念，透過允許工人組建工會集結談判力量，以糾正「談判力量的不平等」。但該法也給雙方很大的空間「自由施展經濟力量」和使用「經濟武器」，例如僱主可以永不錄用罷工勞工。因為該法奉行「合同自由原則」，所以也沒有辦法強迫僱主非得與勞方好好協商。參議員大衛・沃許（David Walsh）是初版《全國勞資關係法》的重要支持者，曾經以非常直白後來也很常被人引用的話，描述該法案的核心概念：「當僱員選擇了他們的組織，選出了他們的代表，這個法案能做的就是把他們的工會代表護送到僱主的門口，然後敲門說：『您員工的法律代表已經到了。』接下來關上門後會發生什麼事情就不得而知了，這個法案的目的也不是要去探究在門後發生了什麼事情。」[52]《塔夫脫—哈特利》修正案推行後，《全國勞資關係法》如今明文規定「這樣的條款並非要強迫任何一方同意某種協議，或要求雙方最後一定要作出讓步」，也就是說，該法案完全沒有強迫僱主非得與員工達成協議的意思。[53] 最高法院也曾為此論點背書，即使僱主違法拒絕談判，國家勞動關係委員會也不能強制提出對勞工的補償措施，因為這等於硬要改變僱傭合約中的重大條款，違背合同自由原則。[54] 因此，決意避免集體談判的僱主通常可以這樣做，只要它願意並有能力參加或終止罷工。

如今，美國能夠在沒有大型勞工運動，也很少出現大規模集體談判的情況下維繫「勞資和諧」——勞資衝突案例非常少。到了2015年，私營部門工會成員佔僱員總人數比例降至6.7%，而且罷工數量降至過去一個多世紀以來的新低：只出現過12場大型罷工（指逾

1,000名工人參與且持續至少一個值班期的罷工），受影響工人總數4.7萬。（相比之下，在工會密度到達頂峰的1952年，總共發生了470場大型罷工，受影響工人高達275萬人，而且當時的勞動人口還比現在少很多。）[55]

與此同時，勞工的經濟地位下降，經濟不平等的狀況也回到了新政時期之前的水平。事實上，正如圖表4.2（頁126）所示，工會成員人數和罷工情勢的起伏，與經濟不平等的升降幾近成相反趨勢，而美國目前的經濟不平等已經攀升到二十年代以來最高水平。根據幾位知名經濟學家的說法，集體談判日漸式微，因此藉集體協商爭取到的薪資漲幅也逐漸減少，過去幾十年來經濟不平等的加劇約有五分之一到三分之一是拜此現象所賜。[56]

近年來也出現過如曇花一現的勞工運動或是新形態工會，特別常見於像沃爾瑪、麥當勞和亞馬遜這類服務業基層。[57] 這些非傳統的勞工維權形式意外地成功推動「爭取15美元」(Fight for Fifteen)」的勞工運動，促使好幾個州郡地方法律將最低工資（逐漸）提升至每小時15美元。[58] 不過這些迷你維權運動到目前都沒有引發任何罷工或是經濟混亂，而且就我們所知，這些運動也無法讓更多勞工加入工會，或是增加集體談判的機會。[59] 跟三十年代的勞工抗爭比起來（或者說跟過去一個世紀大多數時候的勞工運動比起來），這些運動都只算小規模，幾乎是只具象徵意義的抗爭。從表面上來看，重大的勞動抗爭對如今的美國來說，已經是非常遙遠、不太可能重溫的記憶。

在很多勞工維權人士及其盟友的眼中，現在這段風平浪靜的時期只是讓人想到「墓園裏的寧靜」。如果想想在歷史上勞工抗爭是如何催生各種法案，促成經濟利益再分配和民主化改革，就會體會到如果現在不在政治前線掀起更大的風浪，勞工可能很難再爭取到重大權益。然而，反過來說，如果沒有上個世紀不斷擴展的獨立勞工運動和重新分配經濟利益的基礎勞動改革，恐怕也很難想像勞資關係能有如今這般平靜的時刻。因此，如今中國面臨的挑戰是：中國的領導人可能會很羨慕美國如今沒有什麼罷工行動發生，而且會超級希望自己也能達到這種境界，但又不想經歷多年的激進勞工運動、衝突和混亂。然而，只要中國工人持續大批大批走向街頭，中國也許就能夠從三十、四十年代動盪不安的美國經驗中，汲取更多的教訓和更了解需要擔憂的問題。

圖表4.2　美國1910–2014年的貧富差距、工會成員和罷工關係圖

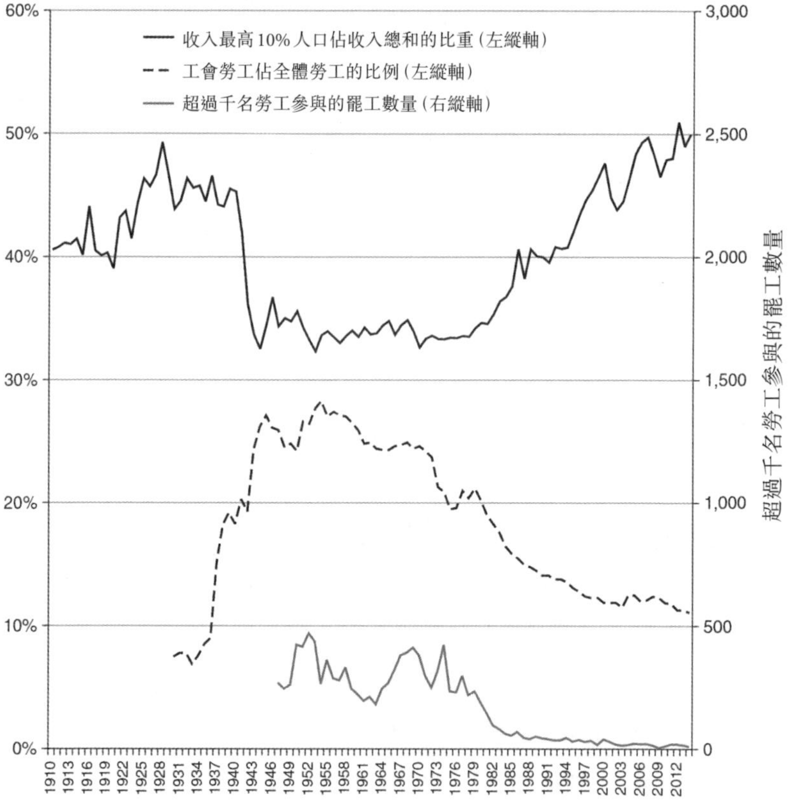

收入最高10%人口佔收入總和的比重（左縱軸）
工會勞工佔全體勞工的比例（左縱軸）
超過千名勞工參與的罷工數量（右縱軸）
超過千名勞工參與的罷工數量

資料來源：U.S. Bureau of Labor Statistics; Thomas Piketty, "Technical Appendix" of the Book *Capital in the 21st Century*, 2014; World Wealth and Income Database; Gerald Mayer, "Union Membership Trends in the United States," Congressional Research Service; Unionstats.com.

另一條故事線：無工會產業部門管理模式的改變

這段簡短的美國勞工運動史和勞資關係史，其實嚴重忽略了企業和管理層扮演的角色，充其量只提到他們是集體談判的阻力之一。但事實上，還有一條更有趣的故事線訴説著歷經現代化的經濟大國裏的僱主，如何面對勞工抗爭和勞動管理上的挑戰。以如今的情況來看，這條故事線剛好可以補充傳統工會故事線的不足，也可以拿來與傳統工會故事線對照。如今，中國有些人正想方設法防堵獨立工會和集體談判，美國的僱主一直以來也是如此，而這條更有趣的故事線也許能提供一些方法來達成這個目標。

二十世紀初，由於工會抗爭獲得成果、勞資衝突、勞動市場緊張以至戰時生產需求增加等原因，促使有些僱主不再以獨斷的方式僱用、解聘和掌控工人，改為採用由統一人事部門管理的心理管理模式。[60] 當時興起的「科學管理法」旨在提升工人生產力，用的方法是重新設計生產流程（以及盡可能減少工人和低層主管對生產流程的掌控權），以及採用能平衡勞資雙方經濟利益的薪資結構。[61] 那時與「科學管理法」爭鋒的是「人際關係管理法」，後者的理論基礎是工人越滿意生產力就越高。不過當時有組織勞工對這兩種管理模式，都抱持著懷疑或甚至是敵意態度，因為兩種模式都試圖合理化並保留管理層的掌控權，而不是讓僱主透過集體談判與工人共享權力。[62] 的確，這兩種新管理策略的支持者認為工會只會妨礙勞動管理，而不是協助勞動管理。從人際關係的角度來看，滿意度越高的工人就越不可能向工會求助，這一觀點對管理層來説並非偶然。

最終成為主流的人際關係管理學派，嘗試以「正向」和「打壓」兩種策略來壓制工會。「正向」策略包括建立由公司掌控的勞工代表制度，增加員工的退休金、福利以及與員工共享公司營利。[63]「打壓」策略包括破壞罷工行動，解聘參與工會員工並把其列入黑名單，強制解散工會糾察的罷工封鎖線(picket lines)以及進行勞資諜報戰。[64] 這些招數多管齊下,成功令資方在二十年代反制工會,使工會成員人數驟減。[65] 然而,隨後爆發了如晴天霹靂般的經濟大蕭條,許多僱主開始大量裁員,重創人際關係管理學派的正向理論,也重創了大眾對管理層和市場的信心。正如我們看過的數據,此時工會成員人數以及勞工抗爭數量皆再度回升,民眾強力要求政府介入支持集體談判,此舉正好為新政的勞資關係制度鋪路。在之後的幾十年,無論在學術界還是政界,集體談判模式都蓋過了人際關係管理模式。[66] 事實上,《全國勞資關係法》還將人際關係管理模式中的一項重要做法判定違法:把由管理層掌控或支持的僱員代表貶斥為「公司工會」,並且不合法。

然而,即使《全國勞資關係法》為集體談判確立了制度以解決勞資衝突,它卻未強制僱主一定要照著制度走,也未曾將此制度擴及所有經濟產業。在工會發展不全或根本沒有工會的公司和產業,為了(或多或少)遵守《全國勞資關係法》的規則,許多人事管理策略也要重新調整。例如,被《全國勞資關係法》判定違法的正式僱員代表計劃(formal employee representation schemes)就此煙消雲散,但管理層繼續採用並改良人際關係管理法的「正向」和「打壓」策略來抗衡工會。這些年來,很顯然承繼「人際關係管理學派」的人事管理以及其正向和打壓的策略,成功令工會逐漸式微,並且取代工會成為塑造勞動環境的主力。[67] 如今無論是在經濟領域還是在學術界,勞動領域的重心已經很明顯從勞資關係轉向人力資源管理,在沒有工會的產業部門,人力資源管理則是提及勞動管理策略時更常使用的詞彙。

這個故事其實充滿了矛盾和諷刺。正是因為集體談判在推行初期便成功達成勞資和諧的目標,所以人們才逐漸覺得集體談判已不再必要,接下來的工作可以由人力資源管理部門接手。[68] 然而近年來,集體談判的式微也可能打破「人際關係」範式。因為雖然人際關係管理學派堅信工會並非增進僱員福祉的必要組織,但對工會的回避仍是僱主採納他們建議的強力推動因素。[69] 因此，當工會對資方的威脅逐漸減弱，保障勞工權益和促進勞資和諧的人事政策也隨之減少，至少對沒有稀缺技能的僱員來說的確如此——他們曾經因為向工會求助，生活才得以大幅度改善。

這段歷史也許可以讓中國的政策制定者認識到，中國政府有機會大幅降低勞工抗爭的聲勢，也可能無須進行激進的勞資制度改革，但前提是僱主必須採用更好的勞動管理方法，遵循傳統的「人際關係管理模式」以及現代的人力資源管理策略。有些西方企業常把國內較人性化和符合法例的人力資源管理方法帶到中國的分公司，但它們的供應廠商卻被指使用嚴厲霸道的方法管理工人，而這些工廠很多都是內地民營、台灣或香港資金的企業。[70] 這些管理手法很有可能令抗爭一觸即發。

因此中國的政治領導人現在有非常好的理由，鼓勵中國的僱主採用更人性化和更善待工人的人力資源管理政策。雖然本書的重點是要討論中國的勞動政策，不是要探討中國企業採取的管理方式，但有些問題還是值得思考：有什麼誘因可以促使在華營運的企業願意採納更善待工人的管理策略呢？企業管理層可能會說，更人性化的管理可以有效避免罷工以及工人潛藏的不滿，而無論是罷工或工人不滿都會損害生產力。人性化的管理也有助企業吸引和留住熟練工人，而隨著中國勞動市場緊張，僱主已經越來越關注這個問題。與此同時，知名品牌的全球供應廠，也感受到來自品牌客戶，以及十多年來各界呼籲資方要承擔「企業社會責任」的壓力，被迫改善勞動管理政策。蘋果及其台資供應商富士康，就提供了很好的例子。[71]

中國領導人還直接控制著影響企業管理層的其他槓桿。如果中國政府能夠透過法律制度，嚴格執行良好的勞動標準，那麼通常能促使企業推行更善待工人的管理政策（包括取消不合理的低薪制、長工時和血汗工廠做法）。如果有正式的法律制度讓工人可以透過直接對工人負責的工會與資方進行真正的集體談判，通常也能促使企業採納更體貼工人的管理方式，可能是透過集體談判迫使企業採納善待勞工的管理策略，也有可能是企業為了避免與工會交鋒而自發採用人性化管理。我們在接下來的四章，將探討中國處理「勞動問題」的各種改革策略，在探討過程中可以思考這些改革策略，可能對企業採用的勞動管理模式造成何種影響。如果中國的勞動改革真的能夠把企業推往優良勞動管理的康莊大道，那麼勞工的不滿也會減少，也就不會有那麼多勞資衝突，或要求組建獨立工會的聲音。如果真有這樣的結果，對中國政府來説會是天大的好事，但對於希望能夠實現勞資關係全面轉型的人來説，就不是什麼好消息了。

以集體行動作為槓杆，以獨立工會作為監管者

美國有組織勞工運動和勞工抗爭的興衰，以及在那些發展過程中塑造和被塑造的勞資關係及管理結構，令人不禁想從美國經驗替中國找出「經驗教訓」。我自己就會忍不住想這樣做，有部分是因為我過去十年在中國參與許多談話、講座、會議和課堂討論，驚訝地發現很多跟我談話的中國朋友對美國歷史非常有興趣，他們尤其想知道當中有沒有教訓可供中國參考，解決自身的勞動問題。顯然地，中國如今正努力在勞資關係的動盪時期走出屬於自己的路，然而現在的環境已經與美國走出自己的路的二十世紀大不相同。因此（再次強調）我們回顧美國經驗的目的，不在於替中國指路或預測中國會走向哪條路，而是要照亮中國前方的路。我的目標是要讓大家清楚自己心中抱持了什麼樣先入為主的想法，這些想法可能會影響我們（除了讀者以外也包含作者自己）如何看待中國現況以及中國未來走向。即使把美國經驗代入中國現況也不一定正確，但也許我們真的能從美國的勞動衝突與改革

史中，找到對中國有用的「經驗教訓」。當我們在接下來的章節探討中國近年的改革，這些經驗就像是有待驗證的假設，最後也可能被推翻。

我們先從一個已經被驗證過多次的假設開始談起：各種形式的衝突是勞資關係中的常態。大多數工人並不想要造成混亂或發起革命，他們想要的是一份好工作，希望經濟不斷成長的同時他們的收入和福利能跟著增加，回饋他們對企業的貢獻。多數工人若是能選擇協商就絕不會選擇衝突，但勞資雙方的關係本來就不平等，即使在競爭激烈的勞動市場仍是如此，個別工人微小的力量根本對抗不了掌控整體勞動力的資方。因此，工人必須要想辦法壯大力量來制衡資方，最直接的方式就是把眾多勞工小蝦米的力量團結在一起，迫使資方大鯨魚來到談判桌邊，並在討價還價中願意做出讓步及重新分配勞資雙方的利益。對大多缺乏高度專業技能的勞工來說，他們用來制衡資方的最大武器就是他們的勞動力，他們只要停止付出勞動力就會打亂生產；他們也能藉著集會抗議吸引大眾關注，進而對資方施壓。僱主要維護自身權益也許只需默不作聲、拒絕談話，但勞工要維護自身權益往往得親自走上街頭大聲疾呼，才有機會帶來重大改變。

一旦工人的不滿演化成公開衝突，政府採取的應對策略就非常關鍵。若政府選擇打壓勞工抗爭，即使宣稱這麼做是為了維護公共秩序，還是會立刻被解讀成政府已與資方站在同一陣線，畢竟政府打壓勞工抗爭，等於奪走了工人在這場不對等戰爭中最強大的武器。當罷工參與者遭到政府武力鎮壓，衝突只會急速升溫，事態將變得更暴力或更政治化，或者兩者兼具。在二十年代和三十年代的美國，政府強力打壓有組織的勞工運動和罷工，結果促成許多工會活躍分子投向社會主義和共產主義，這種思潮似乎已開始對私有財產、市場秩序甚至「共和形式的政府」構成威脅。[72]

勞資衝突會從一般升級至令人意想不到有其邏輯。一般勞資糾紛可能源於工人的法律權利受損（像是僱主未給付工資或違反安全規定），或是經濟利益分配談不攏。這類因為**權利或利益產生的糾紛**是勞資關係中常見的現象，是現代勞資結構中每天都在上演的戲碼。[73] 然而，如果根本沒有明確的勞資結構，或者勞資結構不良，那麼權益糾紛就會變得更加失序，而且有可能會演變成**結構性糾紛**，工人可能會強烈要求改革制度，以期在未來更有效保障自身權益。[74] 但如果工人要求的結構性改革無法見容於當前的政治制度，勞資衝突就可能會演變成**政治抗爭**甚至是暴動，尤其當工人遭到強力鎮壓，衝突更會一發不可收拾。

因此，激烈的勞工抗爭可能會促進勞資結構改革，讓工人的集體權利得到認可，相關制度也能應運而生；透過這樣的制度，工人未來可以和平追求屬於他們的經濟利益，也能和平解決與僱主之間的糾紛。在某些時候（例如美國新政實施前的混亂時期），對於主導經濟政策的政府官員來說，為了維護政治經濟秩序，他們願意進行激進的改革，以重新分配勞資雙方享有的經濟果實。一旦工人獲得基本權利，也有了公平的戰場能與資方共同解決一般的勞資糾紛，這些一般的衝突，就不太可能演變成對社會秩序和政治穩定的威脅。[75]

簡而言之，嚴重的勞資衝突最後常能替勞工爭取到重大權益，以及催生出更公平的勞資關係結構，進而有助避免了未來的勞資衝突。美國勞工能贏得組成工會和集體談判的權利，靠的**不是**（或不只是）選出親勞工的立法議員，也不是（或不只是）靠說服政界菁英認同他們的理想，最主要的手段還是以勞資和諧作為談判籌碼——也就是發起激烈抗爭，而解決問題的方法，就是允許他們有權利組織獨立工會以及與資方進行集體談判。以一個非常概略的角度來看，二十世紀中期的發達資本主義國家（例如英美和許多歐洲國家）都出現過這樣的模式，在法西斯主義和戰爭把世界搞得天翻地覆之前和之後，勞工以衝突換取權益的模式已經成形。[76] 即使某些社會是由以勞工為本的政黨執政，光靠勞工的選票是無法促成二十世紀中期的重大勞資關係改革。正如艾倫・海德所說：「在發達的西方經濟體……會大刀闊斧地改革勞動法案……是出於向工會運動以及發起抗爭勞工妥協的最常見妥協。」[77]

不過可以肯定的是，美國勞工之所以能獲得組織工會和集體談判的權利，勞工的選票和民主政治可能是**必要**元素。[78] 可是中國工人無法投票爭取改革，也無法投票選出承諾改革的領導者，這就讓我們很難根據西方民主國家的歷史來推斷中國的未來，接下來的討論也會持續談及這點。但我們其實很難斷定在西方國家(或者至少在美國)，工人的選票是否**足以**讓有組織的勞工，取得蘊含在現代勞資關係結構中的認可、特別待遇和權力。工人和工會過去以勞動抗爭的形式製造問題，於是「勞資和諧」就成為高層人士在制定政策時的首要目標。對中國領導人來說，勞資和諧絕對也是要優先考量的議題，雖然工人沒法用選票令他們下台，但他們也擔心勞工抗爭會危害經濟成長和政權穩定。這種擔憂令他們開始考慮改革以及重新平衡勞資關係，使中國的官方工會能更有效地回應工人訴求，令集體談判更具意義。

不過，讓我們的討論更深入一步，獨立工會和集體談判**如何**為美國帶來一定程度的勞資和諧？這部分是因為工會和集體談判讓工人能夠以更理性的方式與僱主解決糾紛，而不用採取越來越激烈的抗爭手段。集體談判讓工人能夠解決利益方面的糾紛，而申訴仲裁機制能讓他們在集體合同的範疇內解決權利糾紛，但這還不是全部的答案。罷工和抗議仍舊是集體談判過程中很強大的武器，現代勞動法案保障勞工的罷工和抗議權利，也讓工會更容易組織此類活動。因此，又是什麼制衡了勞工的集體行動，令行動維持在可接受的範圍內呢？答案可能出乎意料地矛盾：是「工會」在制約勞工行動，這是因為美國的勞動法案已把工會定位為工人和政府之間的調解監管機構。

一旦工人有意願，也有能力透過罷工和其他形式的集體抗議來要求與資方共享經濟利益，政府直接插手干預通常只會造成反效果並付出慘重的代價。政府若使出強硬手段，像是武裝警力、刑事起訴、拘留和監禁，通常只會擴大衝突，並且讓衝突更政治化，因為這種做法會讓工人的集體不滿從私有企業的僱主，擴大到政府官員和整個國家制度。[79]《全國勞資關係法》和其他現代勞動法一樣，讓政府可以透過居中調解的工會間接處理勞工的集體抗爭，而工會卻也正是帶領勞工抗爭的組織。

為了讓工會擔任居中調解的角色，美國二十世紀中期的勞動法默默賦予了工會一些權利作為交換條件：工會獲得了公共正當性(public legitimacy)和一堆特權與保障，也有能力透過和平的方式替勞工爭取權益。不過要得到這些權力是有條件的，這些條件或多或少都明確寫在勞動法裏：也就是勞工的集體行動必須要受到限制，包括行動的時機、規模和目標，工會也必須擔任監管的角色，透過集體談判維持勞資和諧。[80]簡單來說就是：政府監管工會，工會監管工人。(當然，勞動法監管對象也包括僱主，且對僱主自救行動所設下的種種限制，也是解決「勞動問題」的關鍵。)

美國的《全國勞資關係法》讓工人可以自組工會，允許工會運用工人的集體力量干擾生產，善用這股力量發起和平抗爭，努力達到皆大歡喜的結局。但工會要運用工人的力量就必須有辦法管控，它們有辦法發起罷工就得有辦法結束或是預防罷工。勞動法同時運用糖果(包括條件更好的合同、補貼工會經費、讓工會在政策制定桌上佔有一席位)與鞭子(包含針對暴力或非法活動的罰款、損害賠償和禁制令)，促使工會必須將工人集體行動控制在合法範圍內。1935年的《全國勞資關係法》給的就是糖果，1947年針對勞工祭出各種限制和獎懲附加條款的《塔夫脫—哈特利法案》給的就是鞭子。[81]

美國勞動法將工會定位為節制工人行動的主力，且在這方面比許多西方國家的勞資關係法案更加嚴格，而美國工會可以說是認真擔起了監管的角色，比許多西方國家都來得盡責。[82]但這也是因為《全國勞資關係法》給了工會足夠的好處：不僅賦予工會正當性，還以制度來支持和保護工會，為的就是讓工會節制罷工的時機、規模，以及減少罷工造成的負面影響。[83] 如果工人還算信任工會，工會也還算盡責地執行法律賦予的任務，那麼政府就可以從勞資衝突的前線退下來，扮演中立的裁判，只要負責監督雙方是否越過法律界限和維護既有體制就好。只要監督好工會和資方，整個社會可以繼續維持勞資和諧，也可以避免勞資衝突升溫或政治化。[84] 因此我們可以說，二十世紀中期的「勞動問題」解決方案，讓獨立工會成為節制勞工抗爭的關鍵。

在中國，工會原本就被賦予監管工人集體行動的任務，這亦是中國官方工會的核心任務。但問題來了：美國工會只有在工人願意承認工會的領導權時才能夠監管工人。美國工人要**信任**工會作為其代理人才會接受工會領導——工會並非向國家或僱主問責，而是向工人問責；而工人亦期望能透過工會改善生活狀況，而不用靠自己發起罷工。獨立工會要贏得工人的擁戴，部分要看它們的表現，即工會替工人解決問題的能力，還有是否能巧妙運用抗爭活動作為協商籌碼，為勞工爭取更多權益；部分則取決於工會是否能堅守源自民主責任機制的程序正義。如果工會變得消極被動，有些人緊抓著權力不放，或是工會與工人訴求脫節，那麼即使一般的勞資糾紛也可能會引發「野貓式罷工」。這種情況在美國偶爾會出現，在中國近年亦不時發生。

美國勞工今日面臨的問題（至少對沒有專門技能以換取高薪的工人來說），不是工會罔顧勞工訴求，而是很多勞工根本沒有工會。大多數工人未來也將不會由工會代表，沒有集體談判，也沒有任何其他的機制能夠幫他們提高薪資和改善勞動條件，因為（未受充分監管的）市場不會願意去承擔這樣的勞動成本。顯然地，美國大型勞動抗爭日漸式微，令工人越來越無法透過既有的勞資關係結構，或透過政治活動推動制度改革來爭取經濟利益。[85]

中國的領導人看著美國工會和勞工抗爭的興衰，理所當然希望跳過中間那段混亂的勞資衝突時期，直接跳到最終風平浪靜的勞動現況。(如果他們真的這麼希望，就應該設法鼓勵資方改善勞動管理策略，讓管理方式更人性化，同時也要提升薪資。)但即使中國真的可能達成此目標，政府裏擔心經濟不平等不斷加劇的人，應該要想想整個二十世紀以來經濟平等和工會密度與罷工趨勢，其實有非常顯著的關聯。

在接下來的幾章，無論對西方還是中國讀者來說，美國的勞動法的沿革都像是一個警世故事，而且接下來還會提到好幾次。美國勞動法的某些特色在西方國家並不常見，例如對工會活動的限制既嚴格又廣泛。[86] 在碰到每次這些罕見特色的時候，我會簡略地說明。不過美國勞動法最突出的特點是：它已經很久沒有任何重大修改了。私營部門的基本勞動法從1947年起就沒有任何重大修訂，而且從1959年起至今幾乎是維持原狀。[87] 即使這類法律在1959年很符合勞資雙方的需求(而且可能如許多人所說並未針對工會)，但在後來的半個世紀，美國經濟也歷經了非常多改變，因此實在讓人很難想像1959年的勞動法仍能符合現今的需要。所有人都不該幻想美國勞動法可以作為其他國家的榜樣，但美國和其他西方國家的勞動法的核心原則，仍舊相當適用於今日社會，這個原則就是：工人應該有權利透過自己選出且能掌控的代表與僱主進行集體談判，該原則也被許多歷史經驗證實為解決重大勞資衝突的良方。

中國領導人對美國近代勞動史當然很熟悉，而他們現在要努力在一個與美國截然不同的政治體制裏創造自己的歷史。中國領導人要問的問題是：他們要如何取得並維護勞資和諧，實現國家全面性的繁榮以及維持政府致力取得的統治正當性，同時還要防止他們所擔心的獨立勞工運動興起？改革是必然的，但要進行何種改革？

我們現在要回到勞動改革的四個層面，中國至今已就這四個層面來處理勞動抗爭的問題：第5章討論監管策略，國家通常會透過某些監管政策承諾改善勞動條件，這樣工人就不需要組織一堆亂七八糟的抗議活動；第6章談及罷工潮的興起以及「集體協商」的不同形式，中國官員目前就是以這些形式的協商，試圖解決或防止罷工。第7章談論有關工會民主的議題，但其實工會民主很少成為勞工維權人士和改革派的首要考量。最後，第8章會檢視毛澤東思想中「民主式管理」(例如「職工代表大會」便是體現民主管理的機構)的短期復興，並探討這會對中國工人及「社會主義市場經濟」的未來帶來什麼影響。

注釋

1　關於因應嚴重勞動抗爭而生的勞動改革模式，見Alan Hyde, "A Theory of Labor Legislation," *Buffalo Law Review* 38 (1990): 383–464。

2　「監管型資本主義」這個詞彙是用來描述發達工業國家常見的一種政治秩序，即「無論是國家還是非國家的行動者，都通過各式各樣方法影響市場行為的資本主義秩序。」Peter Drahos, "Regulatory Capitalism, Globalization and the End of History," *Intellectual Property Law and Policy Journal* 1 (2014): 1. 更完整的說明見John Braithwaite, *Regulatory Capitalism: How It Works, Ideas for Making It Work Better* (Cheltenham: Edward Elgar Publishing, 2008)。

3　Walter Korpi蒐集了18個西方國家的數據，發現當自由派或左派執政，政府政策往往提倡經濟利益重新分配、減少失業率，也因而能減少勞資衝突。簡而言之，政治情勢對工人有利的話，可令勞資衝突從勞動市場(以及街頭)轉移到政壇。Walter Korpi, *The Democratic Class Struggle* (Boston: Routledge, 1983), 159–183.

4　David Montgomery, *Workers' Control in America* (New York: Cambridge University Press, 1979), 11–15.

5　William Forbath, "The Ambiguities of Free Labor: Labor and the Law in the Gilded Age," *Wisconsin Law Review* 1985 (1985): 767–816.

6　Montgomery, *Workers' Control*, 10.

7　William Forbath, *Law and the Shaping of the American Labor Movement* (Cambridge, MA: Harvard University Press, 1991), 60–66; and Melvyn Dubofsky, *The State and Labor in Modern America* (Chapel Hill: University of North Carolina Press, 1994), 44–48.

8 Forbath, *Law and the Shaping*, 105–118; 也參見 Michael Wachter, "The Striking Success of the National Labor Relations Act," in *Research Handbook on the Economics of Labor and Employment Law*, ed. Cynthia L. Estlund and Michael L. Wachter (Cheltenham: Edward Elgar Publishing, 2012), 432–434。

9 探討國家鎮壓和勞工運動激進化之間關係的當代著作，見Selig Perlman, *A Theory of the Labor Movement* (New York: Macmillan, 1928)。

10 關於此動盪時期的精闢評論，見Irving Bernstein, *The Lean Years: A History of the American Worker, 1920–1933* (Cambridge, MA: Riverside Press, 1960)。

11 Lizbeth Cohen, *Making a New Deal: Industrial Workers in Chicago, 1919–1939* (New York: Cambridge University Press, 1990), 292.

12 根據Philip Taft的說法，「到了1938年，共產黨人在產業工會聯合會（CIO）已經擔任許多重要戰略職位，他們的影響力很大，就算還沒大到能控制聯合會的法律和宣傳部門，也算是會內主要的少數黨之一，或者已經完全掌握了十幾個工會。」Philip Taft, *Organized Labor in American History* (New York: Harper and Row, 1964), 620.

13 Cohen, *Making a New Deal*, 304–305.

14 Bernstein, *Lean Years*, 505–513.

15 Cohen, *Making a New Deal*, 304–305.

16 Ira Katznelson, *Fear Itself: The New Deal and the Origins of Our Time* (New York: Liverlight, 2015). 當美國和歐洲國家在思考如何治理日漸複雜的工業社會時，都出現過由中介組織（企業、工會、貿易和職業協會）協助治理國家的想法。James Q. Whitman, "Of Corporatism, Fascism, and the First New Deal," *American Journal of Comparative Law* 39 (1991): 761–764. 雖然社團主義無論在歷史上還是在邏輯上，從未和法西斯主義站在同一邊，但從三十年代起，美國人卻堅信兩者之間必有關聯，這樣的想法後來也協助遏止社團主義在美國的發展。Ibid., 754–755, 777–778.

17 Wachter, "Striking Success."

18 見以下關於「資本主義種類」的討論。

19 Wachter, "Striking Success." 關於組織工會和集體談判，《全國工業復興法》並沒有任何具約束力的法條來規範，但它的確鼓勵勞工組織工會和採行集體談判，而它「象徵性地認可工人組織工會的權利，卻未明確賦予該權利」，這不僅助長了勞工運動的發展，同時也凸顯國家「必須制定更有強制力的法律」來保障工人組織工會的權利。見Cohen, *Making a New Deal*, 303。

20 「勞工大概了解到當時，至少在當時，企業已經無法控制政府。因此激進的勞工運動在1936和1937年快速增加⋯⋯超過一半以上的罷工都在要求勞工可根據《全國勞資關係法》詳列出的規範來組織工會。」Frances Piven, *Poor People's*

Movements: Why They Succeed, How They Fail (New York: Vintage Books, 1979), 133; 也參見Wachter, "Striking Success," 435。

21 Wachter, "Striking Success," 435.

22 NLRB v. Jones & Laughlin Steel Co. 301 U.S. 1 (1937). 見James Pope, "The Thirteenth Amendment versus the Commerce Clause: Labor and the Shaping of American Constitutional Law, 1921–1957," *Columbia Law Review* 102 (2002): 85–92。

23 James Atleson, *Values and Assumptions in American Labor Law* (Amherst: University of Massachusetts Press, 1983); Karl E. Klare, "Judicial Deradicalization of the Wagner Act and the Origins of Modern Legal Consciousness, 1937–1941," *Minnesota Law Review* 62 (1978): 265–349; and Pope, "Thirteenth Amendment," 18.

24 《全國勞資關係法》的目標曾引起許多激辯，例子見 Atleson, *Values and Assumptions*; James A. Gross, "Worker Rights as Human Rights: Wagner Act Values and Moral Choices," *University of Pennsylvania Journal of Labor and Employment Law* 4 (2002): 479–492; Klare, "Judicial Deradicalization"; Theodore J. St. Antoine, "How the Wagner Act Came to Be: A Prospectus," *Michigan Law Review* 96 (1998): 2201–2211；及Wachter,"Striking Success," 430。

25 Thomas A. Kochan, Harry C. Katz, and Robert B. McKersie, *The Transformation of American Industrial Relations* (Ithaca, NY: ILR Press, 1994), 24–25.

26 NLRB v. Fansteel Metallurgical Corp. 306 U.S. 240 (1939); and NLRB v. Mackay Radio and Telegraph Co. 304 U.S. 333 (1938). 大體上參閱Atleson, *Values and Assumptions*, 20; 及Klare, "Judicial Deradicalization," 20。

27 Wachter, "Striking Success," 436–437.

28 Clark Kerr et al., *Industrialism and the Industrial Man* (Cambridge, MA: Harvard University Press, 1960); 同時參閱Montgomery, *Workers' Control*, 163。

29 Montgomery, *Workers' Control*, 166; 也參閱Thomas A. Kochan and Harry C. Katz, *Collective Bargaining and Industrial Relations*, 2nd ed. (Homewood, IL: Richard D. Irwin, 1988), 38。

30 Kochan and Katz, *Collective Bargaining*, 38.

31 如果當時工會沒有斷然拒絕參與《全國勞資關係法》的修訂，它們也許能幫忙制定出一套對勞工衝擊沒有那麼大的修訂法案。James Gross, *Broken Promises: The Subversion of U.S. Labor Relations, 1947–1994* (Philadelphia: Temple University Press, 1995), 5–8.

32 Hyde, "Theory of Labor Legislation," 443–444.

33 《塔夫脫—哈特利法》還規定在國家緊急時期，罷工必須有60天的「冷靜期」，也禁止了迫使企業只僱用工會成員的「封閉工廠」協議；同時開始監管工會內部事務，要求工會幹部簽署「非共產黨員」宣誓書，並禁止工會提供政治獻金。關於《塔夫脫—哈特利法》認定的非法工會活動，見John Paul Jennings, "The Right to Strike: Concerted Activity under the Taft-Hartley Act," *California Law Review* 40 (1952): 22–23。《塔夫脫—哈特利法》對勞工和工會新增的諸多限制都被工會指控違憲，但工會的主張在法庭內並未獲得多少支持。見Pope, "Thirteenth Amendment," 101。

34 National Labor Relations Act, U.S. Code 29 (2006), § 158(b)(4)(b).

35 Ibid., § 158(b)(7)(c), 該條款把「認可的」罷工糾察封鎖行動 ("recognitional" picketing，出於向僱主施壓以迫使其承認工會，把工作場所封鎖)，限制至不可多於30天的合理期限，除非在30天期滿之前提出選舉請願書。

36 這些針對集體勞工行動的限制並非國會在1947年發明出來的；事實上，各州法律原本就有相關限制，而《全國勞資關係法》也並未明確認定這些限制違法。(當時有些人抨擊參議員華格納〔Senator Wagner〕發起的《全國勞資關係法》根本是「一面倒」支持勞工，但華格納表示現有的州法律對工會已有「足夠」限制，如今的要務是監管僱主行為。)工會則堅決主張州法律對工會的許多限制在1935年後已經無效，因為它們和新法賦予工人的權利有所牴觸。不過，直到《塔夫脫—哈特利法》將過分討好的州法律納入聯邦法律之下，法院才開始處理那些所謂與新法勞動權利有牴觸的法律限制。

37 《塔夫脫—哈特利法》在《全國勞資關係法》增補了第9(h)條，要求所有工會幹部宣誓自己不是共產黨員且與共產黨沒有關係，如此才能參與工會在國家勞動關係委員會的議程，其中包括擔任勞工代表以及處理不當勞工待遇。1959年，國會用一道刑事禁令取代第9(h)條，禁止當下或近期參與共產黨的任何人擔任工會幹部或是工會成員(除非僅僅負責文書或保管工作)。29 U.S.C. § 504。

38 見United States v. Brown 381 U.S. 437 (1965)。

39 關於共產主義者和社會主義者在美國勞工運動扮演的角色，見Nelson Lichtenstein, *State of the Union: A Century of American Labor* (Princeton, NJ: Princeton University Press, 2002); 及Judith Stepan-Norris and Maurice Zeitlan, *Left Out: Reds and America's Industrial Unions* (New York: Cambridge University Press, 2003).

40 《全國勞資關係法》在集體協商的制度下設立了許多獎勵措施，後來工會願意採行「商業工會主義」可以說正是受到這些措施的鼓勵，見Joel Rogers, "Divide and Conquer: Further Reflections on the Distinctive Character of American Labor Laws," *Wisconsin Law Review* I-147 (1990)。

41 大體上參閱Seymour Martin Lipset, Martin Trow, and James Coleman, *Union Democracy: The Internal Politics of the International Typographical Union* (New York: Free Press, 1956); 及James B. Jacobs, "Is Labor Union Corruption Special?," *Social Research* 80, no. 4 (Winter 2013): 1057–1086。

42 例如，有些工會過分限制成員參選工會幹部的資格，例如要求在過去一年必須出席四次工會會議，如此一來有97%的工會成員都無法參選工會幹部，幾乎只有當前的核心人物能參選，而《勞資報告與披露法》及其中的「工會成員權利條款」就是要禁止這類規定。

43 John L. Holcombe, "Union Democracy and the LMRDA," *Labor Law Journal* 12, no. 7 (July 1961): 604.

44 Montgomery, *Workers' Control*, 6.

45 Hyde, "Theory of Labor Legislation," 392.

46 Steel Panel Commission on Technology and International Economics and Trade Issues of the Office of the Foreign Secretary, Commission on Engineering and Technical Systems, Division on Engineering and Physical Sciences, National Academy of Engineering, and National Research Council, *The Competitive Status of the U.S. Steel Industry* (Washington, DC: National Academy Press, 1986), 58.

47 最高法院承認僱主有永久解僱經濟罷工參加者（economic strikers）的權利，雖然這在《全國工業復興法》中並未提及，見案例NLRB v. Mackay Radio and Telegraph Co., 304 U.S. 333 (1938)。但在好幾十年來，這種永久解僱的做法並不常見，有可能因為這樣做會嚴重破壞勞資關係。見Michael H. LeRoy, "Regulating Employer Use of Permanent Striker Replacements: Empirical Analysis of NLRA and RLA Strikes 1935–1991," *Berkeley Journal of Employment and Labor Law* 16 (1995): 169–208。然而，1981年出現了重大轉折：當時的聯邦航空交通管制員無視《聯邦勞資關係法》（並非《全國勞資關係法》）中的無罷工條款，在專業航空交通管制員組織（PATCO）的領導下發起罷工。當時的列根總統開除了所有的罷工人員，並取消其工會資格。許多人認為此舉把永久開除罷工者的做法合法化，甚至在罷工屬合法的私營部門僱主可以永久開除罷工勞工。見Kochan and Katz, *Collective Bargaining*, 44。

48 Cynthia L. Estlund, "The Ossification of American Labor Law," *Columbia Law Review* 102 (2002): 1542–1544.

49 僱主也許不會「強制」或威脅員工不得組織工會，但他們可能會很積極地宣傳和說明他們比較希望維持沒有工會的狀態，而且有可能利用員工的上班時間「強迫約談員工或進行宣導」，以達到目的。僱主能這樣做有部分是因為《塔夫脫—哈特利法》中有些條款賦予「僱主言論自由」。有關這些條款的早期分析及對組織工會可能造成的影響，見 Archibald Cox, "Some Aspects of the Labor Management Relations Act, 1947," *Harvard Law Review* 61 (1947): 15–20.

50 Rogers, "Divide and Conquer," 29–30.

51 有關北美和歐洲國家集體談判的比較分析，見Roy Adams, *Industrial Relations under Liberal Democracy: North America in Comparative Perspective* (Columbia: University of

South Carolina Press, 1995); 及 Clyde Summers, "Worker Participation in Sweden and the United States: Some Comparisons from an American Perspective," *University of Pennsylvania Law Review* 133 (1984): 175–225。勞資關係制度的多樣性是「資本主義多樣性」的核心，有關資本主義多樣性的概述，見 Peter A. Hall and David Soskice, "An Introduction to Varieties of Capitalism," in *Varieties of Capitalism: The Institutional Foundations of Comparative Advantage*, ed. Peter A. Hall and David Soskice (New York: Oxford University Press, 2001), 1–68。美國是「自由市場經濟」的典型，而「協調型市場經濟」及其底下的職業團體和產業部門勞資關係結構，則以德國和斯堪的納維亞國家為代表。

52 Senator Walsh, speaking on the Wagner Act, *Congressional Record of the U.S. Senate*, vol. 79 (1935), 7660.

53 National Labor Relations Act, § 158(d).

54 H. K. Porter Co. v. NLRB 397 U.S. 99 (1970).

55 有關工會附屬組織的數據，見 Bureau of Labor Statistics, "Table 3. Union Affiliation of Employed Wage and Salary Workers by Occupation and Industry," 2016年5月14日查閱，http://www.bls.gov/news.release/union2.t03.htm。有關工潮停工的數據，見 Bureau of Labor Statistics, "Table 1. Work Stoppages Involving 1,000 or More Workers, 1947–2015," 2016年5月14日查閱，http://www.bls.gov/news.release/wkstp.t01.htm。現代停工事件的低谷在2009年，全年只有五場重大罷工，影響約13,000名勞工。

56 Bruce Western and Jake Rosenfeld, "Unions, Norms, and the Rise in U.S. Wage Inequality," *American Society Review* 76 (August 2011): 513–537.

57 參見例如 Steve Greenhouse, "Hundreds of Fast-Food Workers Striking for Higher Wages Are Arrested," *New York Times*, September 5, 2014; 及 Hiroko Tabuchi and Steven Greenhouse, "Walmart Workers Demand $15 Wage in Several Protests," *New York Times*, October 17, 2014。

58 Steven Greenhouse, "How the $15 Minimum Wage Went From Laughable to Viable," *New York Times*, April 1, 2016.

59 Steven Greenhouse, "How to Get Low-Wage Workers Into the Middle Class," *The Atlantic*, August 19, 2015.

60 Kochan and Katz, *Collective Bargaining*, 32–33.

61 Ibid. 有關科學管理法的重要觀點，見 Harry Braverman, *Labor and Monopoly Capital: The Degradation of Work in the Twentieth Century*, 2nd ed. (New York: Monthly Review Press, 1998); 及 Montgomery, *Workers' Control*, 9–27。

62 Kochan and Katz, *Collective Bargaining*, 32–33.

63 Ibid., 34.

64 Ibid.

65 工會成員比例從1920年佔勞動人口的12.1%，下降到1930年的7.5%。1921年到1931年間，工會會員的人數減少了逾350萬。

66 Kochan and Katz, *Collective Bargaining*, 34.

67 關於較好的管理方法在減少勞工抗爭和組織活動的作用，見Wachter, "Striking Success," 457。有關「打壓」策略(無論是合法還是非法)如何使工會式微，見Robert J. Flanagan, "Has Management Strangled U.S. Unions?," in *What Do Unions Do? A Twenty-Year Perspective*, ed. James T. Bennett and Bruce E. Kaufman (Picastaway, NJ: Transaction, 2007), 459–488; 及Robert M. Smith, *From Blackjacks to Briefcases: A History of Commercialized Strikebreaking and Unionbusting in the United States* (Athens: Ohio University Press, 2003)。

68 Wachter, "Striking Success," 457.

69 Ibid., 447.

70 有關粗略的比較，見 "The 2015 ITUC Global Rights Index: The World's Worst Countries for Workers," International Trade Union Confederation, http://www.ituccsi.org/IMG/pdf/survey_global_rights_index_2015_en.pdf。

71 Connie Guglielmo, "Apple's Supplier Labor Practices in China Scrutinized after Foxconn, Pegatron Reviews," *Forbes*, December 12, 2013, http://www.forbes.com/sites/connieguglielmo/2013/12/12/apples-labor-practices-in-china-scrutinized-after-foxconn-pegatron-reviewed/.

72 Irving Bernstein, *The Turbulent Years: A History of the American Worker, 1933–1940*, (New York: Houghton Mifflin, 1969).

73 有關權利和利益糾紛的基本分類法，見John Spielmans,"Labor Disputes on Rights and Interests," *American Economic Review* 29 (1939): 299–312, http://www.jstor.org/stable/pdfplus/1803627。

74 大體上參閱Bruce Kaufman, *The Global Evolution of Industrial Relations: Events, Ideas and the IIRA* (Geneva: International Labor Organization, 2004), 24–32。

75 Richard Hyman, *Strikes*, 4th ed. (Hampshire: Macmillan Press, 1989).

76 Colin Crouch, *Industrial Relations and European State Traditions* (New York: Oxford University Press, 1993); and Hall and Soskice, "Introduction to Varieties of Capitalism," 18–21.

77 Hyde, "Theory of Labor Legislation," 384, 432.

78 Theda Skocpol, "Political Response to Capitalist Crisis: Neo-Marxist Theories of the State and the Case of the New Deal," *Politics and Society* 10 (1980): 200. Skocpol提出有力的論證，認為三十年代美國的工業工人階級還未強大到光靠干擾經濟生產

就能促使政府作出對勞工有利的決策，他們也必須仰賴選舉動員，以及來自聯邦政府和民主黨的支持。

79 若政府以強硬手段應對，勞工抗爭反而容易引起社會大眾的同情和其他政治力量的支持，正如美國三十年代的情形，見 Piven, *Poor People's Movements*, 29。

80 有關美國勞動法如何對工會作出特殊的補償，見 Cynthia L. Estlund, "Are Unions a Constitutional Anomaly?," *Michigan Law Review* 114 (2015): 169–234。

81 大體上參閱George W. Taylor, *Government Regulation of Industrial Relations* (New York: Prentice-Hall, 1948), 252–263。

82 Rogers, "Divide and Conquer," 33.

83 Estlund, "Ossification."

84 Piven, *Poor People's Movements*, 155–173; 也可見Piven的解釋：「工會也讓罷工變得形式化，將罷工造成的影響限制在一定範圍內，因此減少了罷工對生產活動的干擾，也減少經濟活動干擾可能引發的政治迴響。」Piven, *Poor People's Movements*, 175。

85 要讓工會負責帶來勞資和諧，需要抓到一種很微妙的平衡，正如Gerald Friedman指出：「工會如果成功安撫勞工，很可能也同時削弱了勞工抗爭的力量，僱主有可能一見抗爭威脅解除就不再與工會打交道。然而，如果安撫失敗，如果工人拒絕接受集體談判帶來的微薄利益，並發起新一波抗爭，那麼僱主會認為工會無法約束勞工抗爭，所以與工會打交道根本沒有好處。」Gerald Friedman, *Reigniting the Labor Movement: Restoring Means to Ends in a Democratic Labor Movement* (Florence, KY: Routledge, 2007), 56.

86 Forbath, *Law and the Shaping*, 10–36.

87 Estlund, "Ossification," 1532–1533.

第5章

中國的監管政策能帶領國家走出勞動抗爭的陰影嗎？——提升勞動標準並加強執行力度

二次大戰後，西方資本主義民主國家發展起來相對和平、具生產力和繁榮的工業經濟體，讓中國羨慕不已和希望效仿。然而，有助帶來和平、高效和繁榮的獨立勞工運動，卻是中國領導人避之唯恐不及。為了防止獨立勞工運動興起，中國政府一邊改革官方勞工代表制度，一邊阻礙獨立工會組成。除此之外，中央也動員全國之力處理導致勞資糾紛的幾個深層次原因，包括提高工資、改善勞動條件以及禁止僱主壓榨勞工。[1] 用國家主席習近平在2014年的話來說就是：「維權是維穩的基礎，維穩的實質是維權。」意思就是說，為了維持國家政權穩定，必定要保護人民權利。[2]

但這不是說中國領導人只為了鞏固政權才願意保護人民權利，也不是說他們並非真心改善工人生活。如果沒有半點真心，中國的勞動政策就不會從過去的「不計代價追求經濟發展」轉向「努力提升勞動標準」。當然，改善工人生活背後的部分動機還是為了經濟成長，畢竟促進經濟成長一直以來都是中國的重要目標。不過，中國政府以維持政治穩定和防止社會抗爭浪潮匯聚成政治反對勢力為首要任務，尤其是以獨立勞工運動為形式的抗爭，這個首要任務很大程度上決定了改善工人生活水平的目的，以及為達成這個目的之策略。

由於中國政府致力遏止獨立工會興起，意味著它不可能遵循西方經驗，讓工人能合法透過集體行動和獨立工會來爭取經濟利益；本章下文也將提及，原本要透過全國總工會進行的工會民主化及促進集體談判的改革，也被延期和限制。在應對非國有經濟領域不斷升溫的勞工抗爭方面，中國政府最初偏向透過立法提升勞動標準，以及暢通司法與行政裁決的渠道，讓個別工人可以在合法的情況下爭取權益。正如在第4章所述，僱主若願意改善人力資源管理策略，通常能有效平息工人的不滿；直接下令提高勞動標準，也許是中國領導人能夠達到此目標的最直接手法。立法、司法和行政單位，都被呼籲擔起推進新勞動法規的立法和執行重任。然而，權利糾紛案件數目依然甚多，令各個申訴和裁決機關不堪負荷；由於工人不接受法律解決方案的「利益糾紛」案件，自2010年起以傳統和靜坐罷工的形式，走到街頭最前線。

本章簡要描述中國勞動標準監管策略的演變，以及這些策略的成敗——一方面確實成功把每年幾十萬宗權利糾紛導入法律管道，以合法的方式解決，甚至在某程度上提高了勞動標準，但還是無法解決勞動抗爭的問題。不過很諷刺的是，問題未能解決部分正是因為中國政府為了鞏固政權，所以鐵了心扼殺獨立工會。這個強烈的政治動機，雖然促使中國領導人改變監管策略以提升勞動標準，但也繼續塑造監管策略的某些細節，結果讓原本立意良善的政策無法發揮作用。也就是說，官方對全國總工會架構以外獨立工會的戒心，既推動又限制了中國遏制勞動抗爭的策略，包括官方青睞的監管策略。[3]

中國工廠的緩慢監管之路

過去幾十年來，媒體對中國地獄式工廠的報道，以及全球資本為利用中國的廉價勞動力供應而蜂擁而入的報道，在未深入了解中國的西方觀察家中，形成了中國沒有勞動法的普遍看法——沒有最低工資法例或對工時的限制，也沒有職業健康和安全相關的法規。以為中國的工資和工作條件都不受監管是嚴重的誤解。但毫無疑問的是，在對外資「開放」後，中國貧窮的農民工在出口導向的非國有經濟領域工作，環境極其危險和受虐，而勞動法規在中國起步緩慢。

讓我們從第2章提過的一個難題來開始討論：中國在毛澤東時代曾實施全面的計劃經濟制度，後來號稱「社會主義市場經濟」，那為什麼還會出現嚴重缺乏規範的勞動環境呢？中國在非國有經濟領域發展的頭幾十年，容許對工廠工人實行臭名昭著的剝削，情況類似美國「超級資本主義」時代的自由放任勞動市場，勞動條件由資方和勞工自由簽訂(也就是所謂的「合同自由」)，這的確是非常矛盾，或者至少是反常現象。在一個名義上屬社會主義和強大國家機器掌控著社會的國家，這樣的現象是如何發生的？

中國對新興私有企業的監管政策之所以發展緩慢，部分原因可以追溯至文化大革命。在毛澤東統治的最後十年，文革大量摧毀了既有的法律和行政制度，因此在1976年毛澤東去世時，基本上沒有哪間法學院或法院還能正常運作，律師也非常少(全國人均律師大概只有美國的2%)，不利監管法規的發展。[4] 不過話說回來，在文化大革命期間被摧毀的機制，並非資本主義和市場經濟進入中國後中國所需要的機制，因為在毛澤東時代的計劃經濟，經濟活動幾乎全由黨國**掌控**，對私有企業的**監管**制度根本還不存在。[5] 這就是中國勞動監管法規落後於經濟發展的第二個、同時也是更有力的解釋。

在計劃經濟時期，所有生產企業都歸黨國及地方黨委管理，所有工廠都由政府指派專人負責(包括鄉鎮和村落也有對應層級的黨員幹部管理)。因此可以說，黨國本身就是所有生產企業的大老闆，根本不需要另訂監管法規。然而，當中國政府決定釋放市場力量，允許私有企業發展並推動國有企業的「私有化」和「公司化」，就越來越需要發展出一套監管制度。於是，實行市場經濟同時發展監管制度的「雙管齊下」做法，成為上個世紀後期的主要趨勢。[6] 然而，中國「雙管齊下」的速度卻很扭曲。[7] 中國只用短短幾十年制定出現代監管制度，而且幾乎是從零開始，或者說仍有參考革命前的某些監管制度，再加上吸取他國經驗，才制定出目前的制度。[8] 中國的監管制度在許多方面都有相當顯著的進展。[9] 不過，監管能力仍處於初期階段。有些西方觀察家總是嚴厲批評中國工廠環境惡劣不堪，但也許沒有考量到，要幾乎從零開始建立監管制度有多麼困難。

不過很顯然，監管新興私營領域的勞動條件，並非中國政府早期優先考量的議題。即使中國在九十年代初就制定了勞動標準，但執法力度仍然嚴重不足，這不僅是因為缺乏能力，還因為缺乏政治意願。[10] 因此，勞動標準法規發展滯後的第三個原因是：在改革開放的頭20年，其實是中央政府刻意不去嚴格監管私有企業的勞動條件，這樣的決定是為了釋放市場力量，同時讓廉價勞動力成為中國的競爭優勢，以促進經濟發展。地方官員如果能夠成功振興地方經濟和吸引外資就能獲得獎勵，而最能吸引外資的就是充足的廉價勞動力。

中國勞動標準改善速度緩慢的第四個原因，在於過快的經濟發展早期通常具有的特性：在出口導向和勞力密集的經濟體，許多製造業者都沒有充足的生產設備或資金，因此只能靠盡量降低勞動力成本來與別人競爭，導致血汗工廠林立。外國品牌無情地利用這些相互競爭的血汗工廠，那些工廠為了成為供應商彼此惡鬥，只向工人給付很低的工資，不足以維持體面的工資和勞動條件。工廠同時也被迫偷工減料，逼迫工人在擁擠又危險的環境中超時工作。簡而言之，由於早期缺乏勞動監管，因此助長了極難監管的血汗經濟，畢竟當時很多工廠就得靠毫無人性地壓榨勞工才能生存。

在十多年來，因為中國政府把經濟增長當成首要任務，所以沒那麼重視勞動標準(也不太重視環境或產品的安全標準)，結果隨著地方官員與地方企業老闆培養出緊密而又形形色色的關係，促成在地方層面出現特殊的政治經濟體。許多手握大權的黨員幹部成為了企業主，有些是從國有或集體企業獲得經營權，而且還享有優渥到很誇張的條件；另一方面，1992年中國歷經了意識形態大轉變後，許多企業老闆也受邀加入共產黨。在開放後的頭幾十年，地方官員與地方企業之間錯縱複雜的利益關係，更加強化了中央政府「經濟成長優先、勞動標準擺一邊」的政策方向。然而，即使中央開始試圖提升工資和改善勞動標準，但政策是否能有效執行，都得看地方官員願不願意認真落實，因此地方官員與企業老闆形成的利益共同體就成了中央執行政策的一大阻礙。這個現象從地方企業肆無忌憚剝削外來農民工尤其可看出。[11] 所以，中國勞動監管進展緩慢的第五個原因，就是這種「地方保護主義」，也就是原本應該負責執行中央政策的地方官員，出於自身利益扯中央的後腿。

「地方保護主義」凸顯了中國中央和地方政府之間複雜的關係。前文已經提及，由於中國幅員廣大，各地環境差別很大，讓地方政府或多或少擁有一些自治權。中央政府對地方來說，正如中國俗語說的「山高皇帝遠」。然而，中國並不像美國一樣是聯邦制，中國的省和地方政府並沒有獨立自治權或主權，它們必須要在國家的監督下執行國家的政策和法律。不過這種中央集權體制並非共產黨發明出來的；事實上，根據一位學者的說法，至少從公元前221年秦朝建立開始，「中國一直都是由中央政府統一管理，中央的法律有至高無上的權力，而且無論如何都高於地方法律。」[12] 當然，不同的地方情況需要不同的政策，而且有些地方性的試驗，也許能演變成推行至全國的創新政策。然而，地方政府推行的政策改變、試驗和創新，都必須在中央政府能接受的範圍內。中央集權讓中央政府擁有非常大的權力推行各種**政策**，而**執行**政策則是由擔任地方官員的黨員幹部負責，但是這些地方官卻時常對地方企業睜一隻眼閉一隻眼，或是為了繳出漂亮的經濟成績單而只在乎如何扶持企業。

中共官員與企業主之間的密切關係和共同利益，可以說明為什麼中國企業主通常都很支持中共政權，在地方層面尤其明顯。[13] 中國的企業以及商界對中共政權似乎沒有任何政治異議，不像在其他國家，企業和商界對政府的不滿還曾經協助推翻專制政權。然而，企業和黨的密切關係卻限制了中共處理民怨的能力，無論是不滿的勞工、為了經濟發展而被迫離鄉的農民，還是受嚴重污染或危險消費品所苦的人民，中國政府都無法有效安撫。地方企業與黨員幹部官商勾結，不理會民間疾苦，結果常常造成民怨沸騰並引發抗議，進而威脅政權的穩定。這就是傅青山所說的中國「暴動陷阱」的一部分。[14]

因此，有一連串理由可以解釋中國在改善並執行勞動標準方面的進展為什麼如此緩慢，也可解釋為何在中國政府終於開始重視勞動監管之後，卻一直被自己人扯後腿。所以，有時候真的很難分辨中國的「社會主義初期階段」[15] 與自由放任的資本主義有何不同。沿海工廠惡劣的勞動條件，讓中國號稱奉行社會主義看起來像個笑話，也讓中國在尤其是西方世界的勞工維權人士眼中，成為全球資本主義的工人剝削中心。

中國勞動市場進入監管時代

在後毛澤東時代初年，出口導向經濟下的血汗工廠，與仍未重組的國有企業成強烈對比，當時的國有企業工人還受到「鐵飯碗」和單位制度的保障。有一段時期，中國的「社會主義市場經濟」似乎同時存在著兩種不同的經濟結構：一種是社會主義經濟，另一種是市場經濟。然而自九十年代初開始，國有和私有板塊歷經很大程度的融合，共同演變成我們較為熟悉的經濟模式，也共同邁向我們較為熟悉的勞動標準。

兩大經濟板塊向監管型勞動市場交會

兩大經濟板塊融合的一半內容，是國有企業「公司化」、勞動力商品化，以及廢除「鐵飯碗」制度，這些都已經曾被廣泛分析，當中高敏教授提出了最精闢的分析。[16] 國有企業歷經重組並私有化後，接管的企業主不斷要求更多與私有企業一樣的管理權限（及利潤），促使勞資結構改變和勞動力商品化。融合過程的另一半，則是政府結束對非國有企業的自由放任政策，開始要接受政府規管，然而監管制度剛起步就走得磕磕絆絆，這點前面已經談過。1994年之前，中國的勞動法規充斥著「一大堆莫名其妙且常常互相矛盾的法律、規定、通知和指令等」。[17] 但1994年頒布的《勞動法》在確立單一勞動體制上是大突破，也就是無論是國有，還是非國有領域的勞動市場都須接受政府監管。[18] 這代表中國已不會再像計劃經濟時代般直接管理勞工，同時也結束開放初期對私營企業勞動標準的自由放任管理手法。

中國的國有經濟和非國有經濟，同樣邁向受監管的勞動市場和勞動合同，這對兩個板塊的工人帶來截然不同的影響。在國有企業，由於《勞動法》採用「勞動合同制」，等於進一步正式宣告單位制度和「鐵飯碗」時代的結束，工人也從「主人」（或至少是單位成員）的地位，降級成根據合約受僱於企業的員工而已。但對在日漸成長的非國有領域工作的農民工而言，《勞動法》對於勞動合同的規範，的確意味著中國政府在改善勞工法律權利和勞動標準的路上向前跨了一大步。[19]

簡而言之，中國採納受規管的勞動市場，代表中國的勞動政策與世上其他發達經濟體更加接近。在中國向資本主義「開放」後，兩種經濟包括社會主義和市場驅動經濟在一段時期一直共存，但隨著受規管勞動市場的建立，兩者已逐漸融合。當中國開始向受規管勞動市場和勞動合同的重大改變，中國就走上了很多國家已經走過的路：提高最低勞動標準、建立監管制度、實行勞動檢查，以及建立各種仲裁勞資糾紛的途徑。中國政府頒布並在2008年生效的《勞動合同法》，代表中國在這條路上向前邁進了一大步。

令許多西方人吃驚的是，在實際工資水平以外，中國法例在條文上規定的勞動標準與現代西方（尤其是歐洲）的勞動標準，在很多方面都相當類似。[20] 他們感到驚訝，部分是出於西方人對中國工廠實況的匆匆一瞥——在發生工廠火災慘劇以後，或是近期的童工醜聞，或是富士康工廠發生多宗工人連環自殺事件。高敏教授很準確地形容中國的勞動監管為「眼高手低」（"high standards-low enforcement"），也就是勞動標準訂得高，但執行力低。[21]「手低」的現象和原因我們前面已經談過，但本章還會繼續作大篇幅討論。然而，除了「手低」以外，中國政府制定的「高勞動標準」也很值得探究，我們先來看一項特別具挑戰性的勞動標準議題：就業保障。

改善中的勞動標準：就業保障案例

所有現代法律制度都會保障僱員不會遭到某些形式的解僱；至少，法律會保障非臨時性質的「正職」僱員不受僱主任意解僱，或不受基於違背正義、錯誤或歧視的理由解僱。一個國家的就業保障制度光譜，可能從最左邊的「僱主想怎樣就怎樣」（也就是可以隨時任意終止勞資關係），走到最右邊的「僱主終身聘用員工」（員工永遠不會被解僱）。幾乎所有國家的法律對就業保障的程度，都介於這兩個極端之間：絕大多數的法律允許僱主解僱「正職員工」，但必須基於「正當理由」。[22] 美國法律在這方面算是異數，僱主解僱員工不需要正當理由（這裏是指勞資之間未簽約保障工作的情況），但是美國法律列出了長長的清單，明文規定僱主不得以歧視或報復的理由，解僱擁有特定行為或特徵的員工。

然而，要了解某個國家的僱員實際享有多少就業保障，光是知道該國法律允許和不允許哪些解僱理由並不足夠，因為這其實要看很多制度上的細節，而這些細節很難從單方面看出來（連很多比較分析的專家也會忽略這些細節）。舉例來說：法律究竟保障從事哪些工作的僱員不遭解僱？得到這類工作的難度很高嗎？僱員能以什麼方式反擊解僱，一般僱員都能使用這些方式嗎？整個過程需費時多久？誰負責舉證僱主是基於正當理由，還是不良動機而解僱員工？僱主若是不當解僱的話，該受到什麼懲罰或該如何賠償？這個過程會耗掉雙方多少成本（包含律師費用和其他花費）？誰又該支付這些成本？就算這些問題都有了答案，僱員實際的**經濟**保障，也不能只看法律給他們多少不被僱主不當解僱的保障，還要看他們可不可以辭職找新工作；某種程度來說，前後兩種狀況可能是相互矛盾的概念。所以，雖然書本中的法律很重要，但法律也可能呈現非常片面甚至誤導大眾的狀況。

在後毛澤東時代初期，也就是中國「已開放」但還「未改革」國有企業的時期，中國的兩大經濟版塊正好盤據著就業保障光譜的兩端。在其中一端，計劃經濟（或社會主義經濟）下的工人享有非常誇張的就業保障，工人不只是員工而已，還是工作單位的永久成員，除了極少數的情況，他們既不能辭職也不能被解僱。單位制度裏的工人在其工作崗位擁有產權，但是工作單位亦「對其僱員擁有一種形式的產權」。[23] 相比之下，中國在開放後外資和民營企業迅速成長，許多農民工都只是「臨時工」，而且可被僱主隨意解僱，雖然有些人拿到書面的勞動合同，但也無法保障他們不被任意解僱。[24]

1994年的《勞動法》開始監管所有的勞動合同，中國政府把所有的勞動關係都納入同一法律制度的監管範圍裏，並且向當時國際勞動標準看齊，開始慢慢增加大多數中國工人的就業保障，也就是讓就業保障的程度介於永久聘僱的單位制，和任意解僱的自由私有企業之間。《勞動法》禁止僱主在勞動合同期間不正當解僱員工，無論正式或非正式員工都一樣。但書本中的法律和實際現況差距很大，除了長期以來很難確實執行，《勞動法》在就業保障這部分還有一堆漏洞，僱主還是可以鑽漏洞隨意解僱員工，或是靠短期勞動合同來規避法律。[25] 所以，後來的《勞動合同法》目標更為進取，就是要增進工人的就業保障。就書面上來説，中國的勞動立法相當出色。經濟合作及發展組織(OECD)在2013年進行的調查發現，在調查的43個國家裏，中國的僱傭保障立法名列最能保障勞工權益的前茅！[26]

《勞動合同法》大幅限制僱主利用短期勞動合同的機會，規定僱主與工人連續訂立二次固定期限勞動合同後，就必須與對方簽訂書面的長期合同，也就是讓對方成為正式員工，沒有合理原因不得解僱(而且僱主還要自行舉證解僱原因的確合理)。而且為了嚇阻違法行為，也為了鼓勵勞工協助執行法律，《勞動合同法》規定若僱主違法拒絕與員工訂立勞動合同，應當向勞動者每月支付二倍的工資。同時，2008年的改革降低了勞動者申訴的成本，也簡化了程序，讓勞動者能更容易運用行政裁決和司法制度爭取權益。不過可以確定的是，很多一般工人仍然缺乏接觸法律代表的渠道，無法有效維權，我們將在稍後再談那些制度障礙。不過，2008年的改革還是讓工人的投訴如洪水般湧進官方仲裁系統，而且其中有很高的比例都是工人勝訴。[27] 到2009年，僱主已經在抱怨解僱標準過於嚴苛，於是想方設法繞過合同法的嚴格標準，好恢復自己僱用員工的「彈性」。

在世界各地，僱主往往有自己的對策來應付嚴格的政策，如果可以的話，他們通常會鑽法律漏洞改變僱用勞工的方式。[28] 中國的僱主也不例外，他們往往透過「勞務派遣」機構僱用勞工，這樣一來，這些勞工真正的僱主是派遣機構，老闆自己無須對勞工負責。[29] 然而，即使僱主合法僱用派遣勞工，仍算是在破壞《勞動合同法》提供的就業保障；若是更無良的僱主來僱用派遣員工，更會出現明顯違反整個勞動標準制度的情況。2008年後，勞務派遣案件數量增加將近一倍，而且據說到2011年，中國三億城市勞工裏有五分之一都屬於派遣勞工。[30] 勞務派遣成長的同時，世界各地都出現勞動力「臨時化」的趨勢，這並非中國獨有的現象，也不僅出現於新的勞動法規出現之後。[31] 大衛．維爾(David Weil)曾經稱此現象為「龜裂的職場」(the fissured workplace)，對美國和其他國家的勞動標準都造成負面影響。[32] 中國在頒布《勞動合同法》後勞務派遣案件暴增，暴增程度之大不可能只是偶然。[33]

中國的立法官員以驚人的速度處理勞務派遣暴增的問題，他們修訂《勞動合同法》，對勞務派遣增加諸多限制，從此僱主只能僱用派遣勞工來擔任「暫時、輔助或代理性質的職位」，而且派遣勞工的人數不能超過公司所有員工的10%，對很多僱主來說，這代表他們得大幅減少公司的派遣勞工。該修法也希望能削弱僱主僱用派遣勞工的動機，減少勞務派遣對《勞動合同法》的負面影響，主要做法是要求僱主必須給付派遣勞工和正式員工同等的工資。[34]

由於全世界的僱主越來越傾向僱用臨時工或派遣勞工，中國以歐洲國家為模板訂下的「歐洲式就業保障制度」，似乎不太可能在中國站穩腳跟。事實上，連很多歐洲勞工自己都不再享有「歐洲式就業保障」。[35] 據說，中國有些企業主看到勞務派遣限制增加後，就轉向獨立分包商[36]，或是乾脆把某些工作全部外包。[37] 此外還有一些規避的方式，例如僱用「學生實習生」到工廠做工，現在也還是存在。[38] 不過，看到中國僱主僱用勞工方式經歷這些變化，可以看出中國的確想認真監管勞動標準，而且也越來越上手。[39] 很矛盾的是，中國這麼多僱主設法用合法的方式規避《勞動合同法》對聘僱勞工的諸多限制(因此一開始他們才改為僱用派遣勞工)，而不是直接忽視法律規範，這正好證明勞動法規對中國民營企業主的確越來越有約束力。

明明做不到，為何標準訂那麼高？

中國政府制定的勞動標準不僅僅是保障就業，還包括社會保險、工時和工作安全。就很多方面來説，中國的勞動標準足以媲美最發達的經濟體(近年來最低工資和實際工資也逐漸提高，雖然以西方標準來説還是偏低)。[40] 然而，就中國目前的經濟發展情勢(即使先不管其政治和法律發展)來看，他們恐怕很難長久執行自己訂立的勞動標準。書面上的勞動標準絕對比工廠實際執行的勞動標準高，正如高敏教授所說，中國的情況很明顯是「眼高手低」。[41] 我們前面已經看過幾個「執行不力」的原因，有些是政府刻意為之，有些原因連政府自己都無法預想到；不過，既然執行起來困難重重，中央決策高層又為什麼刻意訂下這麼高的標準呢？實在令人費解。

高敏教授整合出中國中央政府訂下高勞動標準的一連串政治動機：首先，要確實執行高勞動標準，勞工個人必須知道如何採取法律途徑爭取權益，這點其實對白領勞工比較有好處，因為通常是白領勞工才有能力和資源爭取合法的權利，而白領也是擁護中共政權的核心族群。第二，高勞動標準與勞工配合執行，剛好可以建立一種「警報系統」，畢竟中國太大了，各地政府機關對中央來説既遙遠又繁雜，這種警報系統正好可以協助中央監督遠在天邊的地方官員有沒有誤入歧途。第三，訂出高勞動標準可以提升黨國統治的認受性，增強人民對政府的好感，讓人民認為政府真的有在為人民做事，糟糕的都是那些負責執行的腐敗地方官員。簡而言之，「中央政府……可透過良好立法搶功勞，然後再把執行不力怪到基層官員頭上。」[42] 這類操作並不僅限於勞動領域，劉本(Benjamin Van Rooij)研究過許多領域的監管情形，發現黨國會用「象徵性的法律」來鞏固統治的認受性和政權穩定，他們會制定美好的法律，好像在跟人民保證政府會認真處理造成民眾不安的一切問題，但實際上他們有可能根本無法解決任何問題。[43]

還有另外兩個因素，也許可以說明為何中國政府要訂出如此高的勞動標準。第一個因素是與西方法律比起來，中國的法律比較像在表達一種理想抱負，而不像真的要去規範些什麼。[44] 這種法律也許很適合計劃經濟時期，因為在當時法律是中國政府用來指引底下各層級官員做事的準則，包括企業負責人，所以充滿理想的象徵性法律就很合適，但如果要拿來規管自主性高，兼由市場驅動的行動者，這種法律肯定很難有成效。另一個因素是中國非常渴望站上全球舞台。歷經了一個世紀的國際孤立、外國干預、內部動亂和貧窮，中國非常渴望能位列世界強國之林；既然想當世界強權，有時就得關注國際法律是怎麼寫的。以勞動領域來說，中國當然直接跳過國際法律賦予勞工的某些重要權利，像是結社自由，畢竟這類權利不見容於中國的政治體制，但有些規範基本上還是可以接受的，包括大多數實質性的勞動標準，這類法律就深刻影響中國寫在書本上的法律。[45] 中國對於成為世界強國的抱負，再加上制定法律時有種「理想重於務實」的傾向，也許幫忙造就了一套沒人認為能有實際約束力的法律。

經修訂的《勞動合同法》，表明中國朝著更具規範性的法律形式邁出了重大一步。修法後，勞動標準更加明確詳細，而且還提供一些鼓勵企業和勞動者主動配合落實的動機。[46] 修法後，勞動標準不再只是象徵性的指標，而是真的要盡力解決許多企業勞動條件未達勞動標準的問題。[47]《勞動合同法》生效後，農民工拿到書面勞動合同和獲得社會保險的機會就大大增加了，也比較不容易再被拖欠工資。[48] 這是真正的進步，儘管這是相對於過去的極低基準而言。即使在《勞動合同法》頒布後，還是有四成至八成的農民工無法獲得法律賦予的完整社會保險，逾37%沒拿到任何書面合同。[49] 此外，超時工作（**超過**法律規定的每月最多**加班**36小時）在製造業也仍舊十分常見，這有部分是因為僱主鑽法律漏洞壓榨勞工。[50]

無論中國制定高勞動標準背後的原因為何，書上寫的法律和實際執行成效之間的確存在鴻溝，人民在這條鴻溝裏日漸累積的民怨，一直以來都是抗議和動亂的源頭。[51] 其實，中國已經開始邁向務實監管，還特別制定並修訂《勞動合同法》，其中的重大目標就是要讓勞工可以透過「爭取權利」的程序表達自己的不滿，而且把他們維權的地點移往法庭而不是街頭。就某個程度來說，《勞動合同法》真的很成功：2008年，勞工維權的案件就比2007年成長了93%。[52] 可以肯定的是，若是沒有《勞動合同法》，其中有幾十萬件湧入法律系統的權利糾紛原本很可能會走上街頭，形成「群體性事件」。然而，有些糾紛會出現也可能源自於《勞動合同法》的高標準，因為標準訂得高，反而擴大了與現實面的差距，結果造成糾紛。此外，面對如潮水般湧來的勞工訴訟，政府單位根本難以負荷，因此常有案件審理進度延宕或過程草率的情形發生，這些都有可能把憤怒的投訴人帶回街頭抗爭。[53]

雖然中國工人透過法律途徑爭取權益時常受挫，但他們的反應卻很令人意外。高敏教授曾在上海研究透過法律援助爭取權益的工人，發現有很多敗訴或是儘管勝訴卻沒拿到實質補償的工人，都說如果有必要的話他們還會再提告。他們對法律制度當然是相當失望，但是卻更有信心靠自己的能力通過法律途徑維權。有些人還像是「久病成良醫」，會與親朋好友或同事分享自己從挫折中學到的經驗，然後鼓勵身邊人也一起通過法律途徑爭取權益。[54] 當越來越多人有這種第一手或第二手的法律經驗，對社會穩定和中共的政治認受性會造成什麼效應實在很難說：如果人民把他們對法律的失望和認識一傳十、十傳百地擴散出去(高敏教授稱此為「幻滅傳播」)，這對中國統治者恐怕不是什麼好消息。而且現在也還不清楚如果越來越多人依法爭取權益，最後是能減少引發動亂的勞資糾紛，還是反而會引爆更多衝突。

簡而言之，中國的規管策略至今尚未解決勞動抗爭的問題，而且就某些層面來說還讓問題更加惡化。由於工人對實質利益的要求提高，也更有意願為自己爭取經濟利益，而不只是合法權利，不合時宜的規管策略絕對無法全面解決勞動抗爭的問題。例如，若在所有產業都採取劃一的最低勞動標準，這絕對滿足不了熟練工人，尤其是在生產力和利潤都特別高的經濟領域（像是汽車業和電子業）的工人。從歷史經驗來看，若要滿足勞工需求和減少抗爭，就必須透過集體談判，也要有集體利益代表以及能回應勞工訴求的相關機構，這部分將在第6章和第7章繼續探討。

然而，不僅是利益談不攏會導致工人走上街頭，當工人得不到法律保障的權利也會產生糾紛，而權利糾紛也不斷引發抗議。這其實可以分別從「高標準」和「低執行」找到問題的源頭，就像在2007年中國政府把勞動標準提高，但實際執行力卻極弱。第1章談過的2014年裕元罷工正是個好例子：法律明明規定僱主要為勞工支付符合國際標準的高額社會保險費，[55] 但僱主就算不繳，地方官員也都睜一隻眼閉一隻眼，法律保障的權利和勞工實際得到的落差太大，於是立刻引爆了一場中國現代史上最大規模的罷工。

當維權者真的走上街頭，負責規管的官員就會受到來自上級的壓力，要好好處理工人的不滿。正如劉本在觀察許多不同領域的規管情況後發現，法律執行成效不彰往往會觸發抗爭，但「抗爭也會回頭影響執行成效」，因為抗爭會迫使規管官員擠出時間和資源來處理導致抗爭的問題。[56] 而且抗爭不只迫使規管官員優先處理工人訴求，同時似乎也在告訴民眾「會吵的小孩有糖吃」，也就是說，如果你想要有人幫你處理問題，你最好先找一批人、還要找媒體，然後製造一場混亂。[57] 這種操作促使黨國用強硬手段處理抗爭，結果又引發了更多抗爭。正如劉本所說：「黨國自己制定的制度不僅很難減少抗爭，還容易造成更多抗爭。」[58]

中國政府的難題：
獨立工人運動究竟是良藥還是毒藥？

在改革開放早期，許多因素制約了中國政府規管惡劣勞工狀況的回應力度，包括監管制度尚未成熟、監管經驗不足、地方保護主義盛行、用人唯親、低薪勞工市場帶來的龐大經濟利益讓政府難以落實政策。如今，這些因素仍是中國政府執行勞動標準的障礙；然而諷刺的是，有些障礙源自於中國政府對於勞動抗爭和獨立工人運動的戒心，但勞動抗爭和獨立工人運動其實可以協助改善勞動標準，以下的簡短分析能說明此現象。

勞工與勞工維權人士如何影響勞動監管

現代社會要如何有效監管市場導向的企業？尤其要如何讓勞工薪資和勞動條件保持在良好水準之上？工業國家大都為此苦惱不已。這兩個問題也讓美國相當頭痛，畢竟美國擁有更自由的勞動市場以及龐大的低薪產業。美國工人時常碰到「工資竊盜」的問題，像是薪水低於法定最低工資、被強迫下班後加班、沒有加班費等，在擁有高比例違法外國移工的產業尤其常見這些情形。當中國試圖提升勞動標準和規管國內已經相當自由的勞動市場，以及當我們想了解中國該如何達到目標，西方國家的相關經驗和知識其實很值得參考，甚至對中國的政策制定者也可能很有幫助，因為西方國家的勞動規管做法，至少乍看之下不太可能引發激進的政治反抗行動。中國原則上的確是參照西方標準來訂定勞動標準和規管政策，而且西方的做法讓勞動監管看起來比較像是用技術專業來管理勞資關係，而不像在處理充滿政治意味的議題。然而，由於中國政府非常排斥公民社會，因此西方規管經驗裏有些關鍵做法與中國政府的立場有所牴觸。現在有個常被稱作「新治理」(New Governance)的管理概念(或者稱作「回應式」、「反射式」或「去中心化」的規管理論)，與其有關的規管策略與中國政治立場的衝突特別明顯，但我認為這類規管策略反而最有成效。[59]

過去幾十年世界各國的規管經驗都告訴我們：光靠政府機關去執行勞動標準，絕對無法讓所有產業的工人都享有基本勞動條件。世上沒有哪個工業國家有足夠的檢查官員來確保政策或法律有確實執行，不管是勞動標準、環境法律、產品安全或其他任何監管範疇都不可能只靠政府派人執行。即使像美國這種高度經濟發達及擁有成熟法律制度的國家，也無法光靠政府落實所有政策，那麼在中國這種幅員廣大，且正值快速發展的國家更是如此。由於政府規管人手不足是常態，因此在任何現代社會裏，有效的規管制度必須鼓勵企業自我規管，同時鼓勵民眾加入監管行列；就我們目前討論的議題而言，這些民眾當然就是工人。

大型企業可以藉由自我規管完成大部分的規管工作，因為大公司通常有經驗豐富的人力資源及合規格的部門，機密的通報系統，還有特聘律師；此外，大公司很注重名聲，如果企業一再被人透過法律途徑投訴，很可能會中傷企業的「品牌形象」。事實上，這些內部的合規機制或是在法律規範之下不得不做的自我規管，大都是現代人力資源管理部門的工作範疇。在缺乏那類內部合規格機制的較小企業，或者不像大企業般出於維護聲譽，而有這麼大的動機擔起自我規管的責任，所以工人有沒有外部途徑協助落實勞動標準就很重要了。然而，這兩個機制——企業的內部合規機制，與工人對外尋求落實勞動標準的途徑並不衝突——兩者其實是互補的：即使是有合規部門的大企業，某種程度上也是因為工人可能透過法律途徑申訴，或是密報企業不法情事，企業才願意乖乖落實法定勞動標準。反過來說，即使是沒有合規部門的小公司，也有可能因為工人隨時有能力引起社會關注或抵制，所以才願意守法，或是採取某些措施來預防自己越過法律那條線。

企業內部的自我規管，與工人在外觸發的執法之間存在對立關係：企業自我規管做得好，工人就可減少訴諸外部執法；又因為勞工有訴諸外部執法的權利，所以能促進企業自我規管。事實上，若有獨立工會擔任勞工代表，那麼勞工就有機會參與企業的內部規管；若底下擁有許多供應商的大企業願意負起「社會責任」(也許是因為承受來自外部持份者和維權人士的壓力)，他們也可以把自我規管範圍擴及底下的供應商。我們先探討企業的自我規管和工人外部執法。

在美國，企業自我規管機制與工人外部執法，在促進就業機會平等上扮演著互補的角色。現在很多大企業都喜歡宣傳自己僱用員工的多樣性，致力建立包容的企業文化，但令企業管理層願意提升職場多樣性和反對職場歧視的一個主因，還是因為他們很怕勞工訴諸法律途徑對公司造成傷害。[60] 要促進企業自我規管，關鍵就是工人遭到企業不公平對待時有權利投訴，若問題遲遲得不到解決，工人還能提出法律訴訟。同樣的情況也出現在職場健康與安全的範疇：企業的職場健康安全計劃通常做得比現行法律規定的還要多，它們包括有工人和管理層共組的委員會，由前線工人報告他們在工作場所面臨哪些安全風險，委員會再根據工人的報告設計出適當的工作程序。然而，無論企業如何吹噓自家公司的內部「安全文化」，外部的壓力仍是促使企業提升職場安全的主因，這類外部壓力包括企業須為工傷事件負的法律責任，或是可能要支付的高額保險費。

於是，工人提供了極為重要的監管人力，成為政府在勞動前線的耳目，他們可以跟政府「打小報告」，舉報企業違法情事，有能力讓企業形象受損或讓企業遭到審查或制裁，這一切都能促使企業善用自己的資源做好自我規管。但勞工要落實自己的權利還是會碰到重大阻礙，尤其害怕僱主報復，怕自己因此被解僱。他們也會面臨職場常見的集體行動問題：當僱主的政策一次過影響很多工人，「服從」似乎更符合經濟學家所說的「公共利益」，無論對全體工人還是僱主來說，大家乖乖服從政策所帶來的利益，通常遠超過任何一個工人為了落實權利而與僱主對抗所帶來的好處。因此，沒有哪個勞工會傻到以一人之力甘冒風險去謀求眾人之福。[61] 但如果他們能找到幫手，像是有個人或組織代表眾人發聲，工人就更能夠監督企業是否違法，也更能落實勞動標準，進而促使企業依法行事。

因此，工人和做好自我規管的企業，都可填補政府長期缺乏的監管人力。在市場經濟裏，若是沒有這些「非政府」的規管力量，政府的勞動規管制度就很難執行。但這不代表只要非政府規管力量足夠，就能填補政府任何不足之處。也許有一天，「社會規管力量」能夠通過非政府行動者和影響企業聲譽的非法律制裁，取代政府規管成為更強大和更可靠的力量。然而，就目前情況而言，官方的執行和制裁機制還是必要的，有政府的監管力量，才能促使並支持企業自我規管和工人協助落實規管。很顯然，如果沒有政府單位負責審理勞動投訴並懲罰違法企業，那麼工人就無法訴諸法律爭取權利。更廣義來說，企業之所以會努力遵守法律，甚至採取措施(例如內部舉報機制)預防自己不小心違法，部分也是因為害怕政府規管部門可能會發現自己違法並施予懲罰。不過如果單純以嚇阻心理促使企業守法，可能會忽略政府和自我規管的企業之間其實可以有更正向的關係：企業應該要真心認同並重視公共價值，與政府建立合作關係，而不只是怕受罰才守法。[62] 然而，法律制裁對違法者(無論是蓄意違法或未採取充足預防措施的企業)的嚇阻作用還是很重要，以免守法的良心企業在市場上競爭時反而輸給不良企業。

在低薪和勞力密集的產業，企業為了增加競爭優勢或甚至只是為了不被淘汰，最常採取的手段就是盡可能降低勞動成本，而不是想出新穎或實際的方法提高生產力。於是，政府在這類產業裏要落實規管就碰到極大的挑戰。長期以來，州勞動檢查員的工作量太大，無法確保低薪低端的企業符合最低勞動標準；然而跟資本密集和技術先進產業領域的企業相比，低端企業和工人貢獻的監管力量都更小。在這些企業，內部合規激勵機制和結構薄弱甚至沒有。工人缺乏維護自己權利的能力，原因包括貧窮、教育程度低、法律地位沒有保障、與企業的僱傭關係薄弱，也就是說他們很容易被取代，而且在緊張的勞動市場換工作遠比抗爭容易得多。[63] 因此，在低薪勞動市場，僱主違反勞動標準是常態，在中美兩國皆如此。兩國的低薪勞工都亟需協助，才能落實他們在工作上應得的權利。

因此，工人（尤其是低薪工人）要怎麼獲得協助呢？在美國，工人可以在公民社會裏尋求各式各樣的援助，其中最強的幫手大概非獨立工會莫屬了。獨立工會不僅能協助工人更確實執行他們的法律權利，還能代表集體勞工向資方爭取經濟利益。[64] 工會不僅能克服工人個人行動可能會碰到的問題，也不用擔心遭到資方報復，畢竟工會要做的是蒐集統整資訊後代表工人發聲，而且工人可以保持匿名，因此工會出馬替工人維權可以保障工人不會因此遭解僱。在美國，大多數工人都有組建或加入獨立工會的法律權利，但如今在美國組建工會卻容易受到批評，因此很少工人願意走這條路。此外，長期以來美國工會其實一直沒有照顧到勞動市場裏最弱勢的基層勞工。

像勞工中心（worker centers）這類的勞權組織，就在工會沒照顧到或不願照顧的空間成長茁壯。與此同時，工會也因為協助勞工中心而開始意識到它們必須協助低薪勞工。勞工中心可能會透過申訴、訴訟或發起公開活動來對不守法的僱主施壓，例如透過集會、罷工、發宣傳單、在街頭演情境劇等方式，迫使僱主遵守法律並彌補過去的錯誤。[65] 美國憲法保障人民和平宣傳和示威的權利，警方或其他政府機關不得打壓，獨立媒體也有憲法保障的權利允許自由報道，政府不得進行審查。由工會和勞工中心協調的草根工人運動，已經取得一些重大勝利，例如州和地方政府正努力把最低工資提高到時薪15美元。[66]

在非牟利組織服務的律師和私人執業的律師，也扮演重要的支援角色。即使個別工人沒法負擔律師費，律師可能都願意或有能力代表工人向僱主作出權益申索，因為一旦勝訴就能獲得高額酬金：很多美國的僱傭法例都允許申索人在對犯錯僱主的申索勝訴後，向對方收取「合理的律師費」。有些申索甚至能合併計算，尤其是有關工資和工時的申索，因此儘管個別工人得到的賠償看起來少到不值得打官司，但律師在勝訴後也許能獲得可觀的「勝訴酬金」。因此，法定的律師費和勝訴酬金加起來，讓越來越多律師願意代表權利受損的工人向僱主申索。

然而，美國的低薪工人維護自身權益，仍面臨嚴重障礙和執法缺陷的問題(包括僱主有權要求工人只能透過私人仲裁提出僱傭權益申索，不能透過司法訴訟；而且申索只能以個人名義而非集體作出)。[67] 但無論美國工人在落實合法權益時碰到什麼阻礙，中國工人碰到的障礙只會更多。首先，由於中國經濟重度依賴低薪工人，而且政府尚未有能力落實勞動規管，一方面因為制度尚未成熟，另一方面則受制於貪腐和地方保護主義，所以整個大環境對勞工可說是相當不利。因此，中國工人更需要政府以外的力量來幫忙他們爭取自己的權利。但這正是中國官方滿足工人訴求，和平息勞工抗爭的規管策略，與政權對黨國控制以外的有組織集體行動，存在深切焦慮而相衝突的地方。[68]

風雨飄搖的獨立勞工維權運動

美國工人和工會有時能透過公開抗議向僱主施壓，迫使僱主遵守勞動法規。不令人意外的是，中國政府沒有保障工人有公開抗議的權利。雖然中國憲法明文認可言論自由，但仍無法保障公共集會免於警方打壓或刑事起訴，因為官方的禁令範圍既廣泛又模糊，可以延伸至任何種類的公眾集會。當然，抗議還是會發生，而且有時相當混亂——如果法律保障和平的抗議活動，抗議也許沒有這麼混亂。這樣的保障也許能同時約束抗議者和警方：一方面約束抗議者在法律保障的範圍內行動，一方面也阻止警方採取可能把和平抗爭變成暴力衝突的強硬手段。這是中共過於執著維持社會穩定，卻適得其反的一種情況。

讓我更驚訝的是，中國工人若想透過官方的司法或仲裁管道爭取權益，還會面臨各種限制。但這並不是說中國完全忽視勞工落實權利和勞動標準的訴求，事實上2008年的勞動法規改革就是很大的進步，不僅提升了勞動標準，也讓工人更有能力透過法律途徑維權。尤其值得注意的是，在《勞動合同法》的規範下，若僱主違法拒絕與勞動者續訂勞動合同，勞動者可向僱主申索每月支付雙倍的工資；此外，根據其配套法律《勞動爭議調解仲裁法》，勞動爭議仲裁不收費，鼓勵工人也擔起他們的監管角色，透過法院和仲裁機構投訴不良僱主。然而，中國政府依然相當排斥獨立於政府體制之外的維權形式，包括協助工人進行權益申索的律師和組織，而且更是排斥審理**集體**權利糾紛的案件，說明白一點，就是最容易引起混亂抗爭的糾紛。

工人可以選擇自己代表出庭，很多中國工人也確實嘗試這麼做。他們自行上網鑽研勞動法規，然後運用所學知識塑造他們的訴求。[69] 然而，當法律變得越來越複雜，沒有專業律師代表的申索人在法律體系裏就顯得相對弱勢。[70] 為了在監管體制裏發揮作用，他們就需要有意願和能力提供協助的倡議者以進行權益申索。收入比較高的申索人，也許可以到律師事務所請律師幫忙，但付不起律師費的工人就沒有很多選擇。[71] 而且，雖然《勞動合同法》頒布後勞工申索案件激增，但並沒有很多私人律師願意，或有能力處理工人的權益申索。

官方認可的法律援助機構大都由法院、律師協會或地方工會分部資助，這些機構能夠協助一些工人爭取權益。[72] 中國政府也保留了一套由司法部管理的法律援助系統，同時全總各地分會也附有法律援助辦公室，兩者近幾年規模都有擴大。[73] 然而，在擔任勞工代表這方面，官方的援助體系無論是「量」還是「質」都無法滿足工人需求：很多工人在尋求法律援助的時候，不是被認定不合資格，就是面臨重大障礙(可能因為沒有書面合同，或是戶籍不在當地)；而且受理的案件大都並非由政府專門聘請一小群專業人士來處理，而是外包給非營利性的志願律師，這樣的律師原本就很少了(前面已提過原因)，而且還常常缺乏經驗和專業。[74] 因此，雖然中國政府已經努力改善官方法律援助體制，但低薪工人的投訴案件數量，遠超過他們負擔得起的法律代表的數量，亦因此形成巨大的「代表缺口」。[75]

中國勞工非政府組織的興起，有部分也是因應廣大勞工的需求，但中國的政治和法律環境對這些獨立維權組織充滿敵意，這點在第3章已探討過。對黨國來說，有組織的維權行動和有組織的叛亂僅有一步之遙，而那些獨立勞權組織的領袖看起來很有機會發起獨立勞工運動。(可以肯定的是，中國政府對於集體維權行動的擔憂不僅限於勞工領域；在其他的監管範疇裏，中國政府的戒心也阻礙了許多公民組織和維權律師的行動。)[76] 至少在最近之前，僅在「權利糾紛」案件裏代表勞工的維權組織，有時還是能獲得政府某種程度上的支持，像是獲得全總、地方勞動部門或地方司法部門的認可，這也是中國「雙註冊制」所要求的條件。然而，即使法律權利倡議工作也會觸怒官方，尤其當某些權益申索為許多勞工群體共有，就更容易令政府緊張。自2014年起，連「維權」概念的本身也被懷疑成為異見的一種形式。

正如第3章已探討過的，近年中國的獨立維權運動空間明顯縮小，尤其從習近平掌權開始更是如此。然而，雖然政府能接受的維權範圍縮小了，但中國工人和一些維權倡議者這幾年來仍不斷努力衝破官方強加的限制。工人的訴求更加進取，而且自我組織的能力也更加成熟，因此爭取權利的行動也變得更具政治色彩。雖然「權利糾紛」和「利益糾紛」之間原則上有很明確的界線，但在現實生活中這條界線往往模糊不清。就如同裕元工潮一樣，即使原本只是一場勞工爭取權利的行動(因為僱主欠薪或是未支付勞工的社會保險費)，最後也有可能演變成規模更大的勞資糾紛，勞工訴求可能擴及改善整體低薪情況和惡劣的工作環境，甚至會群起抗議官方勞動代表機構的無能。

在看來是非政治性權益申索代表工人的律師，也被政府懷疑並面臨諸多阻礙，這是源於官方對獨立勞工運動的高度戒心。律師也許會引來官方的政治關注，因為他們站在個體公民與國家之間，利用法律保護公民免受政府不利行動的影響，或替公民向政府提出援助申索。大多數工人提出的權益申索都受法律明文保障的，不像挑戰現有法律或官方行動的人權議題那麼敏感；大部分處理工人權益申索的律師，面臨的官方敵意較無畏強權的「維權律師」要小。然而，工人的維權倡議工作畢竟存在一定風險，加上經濟回報有限，因此願意為低薪工人擔任法律代表的律師非常少。一位專門為低薪工人擔任法律代表的律師估算，全中國像他這樣專門擔任勞工代表的律師不超過20位！[77] 無法找到律師的工人，也許只能向非法律專業的勞工維權人士求助，這些人有時被稱作「黑律師」或「赤腳律師」，他們沒有受過正式訓練也沒有律師執照，因為不屬於律師協會沒有受到官方的政治控制，不過仍要面臨其他阻礙。[78] (大家可能有聽過美國對於「非法無照執業」律師的種種限制，但中國是連對**合法**執業律師都設下諸多威嚇手段；在美國，連對非法執業律師都不會使用這些手段。)

可以確定的是，中國不只試圖壓制獨立法律代表的供應，也透過擴增官方法律援助系統來減少勞工找獨立法律代表的需求，這的確是填補「代表缺口」的好方法，但政府這樣好心，原因之一可能是為了要把不屬黨國體系盟友的勞工非政府組織邊緣化。如果政府已經提供了合法且政治正確的法律援助管道(包括政府核准的非政府組織)，就會讓還在官方體制外運作的勞工維權組織顯得另有所圖——也許它們不只是非政府組織，而是反政府組織。簡而言之，雖然勞工非政府組織的興起有部分是因為法律援助管道不足，但近年來中國政府之所以擴增國家核可的法律援助管道，部分原因正是為了反制新興的勞工非政府組織。

對勞工權益申索的限制，超出了對獨立倡議者的限制。對法院的政治監督也發揮了重要作用，使很多案件甚至無法立案。法官可能因為某些案件太過政治敏感，或是根據內部政治指示案件並非授權的訴訟理由，或是因為某些案件過於複雜或龐大可能影響他們處理案件的績效，因而直接拒絕接受訴訟。[79] 即使是符合中國憲法，甚或是法律明文保障的申索，若與法院接收到的政治指示有所牴觸，都有可能被法院駁回，而有些政治指示正是來自監督法院的官員。[80]

政治對訴訟的制約在集體訴訟尤其突出。工人和代表律師都較傾向集體訴訟，因為它比個別訴訟有效率，而且個體工人力量太弱小，就算勝訴獲得的賠償也很少，但若能集眾人之力，勝訴可能獲得的賠償金也較能吸引律師來擔任勞工代表。中國法律允許工人提出集體訴訟，而且這樣的案例不是沒有。[81] 起初，在《勞動合同法》剛頒布時，勞工訴訟案件激增，集體訴訟案件也跟著暴增。然而，在接下來幾年，即使依《勞動合同法》提出的勞工訴訟案件量仍居高不下，但集體訴訟案件量卻直線下滑。[82] 這部分是因為法官時常拒絕審理集體訴訟，或者硬把一樁集體訴訟拆成幾個小案件。[83] 據說法官之所以這樣做，是因為他們審理的案件數量會影響工作績效，也就是說，監督他們工作的政務官員會看他們解決了幾樁案子來打分數。因此，處理一宗有很多原告的案件變成「事倍功半」，但如果拆成幾個小案件反而能提升法官的工作績效。[84] 當然，法官有時也可能反其道而行，為了要更有效率地處理案件，有時也會把個別的案件合併為一個案件處理。

不過，這種官僚制度內的遊戲規則，並非唯一用來打壓集體訴訟的手段。事實上，由於某一群體權益受損（原因可能包括污染、土地糾紛、有害產品或僱主苛待員工等）觸發的集體訴訟都很「政治敏感」，都有可能導致群體性事件。有些人可能會認為，讓人民透過和平有效的**法律**途徑來解決集體糾紛，才是減少社會抗爭的好辦法，但不受黨國掌控且有組織的群眾運動，就會觸動中國政府的敏感神經。即使有些「集體訴訟」並不具備群眾運動的性質，仍舊讓中國政府十分戒備，這從美國人的角度來看可能很難理解。(2009年我第一次到中國時就很難理解，後來開始注意到中國政府在致力維持一黨制政權的同時，在應對發展過程中的社會溢出效應所面對的兩難。)集體訴訟讓政府想到一種可怕的景象：憤憤不平的人在一名倡議者的帶領下，在法院內或外聚集。他們的帶頭人聽從群眾行事，而非首要效忠黨和國家。

考量公民在落實權利時遇到的重重阻礙，就可想像到這對職場性別歧視有什麼影響。在中國，僱用條件存在性別歧視已見怪不怪，一份2010年的研究顯示：12.3%的徵人廣告明確限定只徵男性或只徵女性(大多文書工作只徵女性；較高階的職缺就只徵男性)。[85] 原則上，中國法律明文禁止僱用條件存在性別歧視。[86] 然而直到2014年，**中國還沒有任何司法判決認定僱用條件中存在性別歧視**。法院通常拒絕受理這類案件，因為性別歧視的議題既敏感又難處理：即使僱用條件明顯存在性別歧視，又要怎麼判定某個女性投訴人不被僱用是因為她的性別？還有如果因為歧視而不僱用某人，賠償又該怎麼算？審理這類案件真的會碰到種種困難，但很多國家的法院已經克服這些困難；若是因為很難處理就不處理，那麼只會讓禁止性別歧視的法令形同虛設。然而，目前中國的法院就是乾脆不受理這類案件。

在推進反就業歧視法例上，還是有些值得樂觀的地方。中國小眾的性別平等倡議者，在2014年因為法院終於首度受理全國首宗就業性別歧視案件而歡欣鼓舞，案件訴訟雙方最後和解。[87] 儘管案件賠償額很少，只有三萬元人民幣(大約4,800美元)另加書面道歉，但也算是一大突破。後來在2015年出現第一宗由法院裁決最終結果的就業歧視案件：一名女子向北京郵政應徵快遞員，卻因性別而遭到拒絕，她獲判得到北京郵政2,000元人民幣（大約300美元）的精神損害撫慰金。[88]

不幸地，雖然在法院取得了一些小突破，但後來的「女權五姐妹」事件又令性別平等倡議出現大倒退。五位身在北京的女權活動人士，準備在2015年國際婦女節當日派發宣傳單，呼籲公眾關注在公共交通系統發生的性騷擾問題，但在行動前夕被公安拘留。[89]這宗事件清楚說明了在習近平時代，公開的維權運動受到了更多限制和打壓，即使維權的主題是法院開始重視的性別歧視問題，亦跟政治沒什麼關聯，能運作的空間也比過去小很多。

政府對集體抗爭的高度戒心，也抑制了法院對抗性別歧視的進展，而在職場上也是如此。如果法院願意受理更多有合理根據的就業性別歧視案件，就可以讓企業為了「避免法律責任」而採取反性別歧視的措施，禁止做出含性別歧視意味的決策，進而對抗根植於許多企業的性別歧視陋習。但是中國的法院和政策制定者，似乎不太願意走上對抗性別歧視這條路，他們反而害怕認真看待性別歧視問題後，相關訴訟會如潮水般湧來，甚至導致更多糾紛。現在大部分法院碰到「敏感」案件仍舊是能避則避，認為這樣做遇到的阻力最少，所以對於歧視案件也是能不碰就不碰。

法院不願意處理這類訴訟，部分也顯示了法官無法完全按照自己的意願和法律邏輯做決定。法院對歧視案件敬而遠之，背後是因為中國政府拒絕「司法獨立」原則或是層面更廣的「權力分立」，因為兩者都與一黨專制的統治模式背道而馳。這意味著政治官員能夠干預法院決定審理哪些案件，甚至能干預裁決，而且還可根據法官的配合程度來決定其未來升遷。[90]政治力量干預司法的方式和頻率的確帶來很大的影響，而習近平上任後官方的說法是，中國要防止領導幹部干預司法活動。[91]然而，政治淩駕司法目前在中國的法律生活仍是常態。有時候官員做的決定可能對提出訴訟的工人有利，不過這是在政治情勢有需要時官員才會這樣做，更常見的情況，恐怕是政治力量阻撓工人落實權利，使他們無法對抗在政界有眾多人脈的僱主。

這一切對於中國為了消弭勞動抗爭而制定的規管策略有什麼影響呢？這代表社會上原本可以肩負起規管責任的成員(像是能協助一般勞工落實合法權利，及促使僱主依法行事的律師或維權組織)不是人力不足就是做起事來綁手綁腳，無法真正扮演好監管的角色。與美國的低薪工人及勞工權益運動人士相比，中國工人和維權人士少了很多透過集體行動爭取權益的自由，例如和平抗爭、請願、消費者共同抵制或集體訴訟等，而且法律援助途徑也少很多。因此我們可以說，雖然中國領導人希望透過有效的規管政策改善薪資和勞動條件，進而「解決」勞動抗爭的問題，但因為他們限制了工人落實權利的途徑，結果也阻礙了自己往目標前進。

當然，勞工非政府組織和勞工維權人士受到諸多限制並非沒有理由，主要是因為他們有可能威脅政權穩定，而中國政府正是為了穩定政權才致力改善規管策略。獨立勞權人士或組織也許能協助政策執行，和引導工人透過法律途徑申訴，進而協助維護政權穩定，但他們也可能提供舞台給群眾運動，甚至自己催生出群眾運動。一旦群眾運動形成，眾人的不滿就能更清楚地表達，人民的聲音就會更大，如此一來最後可能會挑戰一黨專制的統治模式。因此，面臨兩難的中國領導人只作出很小的讓步，向勞工維權組織賦予很有限、脆弱而且還不斷減少的結社自由。我們到第9章將回來討論這樣的策略是否錯估情勢後的過度反應，或者中國高層已經在認真評估過給予更多結社自由後，要付出的代價、面臨的風險以及能得到的好處(若真實情況為後者，那就顯示中國目前很可能處於一觸即發的狀態，人民對中共的統治並不滿意，即使政權不願意承認)。無論是何種情況，中國對勞工維權運動的應對策略，正好顯示在這個越來越複雜多變且人民要求越來越高的社會裏，統治者必須面臨的各種挑戰。

注釋

1 中國政府對社會抗爭的憂心以及維護政權穩定的目標，成為許多監管領域的主要推動力，包括食品安全、環境保護、產權和勞工權利。Benjamin Van Rooij, "Regulation by Escalation: Unrest, Lawmaking and Law Enforcement in China," in *The Politics of Law and Stability in China*, ed. Susan Trevaskes, Elisa Nesossi, Flora Sapio, and Sarah Biddulph (Cheltenham: Edward Elgar Publishing, 2014), 83–106, 86–89.

2 Wen-Ti Sung, "Is Xi Jinping a Reformer?," *Diplomat*, March 5, 2014, http://thediplomat.com/2014/03/is-xi-jinping-a-reformer/.

3 Sarah Biddulph在中國政府處理勞動抗爭的策略中觀察到類似的模式。Sarah Biddulph, *The Stability Imperative: Human Rights and Law in China* (Vancouver: University of British Columbia Press, 2015), 36–38.

4 Victor Li, *Law without Lawyers: A Comparative View of Law in China and the United States* (Boulder: Westview Press, 1978); Timothy A. Gelatt, "Lawyers in China: The Past Decade and Beyond," *New York University Journal of International Law and Politics* 23 (1991).

5 Van Rooij, "Regulation by Escalation," 86.

6 Karl Polanyi, *The Great Transformation: The Political and Economic Origins of Our Time* (Boston, MA: Beacon Press, 1957).

7 例子見Shaoguang Wang, "Double Movement in China," *Economic and Political Weekly* 43 (2009): 51–59, http://www.jstor.org/stable/40278334。

8 Sean Cooney, Sarah Biddulph, and Ying Zhu, *Law and Fair Work in China* (New York: Routledge, 2012).

9 Dali Yang, *Remaking the Chinese Leviathan* (Stanford, CA: Stanford University Press, 2004).

10 有關中國勞動規管體制的發展，見Cooney, Biddulph, and Zhu, *Law and Fair Work*; and Mary E. Gallagher and Baohua Dong, "Legislating Harmony: Labor Law Reform in Contemporary China," in *From Iron Rice Bowl to Informalization: Markets, Workers, and the State in a Changing China*, ed. Sarosh Kuruvilla, Ching Kwan Lee, and Mary E. Gallagher (Ithaca, NY: ILR Press, 2011)。

11 Mary E. Gallagher, "'Time is Money, Efficiency is Life': The Transformation of Labor Relations in China," *Studies in Comparative International Development* 39 (2004): 23.

12 Qianfan Zhang, *The Constitution of China: A Contextual Analysis* (Oxford: Hart Publishing, 2012), 84.

13 Bruce J. Dickson, *Wealth into Power: The Communist Party's Embrace of China's Private Sector* (New York: Cambridge University Press, 2008), 171–172.

14 Eli Friedman, *Insurgency Trap: Labor Politics in Postsocialist China* (Ithaca, NY: Cornell University Press, 2014). 也可見Christian Göbel and Lynette H. Ong, *Social Unrest in China* (London: Europe China Research and Advice Network, 2012), 19, http://www.chathamhouse.org/sites/files/chathamhouse/public/Research/Asia/1012ecran_gobelong.pdf。

15 中國《憲法》的序言指出：「我國將長期處於社會主義初級階段。」然而，這個詞彙的靈活性是出了名的，中國領導人在應對不斷變化的經濟時曾多次使用這個詞。見Alan R. Kluver, *Legitimating the Chinese Economic Reforms: A Rhetoric of Myth and Orthodoxy* (Albany: State University of New York Press, 1996), 72。

16 Mary E. Gallagher, *Contagious Capitalism: Globalization and the Politics of Labor in China* (Princeton, NJ: Princeton University Press, 2007); William Hurst, *The Chinese Worker after Socialism* (Cambridge: Cambridge University Press, 2009); and Tim Pringle, *Trade Unions in China: The Challenge of Labour Unrest* (New York: Routledge, 2011), 56–86.

17 Susan Leung, "China's Labor Contract System from Planned to Market Economy," *Journal of Law, Ethics, and Intellectual Property* 3 (2012): 2.

18 Gallagher and Dong, *Legislating Harmony.*

19 Ibid., 39.

20 Cooney, Biddulph, and Zhu, *Law and Fair Work*; Gallagher and Dong, *Legislating Harmony.*

21 Mary E. Gallagher, "China's Workers Movement and the End of the Rapid-Growth Era," *Dœdalus* 143 (2014).

22 Samuel Estreicher and Jeffrey M. Hirsch, "Comparative Wrongful Dismissal Law: Reassessing American Exceptionalism," *North Carolina Law Review* 92 (2014): 343–480, 347.

23 Andrew G. Walder, "Organized Dependency and Cultures of Authority in Chinese Industry," *Journal of Asian Studies* 43 (1983): 56.

24 Leung, "China's Labor Contract System," 2–3.

25 Gallagher and Dong, "Legislating Harmony"; Leung, "China's Labor Contract System," 2–3.

26 "OECD Indicators of Employment Protection," Organisation for Economic Co-operation and Development, 2013, http://www.oecd.org/employment/emp/oecdindicatorsofemploymentprotection.htm.

27 在2008年，勞工訴訟案件增加一倍，高達60萬件，而且從該年起勞工訴訟案件數目就大約一直維持在這個水平。2011年，幾乎有20萬件訴訟由勞工勝訴，只有不到75,000件由僱主勝訴。《中國勞動統計年鑑2012》，頁368，表9–1。

28 Lars W. Mitlacher, "The Role of Temporary Agency Work in Different Industrial Relations Systems—A Comparison between Germany and the USA," *British Journal of Industrial Relations* 45 (2007): 584–586; David H. Autor, "Outsourcing at Will: The Contribution of Unjust Dismissal Doctrine to the Growth of Employment Outsourcing," *Journal of Labor Economics* 21 (2003): 32.

29 Virginia E. Harper Ho and Qiaoyan Huang, "The Recursivity of Reform: China's Amended Labor Contract Law," *Fordham International Law Journal* 37 (2014). 雖然《勞動合同法》有針對勞務派遣制定規範，但其規定相當模糊，容易規避。

30 Ibid., 982, 996n97. 在廣東省南部的製造業中心東莞，自2008年起勞務派遣機構的數量至少增長了500%。

31 Kuruvilla, Lee, and Gallagher, *From Iron Rice Bowl*, 1–7.

32 David Weil, *The Fissured Workplace: Why Work Became So Bad for So Many and What Can Be Done to Improve It* (Cambridge, MA: Harvard University Press, 2014).

33 甚至可以說，正是《勞動合同法》對勞務派遣的規範，把勞務派遣合法化。該法中的「不確定性」，有助「把勞務派遣過度擴張之門打開。」見Ho and Huang, "Recursivity," 17。

34 《中華人民共和國勞動合同法》(2012年修正案)(2012年12月28日全國人大常委會會議修正，2013年7月1日起施行)。該法要求派遣勞工和正職員工必須「同工同酬」，並要求勞務派遣機構必須獲得許可執照、擁有最低註冊資本和設施，並遵守勞動法(第57條)。《勞務派遣暫行規定》(人力資源和社會服務部2014年1月24日發布，2014年3月1日起施行)第四條規定，用人單位「使用的被派遣勞動者數量不得超過其用工總量的10%」，不適用於外國企業在中國的代表處。同上，第25條。《勞務派遣若干規定》(徵求意見稿)，國務院法制辦，2013年8月8日。

35 Manfred Antoni and Elke J. Jahn, "Do Changes in Regulation Affect Employment Duration in Temporary Help Agencies?," *Industrial and Labor Relations Review* 62 (2009): 226–228.

36 在2015年，與「獨立分包商」(其中一些是「準僱傭」關係)有關的「勞務糾紛」大幅增加了38.7%。數據來自最高人民法院「2015年勞動爭議案情況」，最高人民法院觀測，2016年3月27日，https://supremepeoplescourtmonitor.com/2016/03/27/data-from-the-supreme-peoples-court-on-2015-laboremployment-disputes/。

37 〈企業勞務派遣突變「勞務外包」，欲規避新勞動法相關限制〉，《北京商報》，2013年6月24日。

38 Earl V. Brown and Kyle A. deCant, "Exploiting Chinese Interns As Unprotected Industrial Labor," *Asian-Pacific Law and Policy Journal* 15 (2013): 150–194.

39 Ho and Huang, "Recursivity."

40 「就改善勞工保障而言，近年很少有國家像中國這麼積極。」Mary E. Gallagher, "China's Workers Movement," 14–15.

41 Ibid.

42 Mary E. Gallagher, "Authoritarian Legality: Law, Workers, and the State in Contemporary China" (unpublished manuscript chapter 2, p. 43, accessed May 8, 2016), https://www.academia.edu/15249101/Authoritarian_Legality_Law_Workers_and_the_State_in_Contemporary_China_draft_book_manuscript_.

43 Van Rooij, "Regulation by escalation," 90.

44 有些人認為這起源於儒家思想。Margaret Y. K. Woo, "Conclusion: Chinese Justice from the Bottom Up," in *Chinese Justice: Civil Dispute Resolution in China*, ed. Margaret Y. K. Woo and Mary E. Gallagher (Cambridge: Cambridge University Press, 2011), 388.

45 Biddulph, *Stability Imperative*, 36–38; Cooney, Biddulph, and Zhu, *Law and Fair Work*, 144.

46 Ho and Huang, "Recursivity," 10–18.

47 Van Rooij, "Regulation by Escalation," 91.

48 Richard B. Freeman and Xiaoying Li, "How Does China's New Labor Contract Law Affect Floating Workers?" (working paper no. 19254, National Bureau of Economic Research, Cambridge, MA, 2013): 18, http://www.nber.org/papers/w19254.pdf?new_window=1.

49 Ibid.

50 Cooney, Biddulph, and Zhu, *Law and Fair Work*, 114–115.

51 Van Rooij, "Regulation by Escalation," 92.

52 "Cases Soar as Workers Seek Redress," *China Daily*, April 22, 2009, http://www.chinadaily.com.cn/china/2009–04/22/content_7701725.htm.

53 Mary E. Gallagher, "Mobilizing the Law in China: 'Informed Disenchantment' and the Development of Legal Consciousness," *Law and Society Review* 40 (2006): 783–816.

54 高敏舉了一名機器操作員的例子，該名姚姓工人雖然輸了自己的案件，但他馬上跑去提醒朋友和同事適當舉證的重要性。Ibid., 801.

55 Johanna Rickne, "Labor Market Conditions and Social Insurance in China" Research Institute of Industrial Economics (2012): 5, http://www.ifn.se/wfiles/wp/wp924.pdf.

56 Van Rooij, "Regulation by Escalation," 92–93.

57 Ibid., 97. Yongshun Cai, *Collective Resistance in China: Why Popular Protests Succeed or Fail* (Stanford: Stanford University Press, 2010).

58 Van Rooij, "Regulation by Escalation," 99.

59 我曾於自己的著作詳盡探討這些議題，見Cynthia L. Estlund, *Regoverning the Workplace: From Self-Regulation to Co-regulation* (New Haven, CT: Yale University Press, 2010)。

60 Frank Dobbin, *Inventing Equal Opportunity* (Princeton, NJ: Princeton University Press, 2011); Estlund, *Regoverning.*

61 Ibid., 143.

62 Ian Ayres and John Braithwaite, *Responsive Regulation: Transcending the Deregulation Debate* (New York: Oxford University Press, 1992).

63 Shannon Gleeson, "Brokered Pathways to Justice and Cracks in the Law: A Closer Look at the Claims-Making Experiences of Low-Wage Workers," *Journal of Labor and Society* 18 (2015): 80.

64 Charles B. Craver, "Why Labor Unions Must (and Can) Survive," *University of Pennsylvania Journal of Labor and Employment Law* 1 (1998): 15–23; Alison Morantz, "Coal Mine Safety: Do Unions Make a Difference?," *Industrial and Labor Relations Review* 66 (2013); Robert J. Rabin, "The Role of Unions in the Rights-Based Workplace," *University of San Francisco Law Review* 25 (1991): 172–173.

65 Janice Fine, *Worker Centers: Organizing Communities at the Edge of the Dream* (Ithaca, NY: ILR Press, 2006).

66 Patrick McGeehan, "New York Plans $15-an-Hour Minimum Wage for Fast Food Workers," *New York Times*, July 22, 2015, http://www.nytimes.com/2015/07/23/nyregion/new-york-minimum-wage-fast-food-workers.html.

67 在美國最高法院開綠燈下，許多美國僱主要求工人同意未來若有糾紛必須透過私人仲裁，而且只能以個人名義進行，並以此為僱用條件。見 Lauren Weber, "More Companies Block Employees from Filing Suits," *Wall Street Journal*, March 31, 2015, http://www.wsj.com/articles/more-companies-block-staff-from-suing-1427824287。雖然仲裁必須正式保留勞工法律訴訟的實質內容，但很可能會透過各種方式來削弱勞方力量或使其敗訴，手段包括禁止集體求償、減少賠償金、盡可能減少案件曝光率。有關強制僱傭仲裁的近期觀察評估，見Alexander J. S. Colvin and Kelly Pike, "Saturns and Rickshaws Revisited: What Kind of Employment Arbitration System Has Developed?," *Ohio State Journal on Dispute Resolution* 29 (2014): 59–84。

68 中國政府為了維持政權穩定，對協助落實勞工權利的「非政府力量」強加各種限制，有關這些限制見Biddulph, *Stability Imperative*, 57–58。

69 Jean-Philippe Béja, "The New Working Class Renews the Repertoire of Social Conflict," *China Perspectives* 2 (2011): 6, http://chinaperspectives.revues.org/pdf/5535; Gallagher, "Mobilizing the Law in China."

70 Mary E. Gallagher, "Use the Law as Your Weapon! Institutional Change and Legal Mobilization in China," in *Engaging the Law in China: State, Society, and Possibilities for Justice*, ed. Neil Jeffrey Diamant, Stanley L. Lubman, and Kevin J. O'Brien (Stanford, CA: Stanford University Press, 2005), 47 n17 (citing Ming'an Jiang, *Zhongguo xingzheng fazhi*). 此外，中國勞動法議題通常相當複雜，因此工人更加需要律師協助。「北京法律援助律師肖衞東發現……有962條關於勞動領域的國家法律，以及數不清的地方法律、規章和指令，都充斥著矛盾、立場不一的情況。正如肖律師所述，『連律師都需要花大量時間才能釐清所有法規，更不用說農民工了。』」Aaron Halegua, "Getting Paid: Processing the Labor Disputes of China's Migrant Workers," *Berkeley Journal of International Law* 26 (2008): 271–272.

71 Ibid., 281–282. Ethan Michelson發現許多證據證實大部分律師對貧困勞工的訴訟案避之唯恐不及。Ethan Michelson, "The Practice of Law as an Obstacle to Justice: Chinese Lawyers at Work," *Law and Society Review* 40, no. 1 (2006): 17.

72 Halegua, "Getting Paid," 281–282; Ching Kwan Lee, *Against the Law: Labor Protests in China's Rustbelt and Sunbelt* (Berkeley: University of California Press, 2007), 184; Pringle, Trade Unions in China, 144–146.

73 Aaron Halegua, "Protecting the Legal Rights of Chinese Workers: A Mapping of Legal Issues and Avenues for Recourse in Several Chinese Cities," April 1, 2016 (unpublished paper on file with author).

74 Ibid.

75 Ibid.

76 Van Rooij, "Regulation by Escalation," 98.

77 見第6章。

78 Aaron Halegua, "China's Restrictions on Barefoot Lawyers Could Backfire, Leading to More Unrest," *South China Morning Post*, March 30, 2015, http://www.scmp.com/comment/insightopinion/article/1748592/chinas-restrictions-barefoot-lawyers-could-backfire.

79 Jerome A. Cohen, "Struggling for Justice: China's Courts and the Challenge of Reform," *World Politics Review*, January 14, 2014.

80 Keith Hand, "Resolving Constitutional Disputes in Contemporary China," *University of Pennsylvania East Asia Law Review* 51 (2011): 61n37.

81 "Class Action Litigation in China," *Harvard Law Review* 111 (1998): 1523–1525.

82 Biddulph, *Stability Imperative*, 46.

83 Jing-Huey Shao, "Class Action Mechanisms in Chinese and Taiwanese Contexts—A Mixture of Private and Public Law," *Emory International Law Review* 28 (2014): 255.

84 Carl Minzner, "Judicial Disciplinary Systems for Incorrectly Decided Cases: The Imperial Chinese Heritage Lives On," in Woo and Gallagher, *Chinese Justice*, 64.

85 Timothy Webster, "Ambivalence and Activism: Employment Discrimination in China," *Vanderbilt Journal of Transnational Law* 44 (2011): 656. 也可見 Xun Zeng, "Enforcing Equal Employment Opportunities in China," *University of Pennsylvania Journal of Business Law* 9 (2007): 999。

86 這類的保障條款可以在中國憲法以及《勞動法》第14條中找到；最重要者可在2007年頒布的《中華人民共和國就業促進法》第3章找到。見Jiefeng Lu, "Regulating Employment Discrimination in China: A Discussion from the Socio-legal Perspective," *Michigan State International Law Review* 23 (2015): 440–442。

87 "Plaintiff Obtains 30,000 Yuan in China's First Gender Discrimination Lawsuit," *China Labour Bulletin*, January 9, 2014, http://www.clb.org.hk/en/content/plaintiff-obtains-30000-yuanchina%C3%A2%E2%82%AC%E2%84%A2s-first-gender-discrimination-lawsuit. 被告北京巨人教育有限公司貼出某些職位的求才廣告，投訴人很明顯有資格應徵某職位，但卻只限男性應徵。

88 "Woman Successfully Sues Beijing Postal Service in Gender Discrimination Case," *China Labour Bulletin*, http://www.clb.org.hk/en/content/woman-successfully-sues-beijing-postal-service-gender-discrimination-case.

89 Didi Kirsten Tatlow, "Police Remove Bail Conditions on 5 Chinese Feminists Detained Last Year," *New York Times*, April 13, 2016.

90 Jerome A. Cohen, "China's Legal Reform at the Crossroads," *Far Eastern Economic Review* (2006): March, http://www.cfr.org/china/chinas-legal-reform-crossroads/p10063.

91 Willy Wo-Lap Lam, *Chinese Politics in the Era of Xi Jinping: Renaissance, Reform, or Retrogression?* (New York: Routledge, 2015), 117–118.

第6章

中國可以不靠獨立工會達至勞資和諧嗎？——具中國特色的罷工和集體談判

中國目前的規管策略無法解決勞動抗爭的問題——這個現況如果在2010年本田工潮之前還看不出來，那麼在工潮之後應該很明顯了。即使中國能夠改善規管制度及仲裁機制，提高執行成效，提升最低勞動標準，有些工人一定會要求更多。尤其是在先進技術產業(正是中國最想擴展的產業)的熟練工人，他們要求的勞動標準一定更高，特別是在薪資方面，他們要求的一定比政府為全行業制定的最低工資更高。這些訴求現在已被搬到重要產業勞資衝突的最前線。世界各地的工業化歷史告訴我們，這類勞資糾紛通常需要透過集體談判解決。

本田工潮也顯示工人不斷學習如何組織動員，以爭取他們越來越進取的訴求。無論罷工規模大小和持續時間長短，都需要一定的組織和凝聚力。與突發的「群體性事件」不同，罷工需要有人領導和溝通渠道，也需要一定程度的團結以及團體紀律，還要有能力表達並提出集體訴求。[1] 南海本田工潮一開始就展現了令人驚訝的組織和領導水平，接下來發生在其他工廠的罷工潮，也展現出前所未見的組織和領導能力，讓中國領導人見識到在私有經濟領域已出現一股令他們畏懼的力量。因此，若官辦工會組織再不正視勞工抗爭帶來的挑戰，就有可能被工人自主建立的組織取代。

中國政府現在急著設法解決勞資利益糾紛，很大程度上是因為地方的組織抗爭有可能匯聚成一股獨立勞工運動的風潮。不過，這種風險同時塑造和制約了中國勞動改革的方向，並排除了二十世紀西方國家普遍採納的解決方案。更重要的是，由於害怕獨立勞工運動興起，中國政府至今仍未明確建立集體談判機制，而且禁止工人由自己的獨立工會擔任代表。在沒有民主機制能改變統治階層的決策下，中華全國總工會及其分會一直以來都是中國唯一的合法勞工代表。

中國政府不樂見衝突發生，限制了官方處理勞資關係的對策。毛澤東思想對此的基本理念，是人民內部矛盾只要沒有挑戰政治穩定，或「反抗社會主義革命」——有時被稱作「次要」或「非對抗性」矛盾——就應該透過協商和調解來解決，而不是透過公開的敵對衝突。[2] 因此，說到勞資雙方為了薪資或其他事項進行的磋商，官方喜歡用「集體協商」一詞來取代敵對意涵濃厚的「集體談判」。然而，當罷工一再凸顯勞資雙方在利益分配時立場原本就是對立的，「集體談判」一詞就越來越常見。不過，官方仍不願承認這些利益不可避免地會發生衝突的說法，這並非出於無視，而是在一定程度上由於中國的社會主義傳統。中國官方仍堅持中國的社會主義市場經濟跟資本主義不同，所以勞資雙方沒有利益衝突，因此也不需要像西方國家為敵對的談判建立明確制度。中國政府對公開勞資衝突的高度戒心有其歷史淵源，也源於社會主義的意識形態，因此也深刻影響全總及其分會的架構和行事風格，亦影響了中國在解決集體利益糾紛所採取的手段。

中國沒有單一的法律架構或體制來解決集體利益糾紛，而是採取「混合式策略」，結合了既有制度及官僚程序來達成「集體協議」(但整個過程幾乎沒有工人參與)，用一種「出事才處理」的被動策略來應對激進的勞動抗爭。現代西方國家的集體談判制度，將「預防」和「解決」勞動抗爭的過程合而為一，然而由於中國不願意承認勞資衝突是常態，也不願意把罷工合法化，因此無法如西方國家將預防和解決勞動抗爭的過程，併入可行的勞資關係制度。

中國也有實行地方試點集體談判，因為中國各地經濟發展差距大，工人追求集體行動的能力和意願也有差距。例如，廣東省的工人發起集體行動已經越來越熟練和擅長，提出的要求也越來越高。對許多在民營企業工作的工人來說，他們以前是幾乎沒踏出過農村的農民，根本沒有聽過工業行動。但在工廠和工友一起工作和吃苦逾30年(例如在廣東)，整個群體便形成一種非常不同的集體行動媒介，與只有三五年這類經驗的中國內陸省份很不一樣。而且，在廣東發生的事不一定只會留在廣東，隨著產業擴展到較落後的省份，農民工和他們的人脈及知識也會跟著散播到新地點。所以，廣東可能是勞資關係趨勢的風向指標，也是試驗各種勞資糾紛對策的理想地。

本章由簡要說明罷工是怎麼發生，以及政府官員如何處理開始，尤其是在廣東。接著我們轉到政府利用系統化的官僚制度，來處理集體訴求和預防抗爭；然後探討「罷工權」耐人尋味的法律地位，及其對罷工者的影響。事實上，正是因為罷工議題既模糊又敏感，才使得罷工行動無法被納入勞資關係的正式規範。本章最後簡要說明廣東現在針對於集體勞資糾紛的規範，這套規範醞釀了很長時間，最後才在2014年正式頒布；這套規範也代表了官方終於首次正視罷工，以及罷工對集體談判的影響。

沒有工會的罷工：罷工如何開始，又如何平息？

罷工其實就是集體停工：一群工人集合起來退出生產線，目的是抗議或向僱主施壓，迫使其滿足工人訴求或處理勞工不滿。罷工對僱主造成經濟損失，這也是為什麼罷工能給工人制衡僱主的槓杆——罷工還或多或少對社會造成影響。然而，罷工工人通常不會只是待在家中停工，往往會發起抗議活動，讓公眾能看到和聽到他們的不滿和訴求，以向僱主施壓以及維持罷工成員之間的團結氛圍。罷工行動時常充滿火藥味，所以場面常常很混亂。罷工者犧牲自己的薪資，還冒著被解僱的風險，就是為了爭取自己以及工友未來的長期福利，不是小打小鬧而已。數百或數千名憤慨的工人在工廠附近(或在廠內靜坐抗議)有形聚集，對社會治安構成潛在威脅，甚至可觸發暴力事件。

在中國，罷工釀成混亂的威脅特別高，因為工人往往集體住在工廠宿舍，容易在廠房大閘內聚集，管理方透過替代工人來繼續生產的能力受到制約。這意味著在罷工期間，參與的工人在大部分時間都可以有形地聚集(不像在美國，罷工的工人只能派出少數人，輪流到工廠入口附近組成罷工糾察線)。此外，由於中國政府會特別懲罰或打壓帶頭罷工的人或組織，因此罷工往往缺乏領袖和組織，亦令罷工更可能走向失序的風險。

這亦指向了第4章曾指出的一般情況：當罷工是由能夠有效地與僱主談判的工會領導和組織，受到有關獲許可工業行動範圍合理限制的制約，那麼工會就能夠「規管」工人，約束工人在合法範圍內行動。工會可以告訴工人：「如果你們服從我們的領導，我們就能幫忙爭取更多權益。」而且如果工會有能力終止罷工，就更有籌碼與僱主協商。因此在西方國家，真正能代表工人的工會是集體談判制度最關鍵的一環：一方面，工會能為工人爭取經濟利益；另一方面，工會能在僱主和工人之間居中協調，適度約束工人的行動。不過工會想扮演這樣的角色，就先要獲得工人的信任。

但中國的官方工會完全不是這麼一回事。它原本應該代表工人爭取權益，但它廣布全國的分會被地位高於企業的共產黨掌控，而企業的官辦工會亦被企業管理層把持。過去當局曾經斷斷續續嘗試令企業工會更加向工人問責，這亦是下一章的主題。但實際情況卻是，想對僱主提出要求的憤怒工人根本對任何層級的工會都不信任，如此一來工會也就沒有能力規管工人。

特別是，官方公會並不會領導工會。中國所有的罷工都是在美國所稱的「野貓式罷工」，也就是未經工會授權或由工會領導，完全由工人從底層自行組織的罷工。事實上，往往都是罷工已經進行了，工會和其他黨國官員才曉得某個企業發生嚴重的勞資糾紛。無論發生在何時何地，野貓式罷工都會帶來很多麻煩，因為這些行動沒有可信的組織或領袖，能透過談判以終結罷工；也沒有人能夠「規管」工人的集體行動，以及嘗試把行動控制在和平理性的界線範圍之內。因此，就算政府只是想維持基本的社會秩序（並非大力支持僱主），還是得派出警力到罷工現場。無論政府原本想用什麼方式約束工人的集體行動，最後都要靠逮捕、拘留、使用警棍或甚至子彈——這些武力威脅來對付個別工人。野貓式罷工無論規模大小和持續時間長短，都很有可能觸發工人與警方正面衝突，有令衝突升溫並把事件政治化的風險。

既然中國官辦工會沒有西方工會組織和居中協調的角色，兩個問題出現了：中國工人如何自行組織罷工，或者如何讓僱主相信他們可能發起罷工，好讓他們能以罷工為籌碼提出訴求？還有，當工人自行發起罷工，政府又會如何回應？雖然本章討論的重點是官方對勞動抗爭的處理方式，以及官方採取該方式的原因，但在此之前我們必須先來關心勞方的情況：罷工是怎樣形成的？工人如何在罷工前，或罷工期間提出他們的訴求？

中國的集體勞工運動具有複雜、多變和快速轉變的性質，值得更深入的探究。[3] 這只是第1章提過的兩場關鍵工潮的粗略描述。不過，儘管這只是對集體利益矛盾和罷工的匆匆一瞥（尤其是發生在廣東的情況），也足以讓我們聚焦在圍繞中國集體談判的持續爭議和改革。

在沒有工會下組織罷工

中國很多罷工規模都很小，持續時間也很短。這樣的罷工很難得到大眾的關注，而且可能連嘗試進行罷工非官方統計的人也不會注意到。[4] 這類罷工缺乏組織，有著「同鄉」情誼的工人往往通過手機短信，互傳罷工的信息。工人在工廠範圍內集合(因為他們往往在工廠宿舍居住)，或是甚至在廠房內聚集。大家聚在一起以後，也許會出現非正式的領袖，甚或站出來就工人訴求跟僱主「協商」(當然得冒著被僱主報復的風險，這點接下來會談到)。規模更大和為期更長的罷工(也就是官方最擔心的那種罷工)，就更需要組織。當有數百以至數千人參與罷工時，如何提出集體訴求和代表眾人決定何時結束罷工，就會變得更加複雜。在沒有獨立工會協調集體行動的中國，這些事情如何發生呢？

其一是靠科技(又再一次)。現代社交媒體技術提供太多可用來動員的工具，而中國工人也學習得很快。中國人口的85%都擁有手機，[5] 即使大多數工廠工人用的都是便宜的低階手機，但已足夠讓他們使用例如微博(類似推特的社群網站)、微信(用於即時通訊)及騰訊QQ(另一種社群媒體)這些應用程式。[6] 勞工維權人士和一般工人就是靠這些平台組織罷工。據報道指出，南海本田工潮主要就是靠手機信息來組織動員，工人還創建一個名為「團結就是力量」的QQ群，來宣傳罷工相關消息。[7] 裕元工人同時用QQ和微博來傳遞有關罷工的信息。[8] 2015年中山鞋廠的罷工者還錄下了罷工實況，以及僱主和警方的回應，並把影片上傳至網絡。[9]

社交媒體不僅能協助同一間工廠的工人組織罷工，也能夠向其他地方的工人傳播資訊和鼓舞，可能掀起中國領導人最害怕的罷工潮。因此，政府一刻也不鬆懈地緊盯著社交媒體，尋找抗爭正在醞釀的跡象。網絡上的文章常常遭到政府審查，發文者有時會遭到懲罰，但上有政策下有對策，有些維權人士利用中文文字的特性，設計出複雜的通關密語、同音或同形異義詞、雙關語或文字遊戲，以避過網絡審查。[10] 在科技光譜的另一端，出租車司機常打電話聯絡組織行動，讓政府難以追蹤；這還可以直接與對方聯繫，不像在網絡上由於匿名而造成彼此不夠信任的問題。[11]

然而，要發起向僱主提出集體訴求的有效罷工，還是需要領袖和經驗。在廣東，工人對勞動條件的要求越來越高，但官辦工會卻沒有為他們爭取，於是一些獨立的草根維權人士和小本經驗的組織，便開闢了細小而艱難的空間，為工人的集體抗爭做協調工作，幫助他們表達集體的聲音。這些勞工維權人士沒有刻意煽動工人發起抗爭，而是在兩者撞到時機合適時才會行動。他們也不會直接代表工人或領導罷工，而是從旁協助工人找出合適的領袖人選。他們有時會訓練工人如何透過選舉選出自己的領袖，如何清楚表達不滿和訴求，如何為了爭取權益發起有組織的和平罷工，以及如何與僱主協商出雙方都能接受的解決方案。在中國，若出現這類罷工和協商，政府官員一定會收到消息。少數勞工維權人士的名字不斷出現在有關罷工的新聞報道，不斷受到國家安全官員的監控和騷擾，但在2015年以前他們其實很少遭到起訴或拘留。中國政府為什麼不斷騷擾這些勞工維權人士，卻又容忍他們的存在？最近幾年為何又以強硬手段打壓？這些現象都很值得深入探討。

當某些勞工維權人士（在2015年大搜捕之前）被問及為什麼過去沒有被捕時，他們堅定認為那是因為他們做的事情並不違法。中國法律沒有明文禁止罷工，因此罷工不構成起訴的依據（接下來很快會談到中國「罷工權」的問題）。他們知道地方官員能夠也有時真的會以模稜兩可的「尋釁滋事」罪名起訴維權人士，而且亦真的能夠確保定罪。中國的司法並未獨立於黨國體系之外，憲法保障的言論自由根本沒有落實或沒有意義。在政治敏感的案件，遭刑事起訴的被告幾乎沒有任何法律保障。[12] 當然，如果維權人士只是和平地培訓並組織勞工就遭起訴，中國政府也得付出一些政治代價，像是負面報道可能鋪天蓋地而來，遭到外國人權和勞工維權人士的大聲譴責，跟貿易夥伴的外交關係可能受到影響。這些可能的後果，似乎讓中國政府不敢時常公然強硬地以刑事起訴和逮捕的手段對付維權人士。

有些勞工維權人士則認為官方容忍他們存在還有另一個理由：政府其實很需要他們幫忙解決勞資糾紛。因為工人對他們有足夠的信任，所以他們有能力讓原本可能很火爆、失控的抗爭變成較有秩序的行動，而且能夠提出實際的訴求及採用和平的策略；他們還能引導工人和平結束抗爭，避免走向一觸即發的對峙場面。實際上，這些維權人士有助填補了不負責任、脫離群眾的官辦工會留下的「代表缺口」，並發揮了獨立工會在西方集體談判體系中發揮的一些調解作用。

但就算中國政府心不甘情不願地稍微容忍這些維權人士的存在，他們也很清楚官方的包容其實很有限。如果他們敢明目張膽挑戰中共的統治，或者成立獨立工會挑戰全總唯一合法工人代表的地位，就等於踏進政治禁區，這時無論是法律還是國際壓力都救不了他們，肯定會被法院判刑。如果他們被發現煽動罷工潮，或是組織跨工廠或跨地域的工人維權網絡，一樣會面臨刑事處罰。[13] 甚至連散播有關罷工的信息也有可能被捕，就像正如第1章提過，裕元工潮維權人士林東因為在網絡上更新罷工消息而被拘留。

即使草根維權人士盡可能不去踩政治紅線，還是很難不被政府找麻煩。負責防止集體抗爭的安全官員，會盡一切努力監控維權人士，甚至想方設法找碴，確保這些人處於弱勢。警方愛用的一種策略是向業主施壓，驅逐租用辦公室的維權組織。一名勞工維權人士在2013年報稱，他及其組織在一年內曾被房東驅逐十次，被迫尋找新的辦公場所。[14] 顯然地，這些騷擾動作阻礙了維權人士從事組織或培訓的工作。雖然官方未有用上刑事起訴和監禁等手段，但這也等同不斷宣告政府「容忍」的界線在哪裏，表明「我們知道你是誰，知道你在哪裏，也知道你在做什麼。」

直到2015年底，在廣東的勞工抗爭前線有位重要人物非常搶眼，在幾場大型罷工都有他的身影。律師段毅在集體勞資糾紛代表勞工，其律師事務所也命名為「勞維」，取自勞工維權之意。有中國學者稱段毅為「中國勞工維權運動首屈一指的人物」，不僅因為他參與了近年來廣東好幾場大型罷工，還幫助被僱主解僱的罷工工人和領袖處理後續法律訴訟(將於下文繼續討論)。[15] 在為工人集體糾紛做倡議工作的維權人士裏他算是異數，他似乎未有遭受過官方的嚴重滋擾。段毅在勞工抗爭扮演的角色相當獨特，但像他這樣的勞工維權律師在中國真的是少之又少。段毅告訴我(其他知情的觀察家也同意)，全中國專門代表工人的律師不超過20人(大多數擔任工人代表的律師同時也代理商業案件)，這對一個擁有14億人口的國家來說實在是太少了。這反映了中國政府對勞工維權組織和律師的狹隘政策，並對當局透過法律改革解決工人不滿的各個方面都衍生影響。

段毅高調積極地支持勞動抗爭並為工人大聲疾呼，但官方對他似乎格外寬容，不禁令人思考當局對官辦工會體制以外勞工代表的容忍度在哪裏。有人說段毅能獲得官方支持是因為他在廣東混亂的勞資衝突前線，在協調工人訴求和協助平息糾紛上扮演了重要角色。但也有人說政府之所以不動他是因為他具家世背景，本身是中共高幹的兒子，「童年在北京的部隊大院裏和『太子黨』們一起度過。」[16] 段毅堅持為工人發聲，持續批評官辦工會在集體利益糾紛中的無所作為，這可能會在高層領導中產生一定程度的共鳴；但他獲得的寬待似乎並沒有延伸到其他少數尋求扮演類似角色的人。事實上，段毅的活動在2015年底已開始受到限制：據報他被禁止擔任被拘留廣州勞工維權人士曾飛洋的法律代表，也被禁止離境到英國發表演說。[17]

曾飛洋本人並非律師，更不是「太子黨」，而是廣東「其中一位最有經驗也最可靠的工人維權人士」。他主要因為在2015年利得鞋廠大罷工扮演了重要角色，遭警方拘留而且面臨起訴。他扮演了什麼角色呢？據該廠勞工稱，曾飛洋教導他們「如何落實合法權利」以及「如何與工廠管理層協商」。「曾飛洋和其他『番禺打工族服務部』的員工完全沒有煽動工人擾亂社會秩序，一直確保工人要依法行事：『曾飛洋總是跟我們說要用合法的方式維護自己的權益，不是靠堵路或砸毀機器來爭取。』」[18] 若沒有曾飛洋及其同事的努力，利得罷工很可能會更混亂、更暴力也更難平息。

以「救火式」策略處理罷工

中國官方一直都是採取「隨機應變」的方式來處理在廣東發生的罷工，所以勞資糾紛發生和處理的順序跟美國的情形剛好相反：先發起罷工，罷工期間再來談判。罷工一律都由工會體制以外的工人自行組織，而地方官員（包括官方工會幹部）一聽到發生罷工，就會立刻介入，了解工人的訴求並設法讓資方作出足夠的讓步，好讓工人盡快回去工作。這種處理方式常被稱做「救火式」的策略：罷工就像火災一樣使警鈴大作，接著官員就衝到現場試圖滅火，可能藉由達成某種協議好讓工人離開街頭，回到工作崗位。[19] 某種程度上，這只是當局處理各種集體抗爭或「群體性事件」的變奏，但針對勞動抗爭（尤其是罷工）的策略有一些明顯特色。

官辦工會在「救火」行動中擔任要角，但不是擔任工人代表（雖然名義上它應該要代表工人），而是扮演居中調解的角色。我在第4章曾指美國獨立工會扮演著調停的角色，但那個角色是與州政府和工人的關係而言：美國工會不像中國的官辦工會那樣，標榜要在工人和僱主之間調停以解決勞資糾紛。事實上，「調停」這個中性詞彙還是把中國官辦工會在處理事件時看待工人利益的比重誇大了，因為工會在調停時往往都站在管理層一方。

依據1992年首次頒布的中國《工會法》，若發生干擾生產的「停工、怠工事件」，「工會應當會同企業行政方面或有關方面，協商解決職工提出的可以解決的合理要求，盡快恢復正常生產秩序。」[20] 2001年的修正把天秤稍微向照顧工人利益的一方挪移一點：若發生停工、怠工事件，「工會應當代表職工同企業、事業單位或者有關方面協商，反映職工的意見和要求並提出解決意見」，以及協助「盡快恢復生產、工作秩序」。(企業方面，對於職工的合理要求「應當予以解決」。)[21] 全總一位官員在2007年曾說，《勞動法》和《工會法》都「規定工會要介入(罷工事件)，代表職工與企業協商交涉，在滿足職工合理要求的前提下，幫助企業事業單位恢復生產工作秩序」。[22] 2010年爆發本田工潮後，全總對地方工會(至少在廣東總工會)下達的指示雖未很正式，但已更明確：如果逾500人參與罷工，地方工會必須介入，並努力讓雙方達成協議以結束罷工。[23]

有人可能認為，那麼地方工會的角色，不就跟工人自己的領袖重疊了嗎？後者協助組織罷工，並真正為工人發聲。然而，根據一名熟悉內情者稱，一般來說工會官員很樂意讓非正式的工人代表或工人委員會(如果他們在罷工現場的話)帶頭並參與協商工作，只要他們是尋求解決方案而不是擴大罷工就可以。[24] 但不管如何，官辦工會都要正式批准集體談判的結果，工人的非正式代表，亦必須同意官辦工會這項象徵式的確認權力。

官方這個隨機應變的處理工潮策略的一個重大問題，是這也許更多是變相鼓勵而非預防罷工。在手機和短信盛行的時代，附近工廠的工人很快就會意識到，爭取加薪最好的方法就是發動罷工。事實上，這也許還是唯一的方法，畢竟中國現在還沒有明確的集體談判制度，也沒有值得信任的官方勞工代表，甚至直到罷工發生時連事實上的代表也沒有。再者，西方觀察家一定很好奇是什麼驅動資方去達成協商。如果官辦工會既不能藉由要脅罷工，或保證令罷工者回到工作崗位去迫使資方讓步，那麼工會到底有什麼影響力，或者僱主有什麼激勵去與工人妥協？用西方的觀點來看，中國用「救火」的方式來進行集體談判，似乎不是很好的勞資關係處理策略。

然而，「救火」方式作為維穩政策其實有點道理。當局可把大部分的罷工持續時間局限在短期，並把範圍局限在單一工廠，避免抗爭擴散或發展到很危險的程度，而且不為獨立工會打開大門。(中國工廠工人的流動率非常高，所以無論是組織工人或維持勞工組織都相當困難，這點也許幫了政府一大忙。)[25] 畢竟，中國政府最害怕的是勞工抗爭擴張和升級。

就目前情況看來，罷工的次數雖有增加，但也未至於一發不可收拾。即使在罷工集中發生的廣東也是如此。根據中國勞工通訊的記錄，廣東在2015年發生了414起工人集體行動，其中很多為罷工或停工。由於沒有官方統計數據，中國勞工通訊被公認為最可靠的工人運動數據來源。在這些集體行動，當中265起發生在製造業(其他許多發生在建造業和服務業)，23起有逾1,000人參與。[26] 這足以讓廣東的「救火隊員」(主要是警察和工會官員)疲於奔命。但值得注意的是，這些罷工擴散至逾千個地方行政區(市、縣、鎮)，涉及100萬居民和估計約六萬間工廠。[27]

情勢可能瞬息萬變，就像天乾物燥時若再有風助長火勢，營火也可以變成森林大火(中文俚語是「星星之火足以燎原」)。中國的黨國機器目前用隨機應變的方式處理罷工似乎還能應付，也就是說還能完成維穩任務；也許還要再過一段長時間，中國政府才認為需要有更有系統的解決方法，屆時才會被迫承認獨立工會並予其合法地位。這部分是因為中國官員(和僱主)都擁有越來越精良的「武器」，以撲滅個別的抗爭之火。

對工人來說，幸好政府的「武器」有一部分是用來對付僱主，目的當然是為了平息抗爭和維穩。雖然官方工會得不到工人的信任，但由於它背靠黨國機器這座大山，因此若要跟僱主交涉還是很有影響力。如果需要安撫工人的話，黨和國家的官員其實可以運用各種手段，向僱主施壓迫使其讓步。如果罷工已經令僱主承受很大的經濟壓力，此時黨國力量再介入，往往能迫使僱主就範，答應工人的加薪訴求或是直接給予一大筆金錢。當然，並非所有的工人訴求都可以用金錢來滿足，尤其當工人的訴求是制度上的改革，希望能在企業工會裏有更多權力，面對這種最具政治企圖的訴求，政府就必須更精確地計算政治上的得失。有時若情勢有需要，官方很樂意作出這種政治妥協，也許因為這樣做反而能把民主如野火蔓延開來的風險降到最低，這點將在第7章討論。

當然，集體安撫只是官方處理勞工抗爭的其中一面。另一個選擇是個別招安或籠絡個別工人或工運成員。例如，有些草根工運領袖可能在獲企業晉升至管理層，或獲政府安排出任地方工會幹部後，就轉變立場變得不再親勞方。中國一位勞工問題學者形容，這種策略是應用毛澤東對付持不同意見者的「摻沙子」手法。[28] 當然，西方國家的草根工運人士也有可能被僱主，或思想頑固的工會負責人收買，但是在中國向有權勢者低頭的誘惑更大。首先，中國的獨立工運領袖不像西方國家，沒有其他的「升遷渠道」(雖然在西方也許都有困難)；第二，在中國堅持為勞工權益運動奮鬥的工人很有可能遭到報復，無論工人集體訴求是否獲得正視，帶頭維權的人都會面臨各式各樣的制裁。

制裁的形式有很多種。參與罷工的工人和帶頭的領袖經常都被解僱，而且法院通常都接受參與停工事件為合法的解僱原因，這點將在下文討論。但是中國的勞工維權人士，還要面臨在解僱以外的其他風險。嘗試聯繫多個工廠工人或公開鼓動散播工潮的維權人士，可能會遭到拘留、驅逐或是面臨刑事起訴。即使是一般的罷工參與者，也可能面臨這些風險。例如在2014年5月，湖南逾70名工人抗議沃爾瑪給的遣散費太少，結果在沒有被正式起訴的情況下被拘留一星期；廣州市法院則以「擾亂公共秩序罪」，把11名曾與僱主發生糾紛的保安定罪。[29] 即使罷工本身未被禁止，但若試圖宣傳有關罷工或抗議的資訊，可能就會踩到那道模糊不清的司法紅線。例如在2013年8月，幾名醫院保安在門診大樓三樓平台拉起寫著聲稱「誓死維權」的橫幅，後來因「聚眾擾亂社會秩序罪」被捕並被判囚九個月。[30] 2015年5月，深圳一家單車燈工廠的九名工人因為參加罷工，被公安以涉嫌「擾亂公共秩序罪」被逮捕。[31]

簡而言之，中國官員有各式各樣的打壓手段，而且幾乎不受「法治」的約束，讓當局得以瓦解工運領導層，制止集體行動再擴散。雖然政府很少祭出最嚴厲的制裁手段，但這些手段的存在就足以令一些原想發起抗爭的工人領袖打退堂鼓。官方對那些沒有打退堂鼓的人也有別的制裁手段，例如取消租約和驅逐、警方登門「拜訪」等。這些手段未至於會引起工人群體或國際社會很大的反應，但都足以令勞工維權人士緊張和不知所措，盡量不去觸碰官方的底線。

真正的草根勞工維運領袖和組織，其實可以協助中國政府和僱主解決勞資糾紛，但他們也有可能讓單一工廠的罷工擴散到其他工廠，導致工業行動有機會結合成強大的勢力，對中共構成政治威脅。中國應對罷工的「救火」策略似乎是經過深思熟慮的，它部分是透過令到潛在的維權領袖不知所措和保持警惕，並令大部分人不敢出頭，以防止罷工事件擴散。該策略也確保罷工通常都是混亂和沒有組織，解決勞資衝突的更徹底方案也就更難誕生。中國領導人目前似乎仍然很樂意付出這些代價，而且也許願意付出很長一段時間。

具中國特色的集體談判：「由上而下」企業與產業部門層級的談判

中國採取隨機應變的方式處理罷工，跟現代經濟大國的現行勞資制度大相逕庭，中國的決策制定者對此很了解。我們現在把視線從中國的「救火」方法，轉移到「火災預防」策略。

企業層級的官僚式集體談判

中國現行的集體談判路徑，非常類似第3章提起的「組織工會」路徑，就是由上而下、指標推動、官僚形式以及以企業為基礎。受上級機關要完成大量集體協議的委托，地方工會要通過讓企業經理簽署已填滿了樣板條款的協議來完成指標，但這些協議大都只是重覆法律的強制勞動標準。[32] 2010年後，這些協議的確為工人帶來適度的加薪，加薪後工資都在全省最低工資以上（最低工資標準近年已大幅上升）。不過，工人在這些協議的內容制定或採納上都近乎完全缺席。充其量，企業管理方可以按法律規定，向企業的職工代表大會尋求形式上的批准，但批准的過程和職工代表大會本身，總都只是走過場而已。

不過還是有些重要的例外。劉明巍教授和其他學者皆記錄了一些真實的集體談判案例——僱主與工會官員之間有真正互動，最終達成有顯著改善的結果。[33] 這類例外尤其常見於廣東，因為時任廣東省委書記汪洋的管治相對開明，因此較民主的談判過程零星可見。過去在美國參與組織工會的勞工學者關少蘭（Katie Quan）也描述過幾個自2010年以來的集體協商案例，地方工會官員嘗試讓工人參與擬定訴求和提出訴求的過程，還會與僱主開好幾次耗時耗力的協商會議，以達成公平的協議，這些案例都讓她想起在美國的真實集體談判。[34] 然而，儘管有這些振奮人心的例外，中國目前的集體談判大都仍流於形式，官員只是為了完成上級交付的指標而達成協議而已。

我們很難把這種流於形式的集體談判視為有效處理勞資關係的範本，但它也許正好能補上「救火」策略的不足。由於勞資和諧是中國政府的重要目標，所以當局似乎想建立一個不僅能處理勞資糾紛，更能預防糾紛的集體談判制度。如果官方工會在還沒有勞資衝突的情況下就幫忙提升工資，那麼工人可能就會覺得沒有罷工的必要，甚至還有可能漸漸把官方工會當成協助他們追求美好生活的盟友。

這時候西方觀察家可能又會忍不住想問：那麼在這套官僚體制裏，是什麼誘使僱主作出讓步呢？即使罷工得到了官方的批准，但工會官員跟工人關係疏離，因此也難以影響工人去發動具公信力的罷工行動，同時也沒有辦法跟僱主保證訂定何種協議就可以防止罷工（或結束正在進行的罷工），甚至也無法預測會否出現罷工。然而，工會官員還是有其他手段，因為工會背後有地方黨委做靠山，而地方黨委掌控了許多地方企業所需的資源。如果僱主認為地方黨委官員是認真地想透過集體協商替工人加薪，那麼由黨所支持的工會就有可能説服僱主讓步。

有一點很清楚：中國和美國不同，雖然中國部分實行市場經濟，但無論在法律還是意識形態上，中國並沒有禁止通過官方工會對工資進行直接的國家干預。實際上被牢牢嵌入市場的僱主，也許在特定談判或政策層面上，都反對黨國機器在工資設定上有積極參與。僱主此舉可能成功，畢竟他們與許多地方黨國官員私下都有交情，亦掌握著經濟成長的鑰匙，而官員的升遷很大程度上將取決於經濟成長。但是僱主在中國不能借助「集體合同自由」的任何深層次政策、教條或意識形態，例如像美國的《全國勞資關係法》般禁止官方干預企業的工資設定，讓「經濟力量自由發揮」，取代經集體談判決定的工資調整幅度結果。[35]

中國現行的官僚式指標驅動的談判過程，無法有效處理導致糾紛的工人不滿和特定訴求。它最多只能替工人爭取到適度的加薪，緩和不滿情緒的擴散趨勢。也許這樣做能解決一小部分中國的勞動問題，但也可能變相鼓勵勞工「提高期望」以及提出更進取的要求，只要工人有能力動員發動罷工並對僱主造成威脅，他們似乎就能要求更多。也許「救火」策略可以彌補官僚式談判的不足，但數量不斷攀升的罷工最後可能會讓地方政府的「消防隊」難以招架。

真正能有效處理勞資關係的制度不僅能解決激進勞動抗爭，也能預防勞資糾紛。在中國，官方工會主導的集體協商和工人主導的抗爭行動，有如無交集的兩條平行線，但成功的勞動制度可以串起這兩條線，而標準化的談判流程可讓勞工表達不滿並提出訴求。2014年廣東省頒布了《廣東省企業集體合同條例》，就是稍稍地往成功的勞動制度邁開一小步，接下來我們會繼續探討。

產業集體談判

在上海附近的浙江省部分地區，一種不同的集體談判方式開始流行。產業談判在較高層級而非在企業層級進行，例如是區域或產業的僱主和工會聯合會。這個方式在中國頗受青睞，主要是因為全總在產業和區域層級的分會與企業分會相比較少由資方主導。產業集體談判與以企業為基礎的去中心化談判相比，還有其他潛在的優點。美國的集體談判多為分散型的企業談判，個別僱主和工會協商的結果會影響個別企業的勞動成本，進而影響其市場競爭力。後者以美國式的集體談判為典型，僱主面臨成本導向的競爭，競爭來自無工會企業或與工會達成更好協議的企業；僱主為求保持企業競爭力，往往就更加抵制工會提出的訴求。[36] 反觀盛行於歐洲許多地區的產業談判，繼續承諾在產業內「把工資從競爭中刪除」，達至較可持續的工資增長。不過，

「把工資從競爭中刪除」對工人來說並非好事。傅青山教授曾經仔細研究過浙江流行的產業談判情況，發現這對工人來說也並非好事。[37]

浙江省一直都是中國的創業熱點。不過毛澤東對浙江一直懷有政治戒心，制定中國「開放」政策的高層領導，以及在開放初期到華投資的外國大投資者，也都不怎麼喜歡浙江。然而，浙江的小企業家還是利用政府開放民營投資的機會，創造出以中小型企業和「地方聚集經濟」為代表的繁榮經濟體——也就是行業相近工廠的聚集群落，享有規模經濟的優勢，且由於爭奪顧客和工人的競爭劇烈，產業資訊流通十分發達。[38] 例如，浙江義烏市每年生產30億雙襪子，幾乎全部出口。[39] 浙江也有相對強大的眾多僱主協會——這在中國很少見，但這對有效的行業談判至關重要。

浙江的僱主過去面臨的勞動市場重大問題，似乎需要由整個產業共同尋求解決方案。企業爭相聘請工人尤其是熟練工人，導致員工流失率居高不下和工資不斷上升。產業談判為僱主找到解決方法：跨企業的統一工資有助「穩定」勞工供應和減少流失率。然而，這樣的「穩定」對工人有好處嗎？這要視情況而定。

在緊張的勞工市場，工人（尤其是擁有稀缺技術的工人）能夠透過迫使僱主為了爭奪他們提供的服務，搶得較高的工資。但若市場勞力過剩，那麼僱主就可以讓工資一直維持在低點，反正工人為了搶工作就必須向低薪妥協。然而，總讓兩方任意哄抬或壓低工資也不是辦法，所以工人和僱主都希望工資的變動範圍要有個上限或底線。雖然勞資雙方看起來對等，但資方通常較佔上風，部分是因為工人勞動力是每天都消耗殆盡，不能待價而沽，無法儲存起來留待至好的時間點和價錢才出售。[40] 由於勞資雙方普遍存在「談判力量不對等」的現象，導致現代工業社會對於設立工資下限的工人集體行動，例如訂立最低工資，相較為工資封頂的僱主行動給予了更大的合理性。[41]

集體談判尤其是產業談判，可以在高端和低端兩頭同時為工資水平設限，在有獨立工會運動的民主國家也是這麼做。全國性有組織的獨立工會，可以從長遠和廣泛的角度看待工人的利益，同意實施有利於整個經濟的「工資限制」，以換取公平的交換條件。除非工人被充分代表，否則行業談判可能成為簡單的僱主勾結的工具——把工資水平壓低至市場能夠承受的水平以下，限制僱主在緊張勞工市場上的競爭，而工人的忍耐在未來也得不到任何回報。在中國，僱主勾結的機率很高，因為官辦工會要聽黨委官員的話，而黨委官員又常欠地方商界的人情。尤其當產業談判是要解決勞動市場緊張，以及工資上升的問題時（例如在浙江的情況），人們就更懷疑產業談判其實更多是限制而非提高工人的議價力量。

傅青山發現，儘管產業談判對尋求遏止工資上漲壓力的僱主具吸引力，但浙江實踐產業談判卻未造成預期效果。簡而言之，一眾僱主協會無法約束僱主遵守它們達成的產業協議。[42] 不過，產業談判卻逐漸受到一些中國學者和決策高層的青睞，他們認為在中小企業聚集的產業和地區可能更適合實行產業談判，因為這些產業和地區若實行個別企業集體談判會十分繁瑣，幾乎不可能進行。

由中共控制的工會，與通常也被中共控制的僱主協會之間進行的產業談判，並非一般西方國家的集體談判，但政策制定者還是可以把產業談判當作立法機制以外的手段，為特定產業提高最低工資。在生產力較高的產業，官方利用產業談判來滿足工人加薪的訴求，可說是相當創新的**監管**策略，也有可能成功預防一些糾紛。但產業談判還是滿足不了大多數工人的訴求，也無法解決已經演變成勞資衝突的勞資糾紛。然而，就跟企業層級的官僚式指標驅動談判一樣，產業談判雖然無法成為解決勞資糾紛的主力，但在中國政府用來控制勞工抗爭的諸多並行策略中，它也許可以成功預防某些糾紛發生。

企業端的集體談判與產業集體談判，有一項更多是政治性而非經濟性的差別，這項差別在中國可能比在西方更明顯：真正的產業談判需要一個產業的工人之間的組織、團結和集體行動，但這正好是中國領導人無法忍受的事情。只要中國政府還是致力將勞工動員和抗爭限制在地方上，而且限制在個別企業裏，那麼肯定會阻礙中國目前正在試驗混合企業端和產業端的「集體談判」(雖然西方勞動學者可能很難認同這樣的談判形式)。

除非僱主能形成更強大以作集體談判的行業協會，否則中國的產業談判未來恐怕還是只會出現在非常小的經濟領域裏。然而，就算某些地區或經濟領域已經出現產業談判，也不代表工人就一定能因此受益，除非中國工人對工會有更大的影響力，而且有能力組織勞工團體，向某個產業的全體資方施壓，工人才有可能受惠於產業談判。若某些地區或產業的工人，已經有能力自主發起大規模罷工，那麼無論是官僚式指標驅動的企業談判，還是資方自己唱獨角戲的偽產業談判，都不可能解決中國的勞工抗爭問題。

錯失之機遇：2014年廣東對集體談判的規範

隨著近年越來越有要求的工人不僅有意願，還有能力組織集體行動，官方現行的集體談判方式已經無法應付挑戰。然而，因為勞資關係問題十分敏感，以及中國各地勞資關係情況差異極大，中國仍未有推出新的集體談判全國框架。無論中央層面發生什麼事，正如鄧小平曾說經濟改革就像「摸著石頭過河」，省級和市級政府都必須找到自己的前進路徑。[43] 廣東的決策高層過去十多年來都處在勞資衝突的最前線，因此特別深刻感受到改革的必要，而且也嘗試制定出更實際的策略來解決勞資糾紛。

廣東省當局在2010年印發《廣東省企業工資集體協商指引》，獲得許多勞工維權人士和學者的肯定。例如勞權學者何宜倫 (Aaron Halegua) 曾說，該指引能「令工人更有機會要求協商」，如果僱主「拒絕協商，拒絕提供協商所需的信息資料，或在協商過程中採取欺騙行為」，政府能處以罰款。[44] 最重要的是，該指引「將某些形式的罷工合法化」，而且若僱員因為僱主行為不當而發起罷工，將禁止僱主以解僱作為回應手段。然而，指引也遭到強力抨擊，在廣東擁有眾多工廠的香港商界尤其無法接受，他們強烈反對導致新法延後實施，新法還被迫經歷多次修改。

最終版的《廣東省企業集體合同條例》在2014年9月獲通過，2015年元旦起施行。[45] 這個最終版本沒有令任何人完全滿意。雖然，新法的確代表中國勞資制度發展向前邁進了好大一步，但卻讓支持改革的勞工維權人士非常失望。最終版本令工人更不容易要求協商，僱主若拒絕談判也不用受罰，最關鍵的是，最終版本把草案賦予罷工的合法性撤銷了。新法明確禁止工人在協商期間參與罷工或怠工，也撤回了草案對工人的保障，使工人不能通過罷工向不願意協商的僱主施壓。用何宜倫的話來說，就是「最終版本只是在維持現狀而已」，而且中國「錯失了建立有效集體談判制度的良機」。[46]

「罷工的權利」與罷工者的權利

任何形式的集體談判都要看工人有多少籌碼來對抗資方；從歷史上來看，勞方最大的籌碼是他們可以集體退出生產線，也就是以集體罷工向僱主施壓。中國罷工數量和規模不斷上升，毫無疑問給工人有更多籌碼要求具體的改善措施，同時也成為改革的推動力。事實上，若要進行改革，正如廣東的例子一樣，關鍵是政府必須承認工人有合法的「罷工權」。然而目前情況是：無論在廣東還是在中國各地，罷工的法律地位非常模糊。中國憲法曾經明文規定工人擁有「罷工的自由」，但「罷工的自由」在1982年憲法被刪除後，學者和勞工維權人士就要另覓支持罷工權的法律依據。

有些中國法律學者認為，中國政府於2001年批准《經濟、社會及文化權利國際公約》，表明官方確認「罷工權利」，因為公約要求締約國承允「確保罷工權利，但以其行使符合國家法律為限」。[47] 這些學者再進一步指出，同年獲通過修正的中國《工會法》也規定要妥善處理「停工、怠工事件」，「工會應當代表職工……反映職工的意見和要求，並提出解決意見。對於職工的合理要求，企業、事業單位應當予以解決。」[48] 該法對「停工」用詞中性並給出建設性的解決問題建議，令一些學者推斷罷工應是合法行為。[49] 此外，還有人援引「一切未被禁止者皆為允許」的原則。[50] 曾經擔任罷工者法律代表的廣東律師段毅，對警方警告裕元工潮罷工者的行為違反法律的回應，暗含的就是那種精神。他反問警方：「哪一條法律說罷工違法的？如果真的有法律禁止這場行動，那你得給我講清楚是哪一條法律。」[51]

法律沒有明文禁止罷工很重要，這意味著工人很少會因為參加停工就被逮捕或拘留。但就算中國真的有合法的「罷工權」，它的法律地位也十分脆弱，尤其是法律並未保障罷工者不被僱主解僱。雖然第5章有提到中國《勞動合同法》保障大多數勞動者免遭僱主不合理的解僱，但該法也明文指出若勞動者「嚴重違反用人單位的規章制度」，僱主就可以合理解僱勞工。[52] 這就包括不得「停工、怠工」的條款，而這些在僱主的規章制度中幾乎無處不在。結果就是僱主可以幾近毫無約束，解僱曾參與罷工的工人，顯然那並非是西方國家所熟知的「罷工權」(但別急於下定論，請看下去)。

法律學者王天玉和李應芳研究了從2008年到2015年，897件法院對勞工解僱案件的判決，這些案件的勞工都是因為組織或參與了罷工、停工或怠工而遭解僱。[53] 其中59%的案件法院裁定僱主勝訴，認同工人違反不得停工的僱主規定，因此解僱合法合理。[54] 例如，在某宗工人出於加班費計算不當發起罷工而遭到解僱的案件，法院在支持資方的判決書寫道：「勞動者應該遵守工作場所的規章制度……若有違反的話，企業方可以懲處相關工人。如果發生勞務糾紛，應當透過既定程序依法解決，而不是以停工、怠工或任何其他不恰當和激進的行動擾亂企業的生產、營運和管理。」[55] 至於其餘的大部分案件，法院則以事實為據裁定解僱無效，當中有僱主無法舉證罷工確實發生（佔29%），或者法院認定工人的行動並非罷工，只是試圖與僱主「協商」（佔7%）。另外還有5%的案件，法官是以程序瑕疵為由裁定解僱無效（稍後將回來討論）。**從來沒有法院的裁決，質疑僱主禁止罷工或停工的規章是否有實質效力。**[56]

從中國法律來看，也許法院根本不應該允許僱主禁止罷工。例如，勞動法學專家常凱認為，如果「工人違反僱主的規章」可以成為合理解僱的理由，那麼僱主的規章必須在實質和程序上都要合理合法；不准停工的一攬子規章在實質上根本無效，因為它與體現了罷工權的中國現行勞動法規有抵觸。[57] 不過，這迄今都並非中國法院的觀點。因此，雖然中國法律並未禁止罷工，但在實際上卻允許**僱主**禁止罷工。

不過，在王天玉和李應芳有關罷工工人遭解僱的研究中，還是發現了令人欣慰的事。有些法官真的很用心挖掘事實，有些發現其實工人只是與僱主「協商」而並非停工，或發現僱主根本無法證實停工事件確曾發生。[58] 當工人集體提出要求或訴求，並可能等待僱主的回覆時，法院能夠亦有時確實會把其解釋為根據法律進行的一種談判形式。承認「談判權」並不等同認可「罷工權」，但它給了那些尋求向僱主施壓，以支持合理要求的員工一些喘息的空間。

審查僱主禁止停工的規章在**程序上**是否有效力的案件，同樣令人感到興趣。[59] 在以程序理由裁定僱主規章無效的佔比5%案件，少數（佔總數的2%）的判決依據的是僱主沒有把有關規章制度交予職工代表大會討論或審理同意。職代會是中國勞動法規所謂「民主管理」的關鍵機構，也是本書第8章的重點。無論是1994年的《勞動法》還是《勞動合同法》，都要求僱主制定攸關員工權益的規章制度時，「應當經職工代表大會或者全體勞工討論。」[60] 這似乎讓法院有權或甚至是必須調查僱主用來合理化解僱行為的規章制度，是否有程序缺失，但很少法院願意認真地這樣做，我們稍後就再回來這議題。

總而言之，中國工人也許享有「罷工權」，因為沒有刑法禁止工人集體停工，但「罷工權」應該不止於此，至少在西方國家是這樣的。罷工權尤其意味著僱主不能禁止罷工，也不能懲處參與合法罷工的工人，但中國的法院很明顯並不認同這種意味較強的「罷工權」。

不過，如果我們仔細檢視西方國家對罷工權施加的限制，以美國的《全國勞資關係法》為例（雖然美國的例子並不一定屬於典型），可能就會發現中國和西方罷工權效力的差異，似乎也沒那麼大。首先，如果美國的罷工者在僱主的房產或土地上集結抗議（就跟中國工人常在工廠或工廠宿舍抗議一樣），他們通常不僅會被解僱，還會因為擅闖私人土地而面臨刑事起訴。《全國勞資關係法》保障的是，罷工權以及為支持罷工的集會遊行權利，但並不包括在僱主物業進行這些活動的權利（除非工人在僱主的物業居住，這在美國很少見，但在中國倒是很常見）。也許這是單位制度留下的影響，畢竟中國工人過去曾被視為企業的一分子，因此中國的罷工者如果待在工廠範圍內，還比走上街頭來得安全。相較之下，美國法律致力保護私有財產權，因此工人必須離開僱主的物業範圍，轉移到公共區域才能進行罷工。雖然美國工人較難防止僱主僱傭替代人手以保住他們自己的工作，與中國工人不同的是，他們擁有聚眾集會的憲法和法定權利，這令罷工者更容易吸引媒體關注及獲得公眾支持。

在美國，僱主有權**永久取代**罷工工人(除非罷工是為了回應僱主的不法行為)，進一步限制了工人的罷工權。[61] 經濟罷工者*受到免遭解僱的法律保障，如果企業後來出現職位空缺，就可能獲重新聘用返回原先的工作崗位。[62] 然而，大多數罷工者仍面臨長期失業的風險，此現象違反了大多數西方國家和國際勞動法專家所認同的「罷工權」。[63] 美國勞動法學者亦普遍譴責。[64] 這個問題也造成美國工會組織困難，以及工會密度不斷下滑。[65] 但目前的法律仍沒有解決有關問題。

「和平義務」(‘peace obligation’)對罷工權的限制爭議較少，它存在於許多西方國家的勞動法制度。[66] 在《全國勞資關係法》之下，若勞資雙方的集體談判協議包含「不罷工條款」，那麼違反此條款發起罷工的工人就完全不受法律保障，有可能會直接被開除或被勒令回到工作崗位。[67] 簡而言之，作為集體談判的交換條件，工會可以而且確實放棄了僱員的罷工權，而且可能持續數年。整套機制的運作邏輯是：工會能用來迫使資方讓步的主要手段就是罷工，以及工會在集體協議持續期間，令人可信地放棄罷工權的能力。這套理論凸顯了中國試圖改革勞資制度時碰到的一大問題：既沒有受法律保障的「罷工權」，又沒有工人代表能夠部署和引導罷工威脅，集體談判應該怎樣進行並不清楚。中國工人擁有什麼籌碼爭取他們的訴求？也許「野貓式罷工」可以給他們一些事實上的談判籌碼，但這並非穩定勞資關係的長久之計。

美國《全國勞資關係法》不保障違反「不罷工條款」的罷工者，類似中國勞動法規不保障違反僱主規章制度的工人，這是一個潛在的改革路徑。中國勞動法規容許僱主解僱嚴重違反僱主規章制度的工人，當中包括不得停工、怠工，但是這類規章以及集體協議若要有法律效

---

*　為了薪酬、工時等經濟利益問題而發起罷工。——譯注

力，「應當提交職工代表大會或者全體職工討論通過。」[68] 但就目前情形來看，大多數民營企業即使有這些「民主管理」機構和程序，也都只流於形式。然而，如果法院能夠時常用程序缺失裁定解僱無效，**加上**如果職代會真的可以認真檢視集體工資協議和企業規章制度，也許就能對不准停工的規章制度予以審查和限制——規章制度的有效期也與集體協議掛鈎。這樣一來，它就不像現在般成為僱主單方面禁止罷工的規章制度，而會比較像是集體談判協議內經雙方議定的「不罷工條款」。[69]

很顯然，至今有很多原因導致許多人不看好「民主管理」未來在中國的進展，這將在第8章討論。然而，與此同時那些願意審視不准停工的僱主規章制度的法院，在主張中國勞動法規存在「罷工權」以及認為沒有這種權利的論者之間，找到了中間的折衷之道。即使沒有新的立法，也沒有人質疑僱主訂立不准停工規章的具體法律效力，法院還是可以藉著審查僱主規章的制定程序是否合法，或是調查工人是否僅提出合理訴求就遭不守法規僱主解僱，給予罷工者適度的保障。即使與西方勞動法例的「罷工權」仍相去甚遠，但這已經是用比較平衡且實際的方式來處理中國的罷工問題。

無論在集體談判的前線有多少進展，除了進行各種改革之外，最終還是需要立法保障罷工權。但這類立法也會導致某些風險，例如有些中國評論家很擔心若政府宣告要立法保障罷工權，會不會到頭來反而為罷工權帶來許多嚴格的限制，而且是比美國或其他西方國家都來得更嚴格的限制。這樣的立法可能會把目前罷工行動存在的「灰色地帶」變得「非黑即白」，若罷工法規嚴格到毫無解讀空間，反而可能使罷工者面臨**更大**風險。[70] 事實上，前文所述的近年廣東省立法經驗，正好證明了這樣的擔心並非沒有道理。

中國目前的情況是：參與罷工的工人要冒著很大被解僱的風險，而且無法透過法律途徑自救。因此，不少工人不敢參與罷工，結果造成現狀難以改變，無法向當局施壓進行改革，政策制定者和法院也沒有足夠動機明確保障罷工權。這又回到了最中心的主題。

越來越頻繁的罷工行動使中國政府十分憂心，而且也凸顯了改革的需要——中國試圖發展出更有條理的制度來解決勞資糾紛，同時避免地方上零星的罷工事件如野火般擴散，最後匯聚成更強大和更政治化的獨立勞工運動風潮。然而，與此同時同樣的目標制約了改革：它排除了對獨立勞工組織的容忍，但獨立勞工組織其實可以讓集體勞工抗爭更有序地進行，還有助推動真正的勞資談判；它亦約束了在中國推動罷工權有更堅實法律基礎的努力(假如工人真的擁有罷工權，可能導致罷工事件增加，以及湧現更多公開的罷工組織)。從西方觀點來看，擁有穩固法律地位的罷工權，深受工人信任且可代表工人進行集體談判的勞工組織，以及公平有效的集體談判程序，這些才是造就更公平**及**和諧的勞資關係的基礎。但對中國當權者來說，這條路看起來危險至幾乎完全不用考慮，因為這樣做便要容許獨立工會存在。

從表面上來看(尤其是由西方國家的角度來看)，中國用隨機應變的救火策略，來預防及解決勞動抗爭根本不是長久之計。雖然中國的救火策略也有一些很眼熟的元素，包括工會、罷工、集體談判等，但如果仔細檢視，每個元素看起來又變得有些陌生，而且可能導致許多問題。中國官方及唯一合法的工會，與在西方勞資制度中很關鍵的獨立工會，幾乎沒有相似之處；最重要的是，中國的官方工會並非向工人負責。越來越頻繁的罷工事件都不是由這些官辦工會組織，也不是由任何一個敢自稱為工會的獨立組織領導，而是由工人自行發起，他們僅獲得少數處境艱難和邊緣化的勞工維權人士給予有限度的支持。中國的「集體談判」大都流於官僚形式，工人完全無法參與，而且有時只是官方應付自我組織和無領袖抗爭的緊急手段。這不是工人在勞資衝突的陰影下提出要求，尋求和平解決的機制。

「然而，它前進了。」儘管中國的勞資制度看起來無法有效處理勞資關係，中國企業方和官方應對勞工抗爭的大棒加胡蘿蔔混合策略和戰術，但還是達到了某些西方人熟悉的勞資關係機制中心目標。中國目前的勞資策略讓勞資衝突不至拖累經濟，不會嚴重擾亂社會或政治秩序，同時提高工人收入。這些都在政權沒有在其中心目標作出妥協下做到了，就是不向任何獨立勞工組織釋出重大的發展空間。中國政府的那些成就，都對在中國以外（至少在原則上）的廣泛共識構成挑戰，這就是結社自由、組建獨立工會的權利，並透過工會進行集體談判的權利，都應該是任何能夠有效處理勞資關係機制的基石。

本田工潮結束好幾年後，中國領導人似乎終於願意承認集體談判是達成勞資和諧的必要元素。然而，後來有些高層領導似乎又開始懷疑集體談判有可能影響政府更大的目標。中國總理李克強在2015年3月發表的政府工作報告，沒有像他在之前一年的報告般提到「推進工資集體協商」；這個獲廣泛注視的不再提及，被解讀為中共高層擔心工資上升會為中國經濟增長帶來衝擊。[71] 接著，財政部長樓繼偉在2015年4月一個長篇演說，把美國和歐洲出現強大工會的歷史經驗描述成給中國的警世故事。他形容提出行業集體談判「是可怕的」，又指全美汽車工人聯合會（United Automobile Workers）與美國汽車製造三大龍頭的集體談判逐漸增加勞動成本，最終導致汽車業破產。[72] 不過，全總一位高層官員回應樓繼偉的說法時表示支持集體談判，而且認為集體談判「已經過許多成功企業的反覆試驗和實踐」，是穩定勞資關係的關鍵。[73] 由此可見，中國高層內部對集體談判有激烈爭辯，對於是否要把集體談判正式列入勞資制度或是以什麼形式列入仍然未有共識，令中國的勞資體制不僅能維持經濟增長和政權穩定，也能「再平衡」經濟使一般工人受惠。無論是支持或反對集體談判，雙方都常以西方經驗作為依據。

然而，在高層持續爭論的同時，中國工人如今正在快速學習如何提出集體訴求，並組織集體行動。因此除了以「救火」策略和官僚方法來處理勞工訴求，中國的勞資關係改革仍舊持續進行；畢竟工人呼喊的聲量越來越大，提出的訴求越來越進取。這又回到關於全國總工會的問題，對工人和勞工維權人士來說全總的「無能」，也許是誇大但共同的老調。怎麼才能使全總及其下屬數以百萬個的工會組織，更好地回應工人的訴求？或者，對中國領導人來說，更重要的是，在不讓官方工會脱離黨的控制的情況下，可以做些什麼？

注釋

1　有關罷工與其他形式的抗議相比其獨特影響和重要性，見Elizabeth Perry, *Shanghai on Strike: The Politics of Chinese Labor* (Stanford, CA: Stanford University Press, 1993), 6–8。

2　毛澤東：〈關於正確處理人民內部矛盾的問題〉，最高國務會議第十一次（擴大）會議上的講話，編輯後在《人民日報》發表，1957年6月19日，https://www.marxists.org/chinese/maozedong/marxist.org-chinese-mao-19570227.htm。

3　有關集體利益糾紛的新興形式，以及全總角色的深入探討，見Eli Friedman, *Insurgency Trap*; Tim Pringle, *Trade Unions in China: The Challenge of Labour Unrest* (New York: Routledge, 2011); Mingwei Liu and Chunyun Li, "Environment Pressures, Managerial Industrial Relations Ideologies, and Unionization in Chinese Enterprises," *British Journal of Industrial Relations*, 82–111 (March 2014); and Mingwei Liu, "Union Organizing in China: Still a Monolithic Labor Movement?," *Industrial and Labor Relations Review* 30–52 (October 2010)。

4　《中國勞工通訊》的「工人集體行動地圖」是主要的數據來源。"Strike Map," *China Labour Bulletin*, 2016年1月7日查閱，http://maps.clb.org.hk/strikes/en。

5　Jun Liu, "Calling for Strikes," *Georgetown Journal of International Affairs* 15 (2015): 15.

6　2013年中國網民逾5.91億人，其中4.64億是流動用戶，社交媒體尤其受中國年輕人歡迎。"Sina Weibo User Demographic Analysis in 2013," ChinaInternetWatch, January 9, 2014, 2015年7月12日查閱，http://www.chinainternetwatch.com/5568/what-weibo-can-tell-you-about-chinese-netizens-part-1/。

7　Jean-Philippe Béja, "The New Working Class Renews the Repertoire of Social Conflict," *China Perspectives* 2 (2011), http://chinaperspectives.revues.org/pdf/5535.

8 Paul Mason, "China's Workers Are Turning from Analogue Slaves to Digital Rebels," *Guardian*, September 14, 2014, http://www.theguardian.com/commentisfree/2014/sep/14/china-analogue-slaves-digital-rebellion.

9 Chuang, "Yet Another Shoe Factory Revolt: Strike of 10,000 Suppressed in Zhongshan," *Chuangcn.org* (blog), Chuangcn.org, March 28, 2015, http://chuangcn.org/2015/03/zhongshan-xinchang-shoe-strike/.

10 Mary Kay Magistad, "How Weibo Is Changing China," *Yale Global Online*, August 9, 2012, http://yaleglobal.yale.edu/content/how-weibo-changing-china.

11 Jun Liu, "Calling for Strikes," 21.

12 中國的法制自文化大革命的混亂後，已有極大改善。Chenguang Wang, "From the Rule of Man to the Rule of Law," in *China's Journey toward the Rule of Law*, ed. Chenguang Wang and Dingjian Cai (Leiden: E. J. Brill, 2010), 1–50. 然而，很多問題還是存在，尤其是在直接涉及黨國利益的情況下。例如，法官要保住自己的工作，必須仰仗地方黨委官員。Pierre Landry, "The Institutional Diffusion of Courts in China," in *Rule by Law: The Politics of Courts in Authoritarian Regimes*, ed. Tom Ginsburg and Tamir Moustafa (Cambridge: Cambridge University Press, 2008), 209. 此外，司法判決「在生效之前……經常由中共官員主持的委員會審查和修訂。」Pitman Potter, *China's Legal System* (Cambridge: Polity Press, 2013), 2. 最後，中國仍然在刑事案件中採用刑訊逼供的手段。Ira Belkin, "China's Tortuous Path toward Ending Torture in Criminal Investigations," *Columbia Journal of Asian Law* 24 (2011): 273–301.

13 案例見廣東省廣州市白雲區人民法院(2014)穗雲法刑初字第125號刑事判決書，2014年4月14日。

14 與勞工維權人士的對話，2014年6月18日。

15 John Ruwitch, "Labor Movement 'Concertmaster' Tests Beijing's Boundaries," Reuters, December 6, 2014.

16 Ibid.

17 Tom Mitchell and Lucy Hornby, "China Lawyer Trial Begins amid Crackdown on Labour Rights Groups," *Financial Times*, December 14, 2015.

18 "Workers Speak Out in Support of Detained Labour Activists in Guangdong," *China Labour Bulletin*, January 5, 2016, http://www.clb.org.hk/en/content/workers-speak-out-support-detained-labour-activists-guangdong.

19 Tim Pringle, "Trade Union Renewal in China and Vietnam?" (paper 26th International Labour Process Conference, University College, Dublin, March 18–20, 2006), http://web.warwick.ac.uk/fac/soc/complabstuds/russia/ngpa/Trade%20Union%20Renewal%20in%20China%20and%20Vietnam.doc.

20 《中華人民共和國工會法》(1992年4月3日第七屆全國人大第五次會議通過)，第二十五條。

21 《中華人民共和國工會法》(2001年10月27日第九屆全國人大常委會第二十四次會議修正)，第二十七條。

22 中華全國總工會民主管理部部長郭軍，引述自〈勞動合同法通過後，工會能否擴權〉，《南方周末》，2007年7月4日。

23 與勞工維權人士的對話，2013年8月13日。

24 同上。

25 過去有些工廠的員工流失率高達100%或200%。Jass Yang, "Turnover Rates in Chinese Factories," *CSR Asia Weekly*, August 11, 2005, http://www.csrasia.com/weekly_news_detail.php?id=4788. 一份更近期的系統性研究，調查了珠江三角洲電子製造業的勞工流動情況，該研究估計每年勞工流失率平均36%，據說與中國整體勞工流失率差不多。Pamela Hartmann, Daniel Schiller, and Frauke, "Workplace Quality and Labour Turnover in the Electronics Industry of the Pearl River Delta, China," *Zeitschrift für Wirtschaftsgeographie* 56 (2012): 66, http://www.wigeo.uni-hannover.de/uploads/tx_tkpublikationen/ZfW-Hartmann-Schiller-Kraas_2012.pdf. 這可以與美國製造業2011到2015年間約24%的勞工流失率作比較。United States Department of Labor, Bureau of Labor Statistics, Current Employment Statistics Survey 2005–2015, Manufacturing Employment, Series ID: CES3000000001; Department of Labor, Bureau of Labor Statistics, Job Openings and Labor Turnover Survey 2005–2015, Manufacturing Separations, Series ID: JTS30000000TSL.

26 "Strike Map," *China Labour Bulletin*, 2016年5月18日查閱，http://maps.clb.org.hk/strikes/en。

27 "China-Labour Relations in Guangdong," Foreign and Commonwealth Office [UK], January 30, 2015, https://www.gov.uk/government/publications/china-labour-relations-in-guangdong/china-labour-relations-in-guangdong.

28 與勞工維權人士的對話，2014年1月11日。

29 Tom Mitchell and Demetri Sevastopulo, "China Labour Activism: Crossing the Line," *Financial Times*, May 7, 2014; Tom Mitchell, "China Crackdown on Labor Activism Bolstered by Court Ruling," *Financial Times*, April 15, 2014, http://www.ft.com/intl/cms/s/0/aa194620-c46d-11e3-8dd4-00144feabdc0.html%20-%20axzz33DRg9BJL.

30 Mimi Lau, "Guangdong Collective Bargaining Proposal Seen as Bellwether for China," *Southern China Morning Post*, July 6, 2014.

31 Elaine Hui, "Chinese Bike Light Strikers Occupy Factory, Face Firings and Arrests," *LaborNotes*, May 20, 2015, http://labornotes.org/2015/05/chinese-bike-light-strikers-occupy-factory-face-firings-and-arrests.

32 Liu and Li, "Environment Pressures."

33 Ibid.; Liu, "Union Organizing in China"; Pringle, *Trade Unions in China*, 123–132.

34 Katie Quan, "One Step Forward: Collective Bargaining Experiments in Vietnam and China," in *Chinese Workers in Comparative Perspective*, ed. Anita Chan (Ithaca, NY: Cornell University Press, 2015), 174–192.

35 H. K. Porter Co. v. NLRB, 397 U.S. 99 (1970); Machinists v. Wisconsin Employment Relations Comm'n, 427 U.S. 132 (1976); Golden State Transit Corp. v. Los Angeles, 475 U.S. 608 (1986). 這在第4章有簡要探討。

36 Michael L. Wachter, "Labor Unions: A Corporatist Institution in a Competitive World," *University of Pennsylvania Law Review* 155 (2007): 581–634.

37 Friedman, *Insurgency Trap*, 99–118.

38 C. Cindy Fan and Allen J. Scott, "Industrial Agglomeration and Development: A Survey of Spatial Economic Issues in East Asia and a Statistical Analysis of Chinese Regions," *Economic Geography* 79 (2003): 302, http://www.sscnet.ucla.edu/geog/downloads/597/208.pdf.

39 Pringle, *Trade Unions in China*; Quentin Sommerville, "The Rapid Rise of China's Sock Town," *BBC News*, September 29, 2005.

40 Cynthia Estlund, "Just the Facts: The Case for Workplace Transparency," *Stanford Law Review* 63 (2011): 351–407.

41 後者幾乎聞所未聞，但在前工業化或早期工業社會很普遍。例如，在黑死病肆虐後的西歐，貴族和神職人員曾試圖對農民實行工資上限。Robert S. Gottfried, *The Black Death* (New York: Free Press, 1983), 94–103.

42 Friedman, *Insurgency Trap*, 115–18.

43 Satya J. Gabriel, "Economic Liberalization in Post-Mao China: Crossing the River by Feeling for Stones," China Essay Series, no. 7, Mount Holyoke College, October 1998, https://www.mtholyoke.edu/courses/sgabriel/economics/china-essays/7.html.

44 Aaron Halegua, "China's New Collective Bargaining Rule Is Too Weak to Ease Labour Conflicts," *South China Morning Post*, February 25, 2015, http://www.scmp.com/comment/insightopinion/article/1723213/chinas-new-collective-bargaining-rule-too-weak-ease-labour.

45《廣東省企業集體合同條例》(廣東省第十二屆人大常委會第十一次會議2014年9月25日通過) [English translation], http://laborcenter.berkeley.edu/pdf/2014/guangdong-regulation-collective-contracts.pdf。

46 Halegua, "China's New Collective Bargaining Rule."

47 International Covenant on Economic, Social and Cultural Rights, December 16, 1966, 993 U.N.T.S. 3, December 16, 1966, article 8.1(d), 中國政府在2001年3月27日批

准公約。中國批准公約時並未對第八條附加任何條件或限制。針對第八條規定的人人有權組織工會及「加入其自身選擇之工會」，中國宣稱該條的適用情況將與中國憲法、《工會法》和《勞動法》的有關規定相一致。

48 《工會法》(2001年修正)，第二十七條。

49 常凱：〈關於罷工的合法性及其法律規制〉，《當代法學》，2012年第5期，頁109–117；陳步雷：〈罷工權的屬性、功能及其多維度分析模型〉，《雲南大學學報》(法學版)，2006年第5期，頁7–14。

50 常凱：〈關於罷工的合法性及其法律規制〉，頁111；王全興、倪雄飛：〈論我國罷工立法與罷工轉型的關係〉，《現代法學》，2012年第4期，頁187–193；周永坤：〈「集體返航」呼喚罷工法〉，《法學》，2008年第1期，頁3–11。

51 Ruwitch, "Labor Movement 'Concertmaster.'"

52 《中華人民共和國勞動合同法》(中華全國勞動代表大會常務委員會，2007年6月29日頒布，2008年1月1日生效)(以下簡稱《勞動合同法》)，第39條。另參見《勞動法》第25條(勞動者「嚴重違反勞動紀律或者用人單位的規章制度」，用人單位可以解除勞動合同)。

53 Tianyu Wang and Fang Lee Cooke, "Striking the Balance in Industrial Relations in China? An Analysis of 308 Strike Cases (2008–2014)," working paper on file with author, December 2015). 注意該篇論文經過修訂，以涵蓋到2015年的897個案例；但是此更改並未在論文標題上反映。

54 Ibid., table 7.

55 (2013) 閔民一(民)初字第15805、第15801、第15803、第15810、第15804、第15812及第15778號裁判文書。

56 Wang and Cooke, "Striking the Balance?"

57 常凱：〈關於罷工的合法性及其法律規制〉。

58 Wang and Cooke, "Striking the Balance?"

59 王天玉和李應芳發現有26%的案件法院完全沒有對僱主的規章作程序調查，而在大部分其他案件(45%)，法院只是查問僱主是否曾就企業規章知會工人。Ibid., table 9.

60 《勞動合同法》第四條指出，在考慮「直接涉及勞動者切身利益的規章制度或者重大事項時」，「應當經職工代表大會或全體職工討論，提出方案和意見，與工會或者職工代表平等協商確定。」1994年的《勞動法》規定，「集體合同草案應當提交職工代表大會或者**全體職工**討論通過。」(粗體為後加以示強調)《勞動法》第33條。

61 NLRB v. Mackay Radio and Telegraph Co., 304 U.S. 333 (1938). 如果工人基於僱主的不當勞動行為而發起罷工，僱主則無權永久解僱罷工者。NLRB v. Thayer Co., 213 F.2d 748 (1st Cir. 1954), cert. denied, 348 U.S. 883 (1955).

62 Laidlaw Corp., 171 NLRB 1366 (1968), aff'd, 414 F.2d 99 (7th Cir. 1969), cert. denied, 397 U.S. 920 (1970).

63 Human Rights Watch, *Unfair Advantage: Workers' Freedom of Association in the United States under International Human Rights Standards* (New York: Human Rights Watch, 2000), https://www.hrw.org/reports/pdfs/u/us/uslbr008.pdf.

64 例子見Julius Getman, *The Betrayal of Local 14* (Ithaca, NY: ILR Press, 1998), 224–228; William B. Gould IV, *Agenda for Reform* (Cambridge, MA: MIT Press, 1993), 185–188, 202–203; 及Paul C. Weiler, *Governing the Workplace: The Future of Labor and Employment Law* (Cambridge, MA: Harvard University Press, 1990), 264–269。

65 Julius Getman and Thomas Kohler, "The Story of *NLRB v. Mackay Radio & Telegraph Co.*: The High Cost of Solidarity," in *Labor Law Stories*, ed. Laura Cooper and Catherine Fisk (New York: Foundation Press, 2005), 13.

66 Michael Wallerstein and Bruce Western, "Unions in Decline? What Has Changed and Why?," *Annual Review of Political Science* 3 (2000): 355–377.

67 Boys Markets, Inc. v. Retail Clerks Local 770, 398 U.S. 235 (1970).

68 見注釋60。

69 美國的不罷工條款僅於集體談判協議期限內有效，在中國僱主自訂的規章卻無時間限制，除非僱主自己願意修訂，因此一直能夠通過自訂規章禁止工人利用罷工爭取更好的勞動條件。但如果職工代表大會（或工會）能夠真正發揮功能，我們可以預期僱主會被要求與工人定期重新協商集體合同，企業的規章也不再是無限期。

70 "Should China Create a Law on Strike?," China Labor News Translations, July 20, 2011, http://www.clntranslations.org/article/62/strike+law.

71 Chun Han Wong, "Not Part of the Bargain: Chinese Premier's Speech Omits Key Phrase for Workers," *China Real Time Report* (blog), *Wall Street Journal*, March 6, 2015, http://blogs.wsj.com/chinarealtime/2015/03/06/not-part-of-the-bargain-chinese-premiers-speech-omits-key-phrase-for-workers/.

72 "Activism on the Rise in 'World's Workshop,'" *Japan Times*, May 28, 2015, http://www.japantimes.co.jp/news/2015/05/28/business/activism-rise-worlds-workshop/#.Vprv01MrKCR. 逐字發言稿見http://www.sem.tsinghua.edu.cn/portalweb/sem?__c=fa1&u=xyywcn/69292.htm。

73 Chun Han Wong, "Bargaining with Chinese Characteristics: Labor Group Defends Practices," *China Real Time Report* (blog), *Wall Street Journal*, March 13, 2015, http://blogs.wsj.com/chinarealtime/2015/03/13/bargaining-with-chinese-characteristics-labor-group-defends-practices-2/.

第7章

民主在中國的面貌
——基層工會選舉改革

2011年底，世界見證了中國民眾爭取民主的戲劇性場面。故事發生在廣東省一個名叫烏坎的小農村，村民受夠了長期橫行當地的腐敗官員，於是群起反抗把他們趕出村。雖然後來當地警方和村民的對峙衝突看起來對村民不利，但當省政府高官介入，並答應村民以民主選舉選出村領導，世上許多國家都認為中國終於出現「基層民主」的微弱希望。

幾個星期後，另一場選舉在烏坎村以西約100英里以外的深圳一間工廠發生。罷工工人不僅要求加薪和公平的薪資制度，也要求以更民主的選舉程序選出新的工會領導。廣東省總工會官員介入處理，主持了一場相對民主的選舉，選舉把現任領導趕下台，選出承諾將站在工人一方的工會新主席。這場選舉「被譽為中國勞資關係發展歷史性的一刻，因為這是首次有地方的總工會積極回應工人提出的改革工會訴求」。[1]

這兩個「選舉故事」以及後來比較沒那麼振奮人心的故事發展，都凸顯了中國工會「基層民主」前景的希望和擔憂。某種形式的選舉式民主已登上議程，無論對工會和中共領導人還是工人來說都是如此。但在中國民主意味著什麼？何時和為什麼民主改革能夠向前邁進或遲滯不前？

中國工人，尤其是在非國有企業工作的農民工，並不把由中共主導的官方工會和企業內部由管理層把持的官辦工會，視為工人自己的工會。一個對工人毫無用處的工會，對黨國機器抑制工人抗爭的鬥爭也毫無用處。因此，中華全國總工會無論從上、從下以至內部，都面臨自身改革的壓力，以更有效地代表越來越有自己主張的中國工人。[2] 當然，中共對全總和各級分會的掌控依然是碰不得的問題，因此改革只能從資方對企業工會的掌控權著手。儘管並非首次，這帶出了由工人「直接選舉」產生工會領導的提議。但在中國，「直選」是相當曖昧不明的術語，因為中國選舉的常態是「先篩選，再選舉」——就是在選民投票選舉之前，官方先挑選或篩選候選人。[3]（香港的佔領中環運動，就是為了向中國政府抗議這種選舉常態，抗議者希望未來選舉能真正落實人民直選）。[4] 官方掌控了提名權，等於為企業管理方主導基層工會和工會選舉開了方便的大門。

然而，近年來有些工人一直從下爭取，要求在現行體制下也要進行更公開透明的選舉。至少到2012年前，有些罷工工人的確提出這類訴求，有時官方還真的答應，允許進行所謂的「海選」，即是由工人自行提名候選人，算是政府為了達成勞資和諧付出的代價。農民工其實很熟悉海選的概念，因為海選應該是中國農村的選舉模式。自八十年代起，有關中國農村選舉的法律就已經從「先篩選，再選舉」逐漸走向公開提名制度。[5]

要處理基層工會無法真正代表工人的問題，海選看起來是很好的解決方案。然而對中國勞資關係制度內的當權者來說，工會的海選看起來風險奇高，這些當權者包括僱主，以及從地方到中央的全總和黨委官員，他們擔心工人可能會選出不負責任或不適任的工會領導，結果引發更多衝突。然而，即使有這樣的擔心，但有時他們更擔心如果不答應海選，就必須面對基層工人的持續抗爭。於是，海選如同加薪一般成了拿來安撫工人的糖果餅乾，成為官方撲滅罷工之火的一種手段。有些觀察家希望海選不僅是官方臨時用來滅火的短期方案，而能讓工會在未來更有能力回應和處理工人的訴求；但有些人則不看好海選在工會體制內的發展，畢竟這樣的選舉對當權者來說「風險太高」。

如今，這已經成為熟悉的模式。與其他勞動政策的改革一樣，官方願意改革基層工會選舉部分，是因為擔心工人抗爭會不斷加劇和擴散，最後形成獨立勞工運動的浪潮，脫離黨的掌控。然而，改革的空間也同樣因為政府怕情況失控而被限制，政府擔心「太多民主」會讓很多機構和制度脫離黨的掌控，即便是在官方的勞工代表體制內，採用民主做法仍有失控的風險。因此，工會選舉的民主化改革，原本是為了平息勞工抗爭和防止獨立勞權運動興起，但因為政府對這些改革施加太多限制，結果還是無法取得預期成效。

政府對於其他方面的擔憂也影響了改革成效。他們擔憂更民主的工會選舉，也許會鼓勵人民在現行政體中追求更多民主。對大多數美國人來說，他們理所當然地享有民主，也認為民主是任何社會的公民都渴求的權利。只要人民有過自行選出領袖的經驗(無論是選哪個層級的官員)，就會一傳十、十傳百，成為難以遏止的潮流。然而，中國目前仍有辦法防止選舉式民主擴散到更高層級，從農村基層選舉的歷史中，就可看出民主擁有令人難以抗拒的吸引力，也可看出中國政府利用某些特殊手段，遏止民主潮流的擴張。

在中國，很多人認為民主化應該循序漸進，也就是從基層開始「一步一步」的過程。陷入困境的工人已經邁出了這些步伐。但這些步伐可能非常緩慢，而且它們走向的，很可能完全不是西方人所認同的成熟選舉式民主。

為「民主」寫下不一樣的注解

「民主」聽起來很簡單，但其定義卻很複雜且頗具爭議。就根本上來說，民主要求統治者得到被統治者的同意授權，這並非單次的授權，而是透過定期舉辦的選舉來取得政治權力。[6] 如果從比較寬鬆的定義來看，只要被統治者能藉由多數決的規則，自行選出最終的統治者及汰換在位者，那麼就可稱之為民主。[7] 但這種定義卻忽略了一些關鍵問題，例如：被統治者中能夠投票的比例多少？候選人的資格有何限制？在位政權的反對者是否也能公開爭奪政治權力？選舉產生的領袖能夠行使的管治權力範圍在哪裏？上述都是程度的問題。這些元素的組合，產生了無窮盡的「比較民主」和「沒那麼民主」的體制，儘管它們均進行選舉。如果我們要討論的，不只是國家官員的選舉，還包含了職場、工會、私人俱樂部、鄉鎮上的選舉，那麼問題就更複雜得多。

例如，中國定期舉行數十萬個公職選舉，大都是農村選舉，理論上應該要有多名候選人競爭一個職位，並採行不記名投票，而且現任的村民委員會官員在理論上可被多數決的原則汰換。然而，如果因為這樣我們就說中國的農村實行民主管治，畢竟有點誇大，因為就算村委會選舉不受操控，最終權力都跟全國政體一樣掌握在中國共產黨手中，而中共幹部都不用面對普選。掌控農村很多事務的較高層官員，也不用面對普選的洗禮(下文將詳細探討)。因此整體來說，中國的選舉並不符合西方認知的選舉式民主。

然而，為免美國讀者看到這裏對美國民主過於自豪，我要提醒大家：美國絕大多數工人在職場上無法透過任何民主途徑發聲，只有少數可以享有藉由集體談判爭取得來的職場民主(不過通常是稀釋過的民主)。絕大多數工人在工作中都受到一種管理層專政的支配，不管這種專政是否仁慈。工人有辭職或離開的權利，卻沒有「發聲」的管道。此外，雖然美國人認為工人理所當然有權選出自己的工會領袖，事實上，大多數的美國工人根本沒有履行這種權利的工會。因此，也許美國人可以批評中國的民主形式，但卻不用過於嚴厲，至少在職場民主上如是，因為在中國「民主」的**領域**更廣泛，觸及的勞資領域範圍比美國更廣。(中國職場民主的另一個維度是職工代表大會制度，是本書第8章的主題。)讓我們回到探討中國的基層民主選舉現況，包括農村和企業工會的選舉。

兩場得來不易的選舉：烏坎村和歐姆電子廠的故事

我們這次先不從工廠開始，而是先講廣東沿海烏坎村的故事。烏坎村事件爆發時，西方媒體大篇幅詳盡報道。[8] 它提醒了我們中國農民工尤其是廣東的農民工，會把集體行動和選舉式民主的經驗帶回農村或帶到其他工廠。要求工會實行公開選舉的訴求之所以出現，或許因為中國農村已經實行選舉很多年，而這樣的訴求也許會影響更高層級的選舉，乃至基層工會以外的選舉。

烏坎圍村

烏坎村故事的開端非常普通，村民無法忍受地方貪官非法掠奪土地，於是群起反抗。在中國各地農村，官員非法掠奪土地是導致群體性事件最常見的原因，但烏坎村的抗爭並非即興的爆發。這場大規模抗爭是由一小群年輕人帶頭發起，「這群年輕人在廣東省南部珠江三角洲的工廠帶，曾經歷過農民工抗爭的洗禮。」[9] 他們自稱「烏坎熱血青年團」，歷經了兩年的組織、調查、上訪甚至訴訟，他們終於在2011年9月21日號召了上千名村民遊行抗議。雖然群情激昂但整體行動還算和平，大家扛起寫著「還我祖傳耕地」，以及其他類似的橫幅上街表達不滿。隔天，「一車一車的鎮暴警察來此鎮壓……用警棍毆打男人、女人和學童。農民和漁民隨手抓起身邊的工具當武器反擊，大家拿著棍子、拖把、掃把和石頭就這樣沿著村莊的街道打成一片。」[10] 幾名率眾抗議的帶頭村民被逮捕。

烏坎的事態由於一名抗爭領袖在被警方拘留期間突然死亡，而出現了戲劇性轉折。憤怒不已的村民合力把當時的村委會官員和警察趕出烏坎村，而且還設置路障不讓他們再進村；警察也在外面設置起警方的路障，不讓食物和其他物資進入村裏。雖然中國官方媒體當時未有報道這場抗爭，但當地村民設法透過手機影片及社交媒體把消息曝光，果然成功吸引境外媒體注意，不久後境外記者便蜂擁而至。

在圍村期間，即使有些村民表達希望更高層的官員和國家法律能夠向他們施以援手，但形勢似乎對村民越來越不利。[11] 不過，當時主政廣東的省委書記汪洋是有名的改革派，以他為首的廣東黨政高層最後終於介入事件，支持村民要求舉行村委會公開不記名投票，以及重新檢視土地交易的訴求。[12] 烏坎村選舉在2012年3月3日舉行排場盛大的村委會選舉，獲國際傳媒大篇幅報道，幾名抗爭領袖當選村委會領導職務。

這裏討論這場選舉的幾個要點。首先，村民並非一開始就採取抗爭手段，起初他們只是對涉及貪腐的土地買賣表達不滿，但他們卻屢遭當局斷然拒絕，於是才開始挑戰既不民主、又無作為的農村制度。無論他們的控訴在法律上多麼站得住腳，如果沒有大鬧一場，大概還是會被高層官員忽略。事態是這樣升級發展：從認定存在往往披著法律外衣的特定權利和利益並感受到挫折，到要求更公平、更民主的制度來保障未來的權益。這種模式也見諸於勞資衝突。

第二，這起衝突同時具有很罕見和很常見的因素，兩者結合讓衝突變得相當有感染力。村民非凡的勇氣、官民的戲劇性激烈對峙，以至事件獲得的國際關注；結合對土地慣常性遭侵佔積累的抱怨，引發中國各地農村的抗議，結果合成一股爆炸性的力量。政府高層以向村民讓步取代鎮壓，允許村民舉行公開選舉，以換取村民結束公開抗爭。因此，烏坎事件顯示了中國基層民眾渴望更多民主，而且若情況允許，人民有可能藉由發動抗爭來爭取民主。

第三，村民要求在村選舉實行海選，但這其實要求不高，因為規範農村選舉的法規已經明文規定採用海選，也就是村民可以直接提名候選人，而且候選人數應大於要選出的人數。[13] 但很多農村跟當時的烏坎村一樣，提名過程通常會受到在位的村委會領導，和村裏的中共官員所操縱，依他們的喜好篩選出候選人。[14] 烏坎村事件不僅凸顯了中國一黨專制之下選舉的真實樣貌，也暗示法律授予的民主權利，與民眾實際能夠行使的權利有很大的落差；因此，當在位者為了保住權位使出一些手段時，人民就很難真正選出自己的領袖。這樣的現象也出現在勞動職場。

不幸的是，烏坎村選舉的後續發展，和整起事件的開端一樣令人失望：新選出的村委會領導上任時背負著眾人的期待，心中充滿理想，但最後卻黯然辭職，因為他們根本無法插手那些有問題的土地交易，也無能為力作出什麼改變。村民發現新當選的村委會實際能夠行使的權力很小，村委會從上級以至周邊，都被非民選的黨國官員包圍，權力被架空。[15] 這部分的劇情發展，其實點出了未來工會選舉應該注意的事項，接下來將會探討。

歐姆電子員工迎來工會選舉

就在烏坎村選舉的三星期後，也就是2012年3月底，日本資金的深圳歐姆電子廠發生罷工，全廠850名員工有逾600人參與。他們要求加薪，以及讓他們「以民主選舉選出新工會主席」。[16] 罷工工人透過網絡尤其是微博(中國版的Twitter)向外宣傳這起罷工行動以及他們的訴求，後來也的確獲得一些關注，但國際媒體並未趕到現場報道，因為在廣東罷工已經變得相當普遍(雖然歐姆電子罷工的規模比多數罷工更大)。當時警方未與罷工者面對面衝突，而是由深圳市總工會在幾天內派出區級的工會官員，按照官方一向對罷工採取的「救火」策略與罷工工人進行協商，試圖終止罷工。最後的協議被很多觀察家譽為一大突破：工人不僅要求加薪，還要求民主改革，並都獲省級工會領導同意。[17] 工人在4月4日返回工廠復工，並開始準備接下來的選舉。

不過，由地方全總分會核准的選舉程序其實有些複雜。首先，管理階層在七個分工廠先舉行不記名投票，產生由74名員工代表組成的委員會，大部分成員都是一般工人，有些是輪班組長或小組組長，委員會將負責接下來的選舉程序。[18] 74名當選代表開會後再選出14名工會委員會委員候選人，也是採用不記名投票，現任工會主席在首輪投票中落選。(他感到驚訝，但也承認過去的選舉其實不太民主。)[19] 14人的候選人名單上報街道總工會的審批，然後正式公告。在進行包括候選人發表競選演説的簡短選舉活動過後，選舉在5月27日進行，但卻並非由全體職工投票。首先，14名候選人在他們之間互選出三人為工會主席、副主席候選人，然後再由74名員工代表對三人進行不記名投票。新當選主席的趙紹波在74張選票贏得49票，他本身其實是管理階層，但職級比前任主席低，而且據説相當受到一般員工的擁戴。幾名勞工維權人士當選工會委員，而所有本身為較高層管理人員的現任工會領導則全部落選。[20] 員工都歡欣鼓舞地慶祝這場選舉及選舉結果。

不幸的是，歐姆電子這場選舉的後續發展，並沒有比烏坎村好多少。一名勞工維權人士稱，新任主席趙紹波一上任就變得很「專橫」，站在資方一邊，亦沒有諮詢員工。在工會委員會佔少數的勞工維權人士，「覺得自己被逼到牆角，認為『這場選舉根本沒用，一切根本沒有意義。』」接著，企業管理層決定要解僱60名員工，拒絕讓他們從固定期限合約轉為無限期合約，但趙紹波卻毫無作為，據稱還說出「這跟我們沒關係」這種話。幾名受影響的工人爬上工廠屋頂，威脅跳樓抗議。他們沒有躍下，但在工廠大門發起罷免趙紹波的連署行動，而且很快就有一百多人簽名。不過，他們的罷免訴求遭工會委員會拒絕。趙紹波本人也有滿肚子苦水要吐，形容這份工作不容易，工人的要求有時候並不合理，又稱他一來沒什麼經驗，二來對這家僱用他的公司又沒什麼影響力。[21]

雖然歐姆這場選舉當初被譽為民主改革的一大突破，但員工其實無法直接表達自己支持哪位候選人，因為在工人表達意願的過程中，當局設置了多重篩選。一開始，候選人的名單要經地方總工會的官員審批（雖然他們這次並**未取消**任何被提名候選人的資格），而且只有少數工人能夠投票選出工會領導。不過，這樣的程序似乎已經滿足工人對「更民主的選舉」的訴求，也符合全總對於透過「民主選舉程序」選出工會領導的政策。[22] 這次的選舉程序很複雜，但顯然已經比歐姆電子過去任何一場工會選舉都更民主，也比絕大多數的工會選舉民主。雖然過程中有很多方面都還可以更加民主，但若根據前述對民主的寬鬆定義，這場剛起步的選舉已經算是「民主」了。

有趣的是，歐姆員工選出了一位管理階層的人來擔任主席——雖然這位主席的職級比前任低。（美國的勞動法例完全禁止管理階層進入工會，因為擔心管理階層和一般員工之間會有利益衝突。）當然，趙紹波並非由全體職工選出，而是由74名員工代表投票產生，這些代表中有些也是輪班組長或小組組長。由選舉產生的代表選出領導層，並不違背民主精神，但為什麼工人會投票給輪班組長或小組組長，而不是支持跟他們一樣的基層員工，以代表他們進行提名和投票程序呢？一名勞工維權人士後來這麼解釋：「因為有聲望的基層工人很少，而大家通常投票給自己認識的人。人都是這樣的，都傾向選擇自己的主管，因為他們覺得這樣對自己的工作單位有好處，這就是大家的心態。」[23] 一開始支持趙紹波的前線員工這麼說：「如果我們選出跟我們一樣的員工當代表，他不會有任何威望。」[24] 也就是說，大家在投票的時候，會考慮到管理階層和官員擁有的「威望」，而不會想到眾人的支持，才是當選者獲得權力的原因，而且他們也不太考慮候選人是否有帶領罷工的能力。

這只是一個案例，也許人們不該過度延伸。歐姆電子的工會選舉同時具備振奮人心以及令人大失所望的元素，其中有一些和烏坎村的選舉非常類似。我們現在先來想一想：為什麼民主改革會來到工會選舉最前線？民主改革又是以什麼方式出現在工會選舉？

基層工會選舉的變革

正如第3章所述，全總的基本架構在計劃經濟時代形成，當時企業皆為黨國所有，而且由各地黨委以及黨指派的人員負責管理。當時的工會官員基本上隸屬於管理階層，而且是由黨委透過「非競爭性的諮詢程序」選出。[25] 但後來國有企業歷經改革和「公司化」，情況就有很大的改變：相較於把利益擺第一的資方管理階層，黨的幹部失去了原有的權力；工人也從工作單位的成員降級為出賣勞力的傭員。然而，全總的基本架構和任務並未改變。

市場的競爭壓力以及利益優先的策略，即便讓勞資雙方的利益衝突逐漸擴大，工會領導仍由資方及駐於企業內部的中共幹部指派。這種模式不只存在於國有企業及已經私有化的前國有企業，當全總開始在各大民營企業和外資企業組建工會時，也是套用這種模式。第3章提過，中國的工會組織過程與美國不同，全總「組織」工會是一個「由上而下」的流程，它不用依賴招攬大批的活躍成員，也絕少有基層維權人士能夠成為工會領導。現實情況是，地方的總工會官員和中共幹部會哄著資方答應組建企業工會，他們會告訴資方甚至承諾，這些工會將站在資方一邊。這些官員接著會跟企業管理層一起挑選工會幹部，這些幹部通常是管理層人員。

可以預料的是，這種暗中約定的安排產生了一批與前線工人沒有有機連結的工會幹部，他們沒有動機替工人向資方爭取權益，畢竟資方才是他們要關懷守護的對象。因此，當計劃經濟企業重組以及私有經濟興起，帶來一波波的勞動抗爭，工會對黨國機器處理事態卻起不到任何作用。[26] 這也提高了另一種政府更不樂見的風險，就是工人有可能出於追求集體利益向其他組織求助，例如同鄉協會、幫派[27] 或是獨立勞工組織。這種風險導致政府開始設法讓官辦工會更能回應工人訴求，但也因為害怕獨立組織崛起，所以也無法真正大刀闊斧地改革。

「直接選舉」興起，但要跟從上級指引

在八十年代，全總內部已經有人大力提倡企業工會以「直選」選出工會領導。[28] 然而，雖然有人認為這更能回應工人的訴求和有助平息抗爭，但也有人擔心，直選產生的工會領導更加強硬和獨立，反而會引發更多抗爭。[29] 這些理念上的矛盾，在八十年代催生了好幾項針對直選的「試驗」和「試點計劃」，但卻沒有觸及系統性的改革。在天安門事件後當局更加感受到壓力，因為當年獨立的工人運動支持學生抗議，特別令中共政權感到警惕。[30] 這種壓力是要促進體制民主化，還是要更加鞏固中共的掌控？答案是兩者皆是——當局既要提高全總「基層」官員選舉問責，同時也要加強黨對全總由上而下的控制。

當政府高層有了共識要在企業工會實行選舉，下一步就是要關注選舉以何種形式進行。此項改革的目標以及面臨的兩難始終如一：要選出更能反映工人意願的工會領導以有效遏止勞工抗爭，同時工會領導又要服從黨的領導。這些橫流反映在全總2008年的《企業工會主席產生辦法（試行）》，從文件明文規範和未明文規範的事項即可見端倪。這項改革的重點是要減少企業管理層的影響力，加重地方總工會官員在基層工會扮演的角色。根據《辦法》，中共內部幹部和「上一級工會」——也就是由地方黨委任命的全總分會及其幹部，「根據多數會員的意見」負責企業工會主席的候選人提名和選舉工作。《辦法》規定企業行政負責人及其近親屬，不得作為本企業工會主席候選人。[31] 不過，很多管理階層人員（其中不少人同時也是中共幹部）還是有資格參選，而《辦法》規定的工會主席應具備條件，特別是要求「具有與履行職責相應的文化程度、法律法規和生產經營管理知識」，似乎已經過濾掉大多數非管理階層人員。[32]

就像中央發布的許多命令一樣，上述政策給了地方官員採用何種選舉形式很大的裁量權。例如，工人是否直接投票選出工會幹部，或者選舉是否設有更多篩選，並由員工投票產生的代表進行最終投票？全總的政策是要避免在大企業內部，或激烈抗爭爆發期間實施直接選舉，因為「強硬分子當選的風險太高」。[33] 害怕選出「強硬分子」，正好說明了中國政府面臨的兩難：政府樂意採納選舉，很大程度上是因為透過選舉產生的工會，更能回應工人的訴求，更能有效遏止抗爭；然而，在最渴望選舉的地方，民主選舉亦有可能引發抗爭，並把強硬分子推上領導的位置。

由於官方沒有明確規範選舉形式，可以自由裁量選舉方式的地方官員對企業又特別縱容，因此資方還是有很多機會可以操縱選舉。有些地方官員秉持良心篩選出能力強、又熱心為工人服務的候選人，但也有不少官員直接按照資方的意思挑選候選人。[34] 事實上，監督整個提名和選舉過程的團隊，跟過去指派工會幹部的企業管理人員和黨內幹部都是同一批人。毫不意外，這樣的選舉通常不是設計來讓基層工人選出他們真正支持的人。

有些工會選舉甚至看起來一點都不像選舉。一家在華投資的大型美資跨國公司，截至2011年企業主管會直接到各個工作小組或部門說：「我們覺得工人X、Y和Z是這個團隊的優秀代表，不同意的人請舉手。」沒有人表示不同意。由管理層挑選的選舉人，將從由管理層提名的候選人中投票選擇，得票最少的一或兩位候選人將被淘汰，餘下的候選人就由管理層分派工會委員會的職務。[35]

即使工人真的有機會投票，投票程序的設計也時常讓想改變現狀的人大失所望。這從南海本田工潮的後續發展即可見一斑：當時本田工人想爭取工會直選，但到2015年他們得到的結果和預期差別很大：「南海本田的工人……投票選出自己工作小組的組長……約20到30人。這些組長再選出工會代表，最後只有這些工會代表可以投票選出工會主席。」[36] 在大型企業裏，這種分層式選舉十分常見。即使沒有上級的操縱，分層式選舉仍大大減弱了基層的聲音，尤其是如果工人傾向選出有較大權力者作為代表。[37] 一名曾參與2010年本田工潮的資深員工稱：「工人投票的方式，實際上把工會變成管理層的孿生兄弟。工人僅投票選出自己的小組組長，這些組長只會投票給管理階層人員。」因此，最後選出的工會幹部，就是一群「中高階主管」。[38]

諷刺的是，正是2010年本田工潮，促使全總開始鼓勵更多企業工會採用「直接選舉」，但實施範圍仍以小企業為主。然而，「直接選舉」在中國的定義是什麼？事實上，中國的「直選」並非讓工人直接選出自己的領導；即使稱作「直選」，官方仍會插手篩選候選人。[39] 根據全總官員的說法，提名的過程應該要諮詢工人的意見；但工人只能選出在較高層次挑選「合資格」候選人的代表。截至2013年，提名程序仍是由在企業內的中共幹部和地方總工會官員掌控，在過程中諮詢企業管理層的意見。這個負責提名的工作小組與資方友好，很多時亦由資方主導，他們通常提名比應選人數多一到兩人的候選人(例如提名九位候選人來競爭七到八個職位)，然後工人就從這些被特別挑選出來的候選人投票。有些選舉結束後，由最高票者直接擔任工會主席；而有些選舉工人的選票只是用來淘汰最低得票者，淘汰後剩下的候選人全是「贏家」，可獲分配工會職務。

這些微細的改革並非完全沒有意義。只要候選人的人數較應選席位多，即使是民主程度最低的「直選」方法，也可以讓工人有機會把不受歡迎的現任工會主席趕下台。2008年，全總的官方網站報道了一項地方上的直選試驗：「自2003年引入直選以來，13名工會主席參與直選爭取連任，但沒有一人連任成功。」[40] 結果證明就算只有一點點民主，也能夠向未有回應民意的工會主席傳遞信息。不過，普通的基層工人仍未能通過現行的各種選舉程序，選出自己的工會領導或選出不獲管理層核准的候選人。「先篩選後選舉」已經變成中國選舉的常態，就算是「直選」也是如此，但是還有些例外。

海選的興起(或美好幻影)

所謂的「海選」是另一種的直選形式，工人自己提名候選人，甚至可以提名自己。嚴格來説，海選能讓工人直接選擇競逐職務的候選人，毋須經過官方篩選候選人的程序。不過，在人數較多的大型工廠推行海選被視為並不實際，這些工廠可能還是需要工人選出代表來進行最終投票。但至少「海選」一詞已經跳脱了「先篩選後選舉」的窠臼。實際的選舉程序有多直接和公開透明每宗個案都各不相同，但歐姆電子的選舉表明，這兩者都可以被譽為中國民主的突破。

雖然近幾年有許多與選舉相關的「試點計劃」和「試驗」，但以海選選出工會幹部還是很少見。[41] 2011年12月，即使當時正值工會改革如火如荼，政府對於工會海選仍抱持戒心：政府當然不會自己要求工會進行海選，而且海選仍是少見的選舉形式；但在某些情況下如果地方官員認為合適，就可允許工會進行海選。[42] 這意味著主要是小型工廠，或「運作完善」的工廠才有機會舉行海選，因為這些工廠的選舉結果屬於可預料亦比較安全；在維權意識高漲或是勞工正進行抗爭工廠，就絕對不可採用海選。

然而，有時候現實情況會超前改革的預定範圍。早於2012年5月，廣東有些罷工工人據稱不斷要求以公開的海選選出企業工會幹部。有些零星報道稱工人在罷工期間逕行舉辦選舉，選出自己的領袖，而且企業管理方、黨委和工會官員皆認可選舉結果。[43] 儘管官方為試點形式進行的直選何時才合適舉行設下了指引，但這些在工人動員和工人情緒高漲期間進行的選舉，卻與官方指引的精神相悖。不過，工人對海選的強烈訴求也許令政府稍微放軟姿態。到2013年前，據稱中國大部分省份都舉行了海選的試點計劃和試驗，尤其是在廣東。[44]

透過選舉讓工會更能向工人問責的概念，以及為求達到此目標的各種試點計劃，在中國現代史上已經不止一次發生，當工人的集體躁動似乎需要政府要作出這種讓步時就會出現。[45] 例如在2006年，提姆．普林格爾(Tim Pringle)指浙江省有個小地區在進行過海選「試點」後，幾乎所有的基層工會選舉都開始採用海選。[46] 但是到了2011年5月，浙江一名工會官員告訴我，只有一些教師工會進行海選試點。[47] 因此，大家可能會好奇：近年來的海選浪潮，是代表中國的基層工會選舉正式往更民主的方向邁進，還是真如起起落落的浪潮般，只是短暫流行的改革方案？答案似乎可能是後者：因為到了2016年，這些選舉改革方案很明顯地退居次要地位。即使如此，從長遠來看，我們可能還是想了解：中國工人為什麼會想透過更公開的選舉選出自己的工會幹部，以及他們何時會想這麼做？對從小到大不斷被教育民主自治優點的西方人來說，這個問題的答案不言而喻。但中國的貧窮農民工為什麼、及何時在要求加薪以外還要求類似的制度改革，是值得探究的問題。

中國工人對海選日益高漲的需求，似乎在很大程度上起了作用——它更多是對追求更好工資和工作條件的普通常見訴求的回應，多於是公民權利意識的反映。這看起來跟其他國家的勞資關係改革歷程很類似：當工人自行組織動員發起集體行動，卻還是無法解決與資方的「利益糾紛」，此時勞工就有可能把事態擴大，並要求結構性改革——爭取解決未來利益糾紛的更好機制。有些中國工人也許因此合理地認為：與企業管理方交涉應該有更好的方式，而不是在被監視及擔心遭到報復威脅的情況下，不斷鼓動工友艱難地組織發起罷工，還要寄望他們的訴求能夠得到前來「救火」官員的更多關切而非對立。最好是由選舉產生的工會領導層，在事態爆發前代表工人與企業管理方協商，反映工人的訴求。換句話說，在勞資關係制度注入民主精神，也許能為未來勞動條件帶來實質改善。

如果精明的工人動員起來，把選舉式民主成為結束工業行動的代價，那麼對急於平息事態的地方官員來說，海選就成為「兩害取其輕」的一種短期策略，以穩住已變得難以控制的地方局勢。有些官員和學者看得更長遠：透過民主選舉選出的工會幹部，除了能帶來如終止罷工這類短期利益，長遠來看也有助減少抗爭和促進穩定，甚至還能鞏固政府的政治認受性(這也是當局在農村實行選舉的主要動力，下文將探討)。[48] 有些比較開明的企業管理層者也有類似的遠見，他們相信民主選舉產生的工會，能培養出一批更投入和忠誠、生產力更高的工作團隊，因此能降低員工流失率，減少混亂的情況。在中國，有少數北歐企業因為其本國已經有勞資合作的經驗，因此據說這些企業把海選視為穩定勞資關係的良策，早在工人出現躁動之前，就鼓勵員工以海選選出工會幹部。[49]

如果工人有機會選出「合適」的工會領導，那麼前述的長遠理想可能會得到更多人支持。當工人有機會選擇自己的代表與資方談判，有時並不會選擇那些帶領他們罷工的挑動事端者，而是教育水平更高、更具領導才幹且「負責任」的領導，他們似乎更有能力與管理方交涉。[50] (在選舉進行時，之前那些帶頭發起罷工的領袖都已經不見了。)[51] 當然，這種心態也許根植於中國工人對「上司」固有的尊敬，不過這樣的選擇最後還是有可能適得其反。此外，工人投票給自己的主管，也反映了他們的偏好會「順應情勢」，也就是說他們看出管理方不願意與較強硬的工會代表交涉，所以就選擇對管理方較溫和的人選。無論出自何種心態，真正的選舉和真正的集體談判，都有可能讓工人願意採取更實際的方式維權，捨棄以往較激進的抗爭。如果真能如此，那麼對管理方、全總以及黨國官員來說，海選看起來就不再那麼危險，而且也能發揮更大的作用。

對西方人來說，海選聽起來不僅只是令工會更貼近工人的必要條件，也預示了更大規模的改革，最終達至通過獨立工會進行真正的集體談判。但正是因為中國政府害怕獨立工會興起，因此在選舉改革上附加了諸多嚴格限制，確保中國工會的民主浪潮有漲有落。大多數資方和地方全總官員都不願放棄對工會選舉的掌控權，一位工會官員向我轉述浙江工廠管理人員的話說：「我們擔心的是，要麼我們不喜歡他們的人，要麼他們不會選我們的人。」[52] 所謂「我們的人」，也許是指具有管理階層認為需要具備某些特質的同事，這些特質包括智力、教育水平以及能夠審時度勢協助管理企業。「我們的人」也可能是指比較沒那麼進取和咄咄逼人，兼且不會不達目的勢不罷休的那種人。雖然地方工會和中共官員可能沒有企業主管那麼了解個別員工，但他們的目標同樣是防止勞資衝突，所以他們通常會聽取企業主管的意見來判斷誰能協助達此目標。現在的選舉程序就是設計來幫助資方和官員作出更精準的判斷。

「先篩選後選舉」的原則背後，有很深的歷史淵源。中共建政之初就奉行「民主集中制」，中共政權既主要通過下達指令和篩選候選人控制選舉的形式，另一方面如下文所述控制著選舉的範疇。[53] 對有些西方讀者來說，「先篩選後選舉」的原則聽起來就像個沒有說服力的爛藉口，完全掩飾不住資方和官方想繼續巴著權力不放的慾望。然而，我也聽過真誠而又非常用心服務勞工的勞工維權人士，為「先篩選後選舉」的原則辯護。他們很擔心不分級進行的公開海選，可能會把不適任的人推上大位，也不太信任一般基層工人有資格擔任工會主席，甚至懷疑一般工人是否能認同工會主席應當具備的特質和能力。他們說，海選在小企業裏實施還可以，但要擔任大企業的工會主席可是十分複雜吃力的任務。中國現在很多人相信(至少現在仍這麼相信)，最好還是由黨內幹部或甚至管理階層擔任工會主席，只有他們能有效防止教育程度不高的工人作出太過草率的決定。

這是我聽過支持工會選舉應該「先篩選後選舉」的最佳說辭，這樣聽起來這不僅是為了保住當局權力的藉口，亦是以精英政治(meritocracy)作為必要手段來防止多數決民主帶來的弊端。不過聽在我這個美國人的耳裏，這種下級對上級的服從信任真的「很中國」(雖然這可能是刻板印象)，而且顯示一般人不相信大多數教育水平低的人民，具備領袖的特質及自治能力；同時又太不懂得質疑當權者可能利用權力為己圖利。然而，對於跟我談話的中國朋友來說，他們反而覺得我這麼容易相信工人有能力選出好領袖，實在太過天真和「很美國」，認為我的想法是基於理念而非經驗。當然，講到這裏就變成要討論選舉式民主的特性和優點，以及成功民主制度的先決條件，這些我們之後會回來談。然而，無論官方慣用的「先篩選後選舉」有什麼好處，如今有些中國工人已經開始大聲反對這項原則，他們強烈要求以海選選出基層工會幹部，甚至有些人已經直接這麼做了。因此，讓我們把幾個有關民主的大問題擱置一旁，先探討工人對海選的訴求。

就某種程度來說，工人要求海選真的一點都不過分。他們沒有試圖公然組織獨立於全總之外的工會；也沒有要求連企業層級以上的全總官員（例如市級或省級）都要以民主選舉產生；他們也沒有公然挑戰中共對各級工會（從企業層級上達中央）的掌控。即使他們心裏有這些念頭，但大家都很清楚若敢公開做以上要求，一定會被視為公然挑戰中共政權，很快就遭到鎮壓。因此，工人希望能透過公開海選來選出基層領導算是「很安全」的要求了，因為這要求只是挑戰了資方的權力，並非挑戰黨的權力，再加上各地農村早已普遍實行選舉，證實選舉可以是政治正確的安全選項。也就是說，工人想要追求更民主化的基層工會選舉，農村的海選經驗可能已經為他們舖了比較平坦的路。農村的海選經驗或許也可以進一步告訴我們：如果未來海選真的越來越普遍，那麼中國工人還會想要求什麼，以及可能得到什麼。

從農村選舉看工會選舉的未來發展

中國憲法規定由中國共產黨實行一黨專政，而且中共領導人並非由民選產生。以西方觀點來說，這當然不是民主，但以中國官方觀點來看，中國是中共領導下的民主社會，而且中共的統治與民主相輔相成。鄧小平曾解釋，「如果不把民主置在中國共產黨的領導下……中國就會陷入一片混亂；如果政治不穩定，就沒有民主可言。」[54] 知名的中共理論家俞可平在其題為《民主是個好東西》的著作，以更現代的說法闡述：中國的民主並非體現於多黨競爭的選舉，而是體現於各種機制，人民的利益和意見可透過這些機制影響公共政策。[55]（第9章將探討，俞可平最近又強調競爭性選舉的重要，認為這是中國民主發展的組成部分，但它並非多黨制選舉。）

「具中國特色的民主」在選舉的角色

普選在中國版本的「協商式民主」的確佔有一席之地，但至高無上的中共領導人嚴格限制了選舉的範圍和形式，而且普選無法擴及擁有最高權力的中共本身，**直接**普選也不會擴展到基層以上的政府組織，只有在最接近人民的基層社會單位(像是農村、社區、職場)才能實施普選。例如，中國最高立法機關全國人民代表大會由幾千名代表組成，他們透過多層式的分級選舉產生：全國人大代表是由省級人民代表大會選舉產生，而省級人民代表又是由下一級的人民代表選出，就這樣一路往下到最底層的村民委員會和居民委員會，只有最底層的管理組織成員由直選產生。透過這種多層分級選舉，不受黨支持的候選人即使能在最底層的選舉出線，接下來也會在許多正式或非正式的篩選程序中被剔除，不可能進入全國人大。此外，擁有立法權的全國人大仍要聽命於非民選的黨國機關領導，所以由非民選黨國機關提出的法案「從來不會被全國人大投票否決」。[56]

即使如此，「具中國特色的民主」其中一個環節，就是在政權的最底層(也就是基層)實行直選。中國最大膽的民主選舉試驗始於1987年，當年在各地農村實行直接選舉，農村正是中國農村政治體制裏最小、最底層的單位。[57] 1982年的憲法形容村民委員會是農村地區的「基層群眾性自治組織」(但仍接受黨的監督)。[58] 不過，「自治」並不一定意味著公開的直接選舉。當年民政部有一批改革派官員，在獲得上級、地方以至海外不同程度的支持下，積極地在農村推行直選。[59]

關於直選的正反論點，皆預示了工會的直選也會引起不少爭議。支持者認為直選可提升政治穩定，可改善農村治理以及提升村民對上級政府組織的配合度，所謂上級包括鎮級以上的政府機構，也可提升村民對黨組織的配合度(農村也設有黨組織，一樣是非民選組織而且權力很大)。反對者則擔心即使是一點點的權力下放和民主化,也有可能造成社會動盪,並阻礙中央政府實施政策。他們認為民選農村官員和黨指派的官員之間一定會有衝突,而且可能不僅在農村層級,也許在鄉鎮或更高層級都會發生類似情形。最後支持者佔了上風,但選舉的推行必須循序漸進,不可能一步到位。

起初,「先篩挑後選舉」的原則同樣成為農村選舉程序的常態,再加上法律沒有明確的選舉規範,所以地方官員就有機會操縱選舉,限制提名人選,或是打壓不喜歡的候選人。[60] 但農村選舉的經驗,還是讓某些地區越來越支持更民主的選舉,也為1998年的《組織法》鋪路;《組織法》明文規定全國農村皆採行直選,對於選舉管理細項以及投票人資格也有明確規範。[61] 更重要的是,該法要求中國各地農村皆採用不記名投票以及類似海選的初選,而且要有公開的提名程序。久而久之,上級的指示越來越清楚,村民也會幫忙監督選舉程序,中層官員也越來越支持選舉,這一切都有助於創造更乾淨透明的選舉。舒耕德(Gunter Schubert)教授和李安娜(Anna Ahlers)教授近來一項研究發現,自1987年以來「**選舉的素質**持續改善」,原因是成功落實不記名投票以及較少人「明目張膽地操縱選舉」。[62]

可以肯定的是,農村選舉現在仍由鄉鎮級的非民選中共官員組織和「指導」,不過所謂的「指導」,幾乎等同干預提名程序和競選活動。即使海選是官方規定的選舉模式,但「先篩選後選舉」的習慣很難動搖,畢竟在任官員常藉此增加自己的優勢。即使如此,村民很少像烏坎村那樣為自己的民主權利反擊。但話說回來,也不是所有村民都想反抗黨的掌控,舒耕德和李安娜兩人的研究便發現,有60%的村民接受黨來主導村裏的選舉,只有12%反對。[63] 這可能代表村民普遍認為中共對選舉的管理相當公平且溫和,或是意味著即使中共以較激烈的手段剔除「愛挑事」或「不適任」的候選人,很多農村百姓也都能接受。

不過很清楚的是，農村選舉很受歡迎。村民對選舉非常熱情而且參與度很高。[64] 像烏坎村選舉投票率高達八成的情況並不罕見。無論當初村民為什麼想要選舉或參與選舉，他們現在都認為投票是公民應有的政治**權利**。基層工會選舉未來想要發展，也許在很多方面都可借鏡農村的選舉經驗。

海選可能成為工會選舉的常態嗎？

農村選舉程序越來越規範有序，民主成分提高，也許讓人對地方基層工會選舉的發展謹慎樂觀，期待基層工會選舉不再只是零星的短期試點，而是邁向有明確制度規範的公開海選。不過，選舉持續進展不代表一定會持續進步，有時也有可能退步。即使農村選舉已經發展了二十多年，還是有很多人試圖干預和操縱選舉，大家想想之前我們說過哪些人會操縱工會選舉，應該就可以猜到哪些人會操縱農村選舉。村委會的工作和村委會選舉都很容易受到非民選官員的干預，這些非民選官員，包括村黨支部幹部以及鎮級以上黨國機關官員；選舉產生的基層工會領袖也會碰到類似的狀況，一樣會有企業內部的非民選官員(也就是中共幹部)，以及企業層級以上的官員(全總地方分會和地方黨委的中共官員)來干預他們的工作。這些官員擁有很大的權力，可以影響選舉、提名和競選活動。此外，基層工會民選幹部還要面對企業管理階層，這些人往往是工會幹部的頂頭上司，而且很常為了提升企業經濟利益試圖掌控工會。因此，我們可以說基層工會幹部比民選村委會面臨更大的挑戰。

除此之外，工會的海選到目前為止未曾獲得中央政府的大力支持。農村能暢通地進行海選，證明推行農村選舉的民政部從很早就開始支持改革，而且一直都很積極。相較之下，全總仍堅守「先篩選後選人」的原則，而且對海選(或任何不能先篩選候選人的選舉)持懷疑態度。因此，工會的民主選舉發展，需要工人自己更用力、更大聲地向政府提出海選訴求。

要求在工會選舉實行海選的訴求不斷增加，而且似乎集中在華南沿海地區的農民工，這也許部分可歸因到他們在鄉間就有海選的經驗。就像烏坎村的熱血青年團能把組織集體抗議的經驗帶回農村，農民工當然也可以把農村的民主選舉經驗帶到工廠，亦有可能把這些經驗帶到其他工廠。工廠工人的流動情況遠高於農村人口，而這對持續改革有利也有弊。一方面，流動率高讓工人難以持續關注特定工廠的改革，即使工人在罷工後獲得海選的權利，這些罷工者很可能在接下來的一兩年內就會離職，因此使改革難以持續。[65] 但另一方面，高流動率讓基層選舉具有更高的「傳染力」，因為工人會把選舉經驗帶到下一個工廠。

所以，公開直選(尤其是海選)未來能擴展到什麼程度仍不明朗，而且有可能面臨巨大的挑戰。不過，無論更民主的選舉能擴展到哪些層級，我們都要問：實施選舉後會有哪些影響？民主選舉能讓基層工會更有效回應工人訴求，為工人爭取更多權益嗎？基層選舉的經驗會刺激人民對選舉的訴求嗎？或者，官方抗拒在更高層級的工會或在企業黨組織實行選舉，官方的強硬態度會否因此軟化？

基層民選官員真的更能回應民眾訴求嗎？

讓工人投票選出自己的基層工會幹部，照理說應該能讓工會成為更適任的勞工代表(也能更有效監管勞工)，而且能讓集體談判成為有效防止罷工並改善勞資關係的機制，而非只是臨時用來撲滅勞工抗爭之火的工具而已。民主選舉產生的工會幹部應該更能妥善處理工人的各種不滿，預防工人發起罷工。這些美好願景看起來也是工人要求工會選舉的原因，有些有遠見的官員和企業高層同樣為了這些美好願望欣然允准工會選舉。大家對民選村委會也有相同的期待，因為早在1987年，農村抗爭就已經是個令人擔心的問題，而選舉正是解決方案之一。民選村委會應該要能及早處理村民的不滿，讓整個決策過程更加公開透明和貼近民眾，也應該促進農村與黨及上級官員的合作，或者說要贏得他們的「贊同」。

但在這方面，烏坎村和歐姆電子選舉的後續發展都令人大失所望。在這兩場選舉，長期霸佔大位不放，卻又毫無作為的現任領導都落選下台，極渴望改變的基層民眾透過民主程序選出幾位眾望所歸的新領導。然而，在兩個故事裏，這些眾望所歸的新領導仍被非民選的當權者包圍，包括企業裏或村裏的中共官員、鎮級的黨國機關和工會官員、以及工廠的管理階層。若這些當權者就是要跟你唱反調，或堅持以他們的利益為優先，民選的領導最終還是要妥協，也許是在幾場奮戰後敗下陣來。

兩個故事的發展令人失望，究其原因仍是制度上的限制，而且這些限制在村民委員會和基層工會都可說是常態：無論是村委會還是基層工會，都必須接受同層級的中共幹部和上級地方官員的監督，這些幹部和官員都不是民選產生。舒耕德和李安娜兩人曾調查各地村民對民選村委會政績的評價，問他們是否覺得生活有因為這些民選村委會獲得改善，結果得到褒貶不一的回應。[66]（這樣的調查結果也可能是因為會參與選舉選出官員的人，往往也更關注和挑剔官員的表現。）

其他證據也顯示民選村委會，無論在解決村民的不滿還是促進社會和諧方面都不是很成功。舉例來說，大多數農村的「群體性事件」都肇因於土地不當交易，烏坎村抗爭也是出於同樣的原因；地方官員將珍貴土地使用權賣給關係友好的開發商，但給予村民的補償金和土地售價比起來簡直是九牛一毛。[67] 農村選舉的機制及改革目的就是要妥善處理農村抗爭的問題，甚至可說是必要的手段；如果沒有改革，情況可能會更糟。但實施的改革仍不足以處理多年根植於農村的問題，其中一個原因就是民選村委會擁有的實際權力太小。

出於同樣的一些原因，我們有理由質疑，民主選舉產生的基層工會幹部是否能夠為工人帶來顯著更好的結果。他們大概只能擔當「警報器」的角色，及早偵測抗爭徵兆並通知體制裏真正有實權（而且仍是非民選）的官員，請這些官員在事情鬧到一發不可收拾之前及早回應工人訴求。能夠做到這樣不能說毫無意義，只是意義不大。

選舉經驗會向基層以上和以外推展嗎？

有些人——或至少那些相信民主選舉為公民權利的大多數美國人，會這樣認為——工會（或農村）選舉的經驗會促成更多人對自治權利的渴望。有些人可能會猜想，如果老百姓選出來的工會（或農村）領導老是遭到非民選官員的阻撓，那麼人民應該會特別渴望投票選出握有實權的領導，例如鎮級甚至是省級的領導幹部也由人民投票產生。[68] 不過，中國的情況真的是這樣嗎？基層的選舉經驗真的會促使人民要求官方開放更高層級工會（甚至黨組織）的幹部，也以選舉產生嗎？從農村選舉的經驗來看，情況並非如此，就算真的有朝此方向邁進，也走得十分緩慢。有限度的民主選舉已在農村實施三十多年，但很少有人要求把選舉制度擴展到其他組織或層級，官方甚至更不支持這種作法，無論是水平擴展至同層級的村黨支部書記，還是垂直擴展至上頭的鎮級官員，至今未曾發生。

農村選舉實施初期，許多學者（尤其是外國的中國觀察家）都認為選舉將會從農村向上擴展到鎮級官員，也許還能更往上進入黨國階級。有些官員也認同那些期望。一項1999年的研究發現，有些鎮級官員也「強烈要求在自己的行政層級實施直選，好讓他們不用夾在下一級的民選村委會，與上一級的非民選縣級官員之間，弄得兩面不是人」。[69] 九十年代後期，中國好幾個地區的確舉辦了鎮長的公開提名和直選，在四川省和廣東省尤其常見。[70] 然而，這股突然興起的民主試驗潮流在2002年初嘎然而止，因為中共中央委員會宣布直接民選鎮長是**違憲**的。中央指按憲法規定必須由黨主導選拔地方官員，所以由人民直選鎮長明顯牴觸憲法。[71]

中國現在還沒打算以普選產生鎮級或更高層級的官員，但這並非不可能。相較之下，以普選選出中共幹部才是幾乎想都不用想。這點很關鍵，因為全總各層級正是隸屬於與其對應的各層級黨組織，從中央往下到企業層級都是如此。中共的層級也有與政府各層級平行的黨組織，並由黨委主導對應的政府機關，從北京的各層級一直到農村皆是如此。雖然中國已經有人悄悄地在討論「黨內民主」，也就是在中共黨員之間舉行競爭性選舉，但由人民普選中共幹部還是難以想像。

有些人可能以為，中國民眾對選舉只能在整個政權的最低層級實施普遍不滿，但民主選舉在農村即使已經實施了幾十年，仍未產生對直選更高層級黨國機關或中共官員的廣泛支持。有人支持這樣的想法嗎？其實有，但不算廣泛支持，也不覺得非這樣做不可。舒耕德和李安娜兩人發現有38%的村民支持鎮長直選，但有34%反對。(多數中國公民一直以來對省級或中央政府都相當肯定，因此可以合理推斷人民對鎮級以上官員選舉的支持度會更低。) 同一項研究也發現有48%的村民支持村黨支部書記以選舉產生，但有29%反對這樣的改革。[72] 這些數據令人十分意外，因為現行的村委會選舉獲得幾乎全體民眾的支持。

有些讀者可能會很訝異，竟然有較多中國人並沒有表達出由選民自己選出更高層級黨政官員的意願，也有些讀者可能根本不相信調查結果，畢竟這問題太政治敏感。當然，我們對這類議題的調查結果不能全然相信，但這些數據對長期觀察中國的學者來說其實沒那麼意外，學者發現中國人有個根深蒂固的習性，傾向信任由地位或層級較高的人來管理組織或治理國家，而不是信任跟自己同樣地位或同一層級的人。[73] 此外，許多中國公民(尤其是農村村民)似乎認為中共過去三十年來把國家治理得非常好，中央政府的表現更是值得肯定。[74] 就許多福利政策來說，他們說的沒錯。很矛盾的是，農村選舉獲得的好評與支持反而鞏固了中共的統治，很多農村百姓都認為基層政府機關能實施選舉都是黨中央的功勞，舒耕德和李安娜的研究便指出，「與其說農村選舉促進中國政治制度民主化，不如說反而(暫時)鞏固了一黨專制的政體。」[75]

因此，我們可以簡單推論：也許基層工會選舉不但不會刺激工人要求在工會(或整個政治體制)有更多話語權，反而能維護社會穩定及鞏固黨國統治的認受性。然而，事情也可能沒那麼簡單，因為跟農村村民比起來，工廠農民工為自己爭取公民權的意識更為強烈，一方面由於他們已經「城市化」，另一方面是因為他們農民工的身分。

「城市化」與更高的政治意識、政治技術及對政治話語權的需求，既可以說有關係又可以是沒有關係。[76] 至少在中國的傳統觀念裏，跟城市居民比起來，農村百姓比較不會要求政治發聲，也比較願意服從權威。(農村百姓也比較貧窮、高齡化且教育程度較低，這些城鄉差距都有可能造成城鄉居民在政治態度上的差異。)[77] 但農民工也許能推翻這些舊觀念，雖然他們出身農村，但他們年輕力壯，比較不受農村權力制度的束縛，然而他們到城市工作之後，卻因為社會整體的偏見和歧視而被邊緣化，有些偏見還是官方的戶口登記制度所造成。[78] 因為出身農村而遭邊緣化，卻又擁有在城市工廠工作的經驗，兩種經驗的結合可能使農民工不願意屈服於黨的掌控，更希望自己發聲。中共高層的確很擔心農民工邊緣化的問題，也很擔心這可能引發更多抗爭，現在有些進行中的改革就是要處理這個問題。同時，另一項議題也是許多人爭論的焦點(似乎政界人士也對此爭論不休)：制定基層工會民主選舉制度，賦予工人更多話語權，將可平息抗爭還是會引發更多抗爭呢？

當我評估中國工會民主的各個層面時，我並沒有暗示美國工會是民主自治的典範。不同的工會在不同的時期都會面臨不同的問題，像是貪腐、黑道介入、種族排斥、種族隔離與歧視、打擊內部異議分子以及違背民主機制巴著權力不放的在位者。此外，選舉式民主無論在何處都是很複雜的議題，即使選舉背後有各種具備「民主特色」的配套措施，還是很有可能遭到內部有心人士以各種方式操弄，或者遭到有權有勢的外部人士干預。[79] 所幸，美國經驗告訴我們：法律可以有效減輕這些威脅，降低操縱和鞏固民主操作，不過首先這必須是立法者和執法者的目標，法律才能發揮這些效果。但中國高層目前態度仍曖昧不明，仍未下定決心賦予基層工會更多民主。

工會選舉該如何執行？尤其是「先篩選後選舉」的原則到底合不合理？針對這些問題的激辯，某種程度上是中國的民主與精英政治對抗的縮影。我和與中共友好的學者討論這些議題時，他們問我：依靠一般民眾判斷並選擇領導人真的合理嗎？為什麼不依靠那些在上級或可能出任領導者身邊的人，根據他們受過的訓練、經驗以及過去表現，判斷誰適合擔任領導職務？當然，一般民眾也可以而且也應該根據這些特質來選擇領導，但他們真的都會這麼做嗎？而且，一般民眾真的很擅長判斷候選人是否具備領導該有的特質嗎？還是說，民眾其實很容易被膚淺的花招、虛妄的主張、空泛的承諾和洗腦式的選舉口號哄得團團轉呢？（好吧，說得有道理，即使在2016美國總統大選之前，這些質疑都已經很有道理了。）

但另一方面，我們也可能想問（我就這麼問了）：如果沒有民選機制來選拔領導人，那麼有什麼能阻止在位者為了繼續掌控權力，只選乖乖聽話的人來擔任領導？如果沒有民選機制，又有什麼能防止在位者挑選下一任領導時，作出圖利自身的決定？（有些黨員可能會說：中共的統治和中國的未來都取決於能否消弭在位者的自私心態，杜絕貪腐以及選拔誠實優秀的人才擔任公職人員。）而且，就算不考慮這麼實際的問題，難道人民沒有權利決定誰來領導他們，以及領導人該用什麼方式帶領人民嗎？即使普選跟其他任何選舉制度一樣都有其缺陷，難道因為如此，普選就不是確保被統治者同意所必要的嗎？在現代社會，被統治者同意不是政治認受性所必要的嗎？

當中國內部在爭辯工會以及整個政府的民主選舉應該擴展到什麼範圍，前述的這些疑問都有許多人公開或私下討論。爭議當然很大，而且無論對支持美國式民主，還是支持中國統治模式的人來說，思考這些問題都會令人不安，但這些問題仍舊值得討論。很遺憾的是，在中國目前的大環境裏，這類辯論大多仍是關起門來進行，例如通過嚴格審查的成員在黨的監督下討論，或是在國外校園課堂上、某些私人場所裏、或在社交媒體上以暗語的方式討論，而不是通過大眾媒體和學術期刊公開議論。這對中國和全世界來說真的很可惜，不能公開探討這麼重要的議題對所有人都是損失。然而，關於這些大問題還有其他值得探討之處，將在第9章繼續探討。

注釋

1　"Workers' Voices: Learning the Hard Way about Trade Union Elections," *China Labour Bulletin*, May 9, 2013, http://www.clb.org.hk/en/content/learning-hard-way-about-trade-union-elections.

2　Tim Pringle, *Trade Unions in China: The Challenge of Labour Unrest* (New York: Routledge, 2011), 168–170.

3　Qianfan Zhang, *The Constitution of China: A Contextual Analysis* (Oxford: Hart Publishing, 2012), 250–253.

4　關於香港近年選舉改革提案的探討，見"China: Hong Kong's Democracy Debate," *BBC News*, June 18, 2015, http://www.bbc.com/news/world-asia-china-27921954; Dylan Loh Ming Hui, "Hong Kong Election Reform: Will It Happen?," *RSIS Commentary*, April 29, 2015, http://dr.ntu.edu.sg/bitstream/handle/10220/25850/CO15103.pdf?sequence=1。

5　Gunter Schubert and Anna L. Ahlers, *Participation and Empowerment at the Grassroots: Chinese Village Elections in Perspective* (Lanham, MD: Lexington Books, 2012).

6 伯納德．曼寧(Bernard Manin)稱之為「再次獲得人民認同」。Bernard Manin, *The Principles of Representative Government* (Cambridge: Cambridge University Press, 1997), 176.

7 該定義結合了兩大要素，第一個要素是由被統治者透過選舉，並以多數決的原則選出統治者(例子見Robert A. Dahl, *How Democratic Is the American Constitution?*〔New Haven, CT: Yale University Press, 2001〕, 50–51)，第二個要素則是透過選舉撤換現任官員的可能(見Adam Przeworski, Michael E. Alvarez, Jose Antonio Cheibub, and Fernando Limongi, *Democracy and Development: Political Institutions and Well-Being in the World, 1950–1990*〔Cambridge: Cambridge University Press, 2000〕, 18, 23.)。

8 關於烏坎村事件以及選舉後續發展的簡要描述，見Andrew Jacobs, "Residents Vote in Chinese Village at Center of Protest," *New York Times*, February 1, 2012。

9 James Pomfret, "Freedom Fizzles Out in China's Rebel Town of Wukan," Reuters, February 28, 2013.

10 Ibid.

11 Michael Wines, "Revolt Begins like Others, but Its End Is Less Certain," *New York Times*, December 16, 2011. (當時烏坎村抗爭的實際領袖說：「我對於事件缺乏進展的確感到憂心，但我相信我們是法治國家，所以相信中央政府會盡一切努力來幫助我們。」)

12 汪洋通常用寬容溫和的方式，處理像是烏坎事件和工廠勞工抗議這類社會衝突，這使他在某些領域備受讚譽，但有些觀察家認為他的做法阻礙了他在中共領導階層內的升遷。Mimi Lau,"Guangdong Chief Wang Yang Dodges Questions on Promotion," *South China Morning Post*, November 10, 2012.

13 《中華人民共和國村民委員會組織法》(全國人民代表大會常務委員會1998年11月4日公布，自公布之日起施行)，第14條(「選舉村民委員會，由本村有選舉權的村民直接提名候選人。候選人的名額應當多於應選名額。」)

14 舒耕德和李安娜解釋說，《村民委員會組織法》第三條將村黨支部定義為農村自治的「領導核心」，「因此毫無疑問黨支部對農村事務有最終決定權。」他們認為村黨支部「決定選舉實施的方向」，並且鼓勵黨員參加村委會競選，而其他候選人一旦選上村委會就會被招募進入黨支部，此現象被稱作「一肩挑」。Schubert and Ahlers, *Participation and Empowerment at the Grassroots*, 165, 87, 134.

15 Pomfret, "Freedom Fizzles Out in China's Rebel Town of Wukan."

16 Dongfang Han, "A Chance to Help Build Grassroots Democracy in China," *China Labour Bulletin*, July 5, 2012, http://www.clb.org.hk/content/chance-help-build-grassroots-democracy-china.

17 Ibid.

18 "Workers' Voices: Learning the Hard Way"; 王江松:〈落實工人結社自由,防止企業工會直選成為新的政治花瓶〉,《集體談判制度研究》: 14 (2012),由《中國勞工通訊》翻譯,2012年7月25日,http://www.clb.org.hk/en/content/prescription-workplace-democracy-china。

19 〈歐姆前工會主席李世忠:落選說明選舉完全民主〉,南方網,http://www.oeeee.com/a/20120529/1056001.html。

20 〈歐姆工會主席直選背後〉,《南方日報》,2012年6月5日,http://epaper.nfdaily.cn/html/201206/05/content_7090697.htm; "Workers' Voices: Learning the Hard Way"。

21 "Workers' Voices: Learning the Hard Way."

22 《中華全國總工會關於進一步加強企業工會工作充分發揮企業工會作用的決定》,《決定》第四段提及制定企業工會主席民主選舉辦法,「企業工會主席產生必須履行民主選舉程序。」

23 "Workers' Voices: Learning the Hard Way."

24 Ibid.

25 Pringle, *Trade Unions in China*, 160.

26 Ibid., 160–162.

27 Ibid., 106, 142.

28 Jude A. Howell, "All-China Federation of Trade Unions beyond Reform? The Slow March of Direct Elections," *China Quarterly* 196 (2008): 845–863; Pringle, *Trade Unions in China*, 160.

29 Pringle, *Trade Unions in China*, 161–162, 167; Howell, "All-China Federation of Trade Unions beyond Reform?," 853.

30 Pringle, *Trade Unions in China*, 161.

31 《企業工會主席選舉辦法(試行)》(中華全國總工會2008年7月25日發布並施行),第四和第六條。

32 根據《企業工會主席選舉辦法》,「由上一級工會、企業黨組織和會員代表組成的領導小組,負責工會主席候選人提名和選舉工作。」同上,第七條。「企業工會主席候選人應以工會分會為單位醞釀推薦,或由全體會員以無記名投票方式推薦,上屆工會委員會、上一級工會或工會籌備組根據多數會員的意見,提出候選人名單。」候選人應多於應選人,「企業黨組織和上級工會應對企業工會主席候選人進行考察,對不符合任職條件的予以調整。」見同上第五、第八、第九條。

33 Pringle, *Trade Unions in China*, 168. 另一個避免直選的原因是怕選出「幫派分子」;有些農民工的「同鄉會」涉及某些犯罪活動。同上。

34 Pringle, *Trade Unions in China*, 171–172.

35 該程序是在2011年6月某次訪談由當事人描述。所有訪談皆在保密情況下進行,受訪人姓名經雙方協議不公開。

36 "Five Years On, Nanhai Honda Workers Want More from Their Trade Union," *China Labour Bulletin*, May 15, 2015, http://www.clb.org.hk/en/content/five-years-nanhai-honda-workers-want-more-their-trade-union.

37 中國的選舉(也許更加廣泛)「選民偏好」的作用和性質，並非完全跟選舉制度無關，不過選民偏好的確會發揮很特殊的影響，我們之後會回來討論。

38 "Five Years On"; "Plans for Election of Union Chair at Nanhai Honda," *Takungpao*, June 14, 2010, translated by China Labor News Translations, http://www.clntranslations.org/file_download/118.

39 普林格爾(Pringle)同樣引用了某位全國總工會研究員的話：「關鍵不在於選舉，而在於工會會員可以選誰，或者更重要的是——他們不能選誰。」Pringle, *Trade Unions in China*, 180.

40 有關中國東北大連的工會選舉的信息，出現在2008年4月10日在全國總工會英語網站上發布的「工會領導直選」欄目，但該欄目已被刪除。

41 2013年5月6日與中國勞動學者的談話。

42 2011年12月17日與中國勞動法學者的談話。

43 2011年12月和2012年5月與中國勞動法學者的談話。

44 Pringle, *Trade Unions in China*, 165.

45 Howell, "All-China Federation of Trade Unions beyond Reform?"

46 Pringle, *Trade Unions in China*, 172–175. 在大型企業，工人先選出代表(基本上都是透過海選)，然後再由代表選出工會幹部。這看起來與歐姆電子的工會選舉程序相當類似。

47 2011年6月4日與省級總工會官員的談話。

48 Schubert and Ahlers, *Participation and Empowerment at the Grassroots*.

49 2012年5月26日與中國社會科學院教授石秀印於北京的談話。

50 同上注。

51 見第6章。

52 與石秀印教授的談話。

53 Zhang, *Constitution of China*, 104–105, 250–252.

54 Keping Yu, "Toward an Incremental Democracy and Governance: Chinese Theories and Assessment Criteria," *New Political Science* 24 (2002): 184–185, http://www.tandfonline.com/doi/pdf/10.1080/07393140220145207.

55 Keping Yu, *Democracy is a Good Thing: Essays on Politics, Society, and Culture in Contemporary China* (Washington, DC: Brookings Institution Press, 2011).

56 Dexter Roberts, "What to Know about China's National People's Congress," *Bloomberg Businessweek*, March 4, 2014, http://www.bloomberg.com/bw/articles/2014-03-04/what-to-know-about-chinas-national-peoples-congress.

57 目前在城鎮地區，「居民委員會」實行相對應的直接選舉制度，但由於它被視為重要性較低因此較少人研究。見"China from the Inside: The Role of Elections in Representing the Chinese People and Advancing Democracy," PBS, July 31, 2015, http://www.pbs.org/kqed/chinainside/power/democracy.html. 本書聚焦於農村選舉。

58 Schubert and Ahlers, *Participation and Empowerment at the Grassroots*, 15.

59 Tianjian Shi, "Village Committee Elections in China: Institutionalist Tactics for Democracy," *World Politics* 51 (1999): 385–412.

60 規範農村選舉的首部法律為1987年的《村民委員會組織法（試行）》，不過當時只是暫訂的法律，因此省級和地方官員在是否實施選舉，以及何時且如何實施都有很大的酌情權。Schubert and Ahlers, *Participation and Empowerment at the Grassroots*, 15–19.

61 Ibid., 19–22.

62 Ibid., 143.

63 Ibid., 159.

64 Ibid., 145–146.

65 員工流失率高是歐姆電子工人難以持續關注並參與選舉的原因之一。"Workers' Voices: Learning the Hard Way."

66 Schubert and Ahlers, *Participation and Empowerment at the Grassroots*, 145–146.

67 一位觀察家估計，「在2010年中國發生的187,000宗大規模官民衝突，約65%是由（農村）土地糾紛而起。」Elizabeth C. Economy, "A Land Grab Epidemic: China's Wonderful World of Wukans," Asia Unbound blog, Council on Foreign Relations, February 7, 2012, http://blogs.cfr.org/asia/2012/02/07/a-land-grab-epidemic-chinas-wonderful-world-of-wukans/.

68 有些人也可能認為這套道理完全不適用於非民選的公司高層，但和美國勞工比起來，這點對中國勞工比較沒那麼明顯，我們下一章會討論。

69 Schubert and Ahlers, *Participation and Empowerment at the Grassroots*, 27 (引用 Lianjiang Li, "Elections and Popular Resistance in Rural China," *China Information* 16 [2001]: 91).

70 Ibid., 163–166.

71 Ibid., 164.

72 Ibid.

73 Zhang, *Constitution of China*, 9, 28–30. 張千帆認為中國民眾「對平民百姓政治能力的質疑」，其起源可追溯至儒家思想，儒家思想大力倡導「社會身分的區別與尊卑階級，以社會地位來說，父母高於子女、夫高於妻、貴族高於平民、上司高於部屬，如此尊卑分明才能落實禮法。」Ibid., 28。也可參閱 Daniel A. Bell, *The China Model: Political Meritocracy and the Limits of Democracy* (Princeton, NJ: Princeton University Press, 2015).

74 皮尤研究中心在2013年發現，有85%的中國受訪者對中國的發展方向表示滿意，還有67%的受訪者形容其個人經濟狀況「良好」。Pew Research Global Attitudes Project, Pew Research Center, 2016年5月9日最後查閱，http://www.pewglobal.org/database/indicator/3/country/45/。肯尼迪(John Kennedy)發現，「自九十年代初，所有對中共政權的民意調查顯示，有超過七成受訪者支持中央政府和共產黨」，但肯尼迪和其他學者也警告說，這些調查結果有可能反映出「人民不敢表達對政權的真實感受」、「媒體淪為政黨宣傳工具」以及「屈服於獨裁掌控的文化傾向」。John James Kennedy, "Maintaining Popular Support for the Chinese Communist Party: The Influence of Education and the State-Controlled Media," *Political Studies* 57 (2009): 517, 520, http://onlinelibrary.wiley.com/doi/10.1111/j.14679248.2008.00740.x/pdf.

75 Schubert and Ahlers, *Participation and Empowerment at the Grassroots*, 161.

76 這曾經是很多人認同的論點。Samuel P. Huntington, *Political Order in Changing Societies* (New Haven, CT: Yale University Press, 1968), 5; Karl W. Deusch, "Social Mobilization and Political Development," *American Political Science Review* 55 (1961): 498–499. 不過近期學術圈已經開始質疑這樣的論點，例子可見Wayne A. Cornelius, *Politics and the Migrant Poor in Mexico City* (Stanford, CA: Stanford University Press, 1975): 77–78; Lester Milbrath, "Political Participation," in *The Handbook of Political Behavior*, ed. Samuel L. Long (New York: Plenum Press, 1981), 197, 225–226. 米爾布雷斯(Lester Milbrath)的結論是：「城市生活和政治活動之間，不是缺乏連結就是只有很消極的連結，說到投票尤其如此。」

77 Jennifer Pan and Yiqing Xu, "China's Ideological Spectrum" (research paper no. 2015–6, Department of Political Science, MIT, Cambridge, MA, November 17, 2015), http://papers.ssrn.com/sol3/papers.cfm?abstract_id=2593377. 該研究發現，大多數城鄉差異是由其他因素造成的：「收入和教育水平較高的人，以及具備較高度經濟發展、教育水平、貿易開放和城市化的地區，比較有可能贊同政治自由化及市場分配機制。」

78 關於農民工持續邊緣化以及戶口制度造成的影響，見 C. Cindy Fan, *China on the Move: Migration, the State, and the Household* (London: Routledge, 2008), 5; 及 Daniel Fu Keung Wong, Chang Ying Li, and He Xue Song, "Rural Migrant Workers in China: Living a Marginalized Life," *International Journal of Society and Welfare* (2006): 34–37。

79 Samuel Issacharoff, *Fragile Democracies: Contested Power in the Era of Constitutional Courts* (New York: Cambridge University Press, 2015).

第8章

「社會主義市場經濟」的工人有話語權嗎？

——職工代表大會制度不尋常的復興

世上許多國家除了透過工會進行集體談判，還採用讓工人在職場上參與決策、共享權力與責任的「產業民主」管理模式。跟世上大多數國家相比，美國算是異類，因為美國政府只希望工人通過獨立工會進行談判，不樂見工人以其他方式集體爭取權益，但如今美國私有企業的工會密度已經降至不到7%。中國反而跟大多數國家一樣，在工會之外還有官方核准的機構代表工人參與企業管理。中國的職工代表大會[1]與歐洲，尤其是德國的「職工委員會」十分相似，是官方用來實行「民主管理」的機構，企業裏所有僱員都應當透過職工代表大會參與管理。

在計劃經濟時期，與工會共同運作的職代會是為了體現工人才是「企業主人」的宗旨，但它們實際扮演的角色卻因不同企業而異。隨著中國實施改革開放，職代會在公司化的新式國有企業逐漸式微，而多數新興非國有企業裏則根本沒有這類機構。然而，近年來職代會似乎有復興跡象。自從中華全國總工會在各大民營企業組建工會，中國決策高層就順勢要求企業內部也要組建職代會。雖然此舉象徵意義似乎遠大於實質意義，畢竟現今中國的職代會普遍無權無能，但此舉仍有可能預示改變即將到來。

職代會的復興(如果真的在復興的話)可能是中國政府的另一項策略，希望透過該制度全面防止工人的不滿升級至難以收拾的局面，以至匯聚成跨工廠的大規模抗爭。然而，就像我們至此提過的其他勞動改革策略一樣，中國政府由於極度重視社會穩定，因此他們在執行改革時常面臨兩難：中國領導人也許希望職代會能更有效處理工人不滿，以免爆發抗爭；但又懼怕職代會可能成為助長獨立勞工運動的有效工具。不過，復興職工代表制度在整體勞動改革裏，看起來仍是風險較低的策略。

本章探討職代會的歷史沿革，同時了解該制度目前的復興態勢意味著什麼：職代會復興對中國工人和在中國營運的企業有何影響？職代會明顯是計劃經濟時期的產物，復興它的動機和目的是什麼？它又如何呈現新興「社會主義市場經濟」的特色？當然，中國領導人復興職代會肯定不是為了讓工人再度成為國有企業的「主人」，更不可能成為中國民營企業的「主人」，但有些中國高層，很可能希望工人能夠在參與企業管理上擔當更大的角色。中國政府一開始先讓計劃經濟中的國有企業「公司化」，這是為了仿效許多先進經濟大國的資本主義企業，但現在有些高層中人可能想讓在中國營運的資本主義企業稍微「社會主義化」，復興職代會便是其中一種手段。不過這是到最後一章才會繼續探討的假設。

「民主式管理」和職代會的興衰

在文化大革命如火如荼地進行的六十年代，鄧小平曾形容職代會是「在企業深化民主，召集職工參與企業管理和克服官僚主義的好方法」，同時也能「有效處理人與人之間的衝突」。[2]最後一個目標也許正是中國復興職代會的主要動機，但首先我們先來看看當局是要復興哪些機制。

計劃經濟末期的民主管理

中國的職代會最早是在五十年代建制，旨在落實憲法賦予工人參與國營企業管理的權力，當時工人可是國營企業的「主人」。[3] 儘管憲法的規定充滿善意，但「民主管理」在毛澤東時代仍飽受批評，很多人認為工會和職代會在意識形態上，根本是用來反抗黨的權威以及黨指派的工廠主管。接著，文革的爆發摧毀了中國許多政治制度，包括職代會和中華全國總工會都無法倖免。因此，很矛盾的是，雖然職代會是計劃經濟時期的產物，但卻是在鄧小平主導的「改革開放」初期才在國有企業內站穩腳跟。中國計劃經濟的改革跟不上非計劃非國有經濟的成長，而且在邁向市場經濟的同時，許多機構都是先恢復舊制再重組(但力量也被削弱)。[4] 因此，鄧小平在1980年宣布，「各企業事業單位普遍成立職工代表大會或職工代表會議，這是早已決定了的，現在的問題是推廣和完善化。」[5] 鄧小平的發言一如往常表達自己是秉持毛澤東的精神，同時避談文革造成的傷害。

職代會應該代表全體職工，讓工人擔當起「工廠主人」的角色。鄧小平在1980年的講話說：「職工代表大會或職工代表會議有權對本單位的重大問題進行討論，作出決定，有權向上級建議罷免本單位的不稱職的行政領導人員，並且逐步實行選舉適當範圍的領導人。」[6] 在經濟自由化初期恢復這個職場民主化機制，有可能是為了讓經濟不要過度自由化，或者只是為了延遲國有企業的自由化；又或者，當時恢復職代會是為了合理化，或甚至促進國有企業改革即將帶來的天翻地覆的改變。[7]

雖然職代會在形式上高於工廠管理層，但打從一開始它們的力量就被某些制度設計刻意削弱。例如，大多數職代會一年只開會一兩次，其日常工作實際上都由企業工會執行；企業工會通常由企業高層主導，而所有在企業裏的重要角色，明顯地都是黨內幹部的下屬。

職代會的兩個層面需要我們更仔細的審視，包括大會代表的選擇和組成，以及大會的法定功能。鄧小平在1980年說過職代會應當促進企業「民主化」，但卻沒說必須進行選舉，這可能讓很多西方人覺得很困惑，但對於熟悉中國(以及列寧式)民主集中制的人來說就沒什麼奇怪。民主集中制的概念，就是由於黨本身就體現了人民的意願，因此由黨來指導選出基層代表也是促進民主。[8]但從西方觀點來看，職代會的民主特性主要還是看它如何組成：它們是由大約10%勞動人口組成的龐大團體，從基層生產線到管理高層各階層都有自己的代表。[9]企業裏任何一名成員都可能成為代表；行政領導幹部或企業管理層在職工代表大會所佔的代表比例不應超過20%，而女性和青年職工應當佔「適當」的比例。[10]

到了1986年，法律明確要求以選舉方式選出職工代表。根據企業規模而定，職工代表可能由個別工作單位，或工廠和車間的全體職工直接選舉產生。[11]如同工會選舉一樣，上級仍可指導選舉，不過職工代表產生的實際情形其實有很多種，安舟(Joel Andreas)教授曾深入探討中國國有企業重組前(與重組後)的「民主管理」：

> 有些工廠……推選代表的過程較民主，先由工廠內部各工作小組提名候選人，然後再召開大會從這些候選人中選出代表。不過更常見的情況是：選舉必須聽從「上級的引導」，工廠內的黨員幹部要求工人直接從一張提名人名單中選出幾人，選出來的候選人數要比應選出的代表人數多一到兩名。在某些工廠裏甚至會有黨委書記直接指派代表的情形。[12]

無論用什麼方式選出代表，「這些代表大都是黨組織覺得可以信賴的人」，也就是那些「過去都乖乖配合工廠領導、願意盡責處理工廠事務」的員工。[13]此外，企業管理層的代表時常人數過多，輪班主管和各工作小組組長佔據了許多原本留給一線工人的席次。一位前職工代表曾經這樣說：「即使有選舉，大家還是把票投給領導支持的候選人。雖然大多數代表都是一般工人，但這些人都對領導唯命是從。」[14]

在法律上，職代會的職權範圍很廣。1998年的《全民所有制工業企業法》便詳列了一長串職代會的「功能和職權」，包括「評議、監督企業各級行政幹部，提出獎懲和任免的建議」(要經過黨委權力機構的核准)。[15] 這樣的權力似乎真正體現了國有企業工人是「企業主人」的精神，同時也讓職工代表大會更能有效行使其他職權，像是「有權知悉企業幾乎所有事務……也有權參與任何有關工人工資、福利和住房分配的決策過程」。[16] 職代會擁有的職權比工會還多，但它必須仰賴工會才能行使職權，而且職代會只有在工會召開會議時才會舉行，沒有召開會議的期間都是由工會代為行使職權。[17]

不過，計劃經濟時期國有企業裏的職代會真的有賦予工人這麼大的權力嗎？可說有，也可以說沒有。[18] 大多時候職代會的功能不過就是管理層的「橡皮圖章」。[19] 但有時候工人還真能利用法律賦予的參與權，去影響管理階層的決策。[20] 根據安舟教授的說法：「在某些工廠裏，代表大會並非定期舉行，就算舉行了也只是很簡略地報告、投票，走個形式而已。但有些工廠一年至少舉行兩次職工代表大會，而且會議時間很長，也很確實地討論議題。」[21] 職代會在選擇和監督基層領導這方面，可以發揮很大的作用。[22] 雖然說到其評議企業行政領導幹部表現的功能，通常也都只是「走個形式」，但偶爾還是有發揮重大作用的案例。「有些工廠曾經出現過由職工代表或全體職工投票撤換主管，有些工廠出現過角逐領導職務的候選人積極拉票。幾位知情者稱，他們聽過好幾名候選人在大型職工會議前發表演說，宣傳自己勝任的理由以及未來計劃，而且當選者很多時都不是受高層青睞的候選人。」[23] 不過這些突然迸發的職場民主潮流，其實都在上級，也就是中共所設定的限制範圍內進行，例如工廠廠長的選舉「只能由高層規劃舉行」，而且有可能「只是為了用民主的外衣，掩蓋高層早已做好的決定」。然而有的時候，「高層舉辦這類選舉，是為了安撫基層工人的不滿。」[24]

安舟教授認為這種民主管理制度之所以能賦予一般工人一些權力，是因為在計劃經濟下工人是企業的終身「成員」。由於工人終身隸屬於單位，在正常情況下不會離職也不會被解僱，因此企業高層和中共幹部必須在乎工人的想法，培養工人的忠誠度，並且選出工人願意效力的領導。安舟認為，工人在由共產黨一手掌控的經濟體內獲得少許權力，更多是由於他們終身隸屬於單位，而非「民主管理」的規章制度。[25]

民主管理在「公司化」時代衰落

隨著改革的推進和國有企業的「公司化」，相對於更加利潤導向的企業管理方，職工代表大會失去了影響力。[26] 1994年的《公司法》是分水嶺：它仍然聲稱要求公司依照憲法和「有關法律」的規定實行民主管理，但重新制定了職代會的許多功能，很多規定變得相當寬鬆，而且還把職代會最具代表性的法律權力——「評議、監督企業各級行政幹部和選舉廠長」，重新分配給公司董事會和監事會。[27]

同時，隨著工人在企業內逐漸失去了「成員」的地位，職代會的非正式權力也被削弱，沒有下崗的工人變成僅是按照合同工作的僱員而已。安舟發現，勞資雙方都認為工人失去權力，跟工人喪失工作保障有關(尤其是在成功私有化的企業)。一名退休的工廠董事說：「如果工人敢抱怨的話，你可以直接讓他走。工人就算有什麼不滿，例如不滿意車間沒有空調、沒有落實勞動法規⋯⋯工資太低，老闆挾怨報復或處事不公，誰敢多說什麼？⋯⋯如果你敢抱怨，我就削減你的獎金，或乾脆把你趕回家。」[28] 一名私有化工廠的工人也說：「現在他們可以當場開除你⋯⋯所以工人現在都比較聽話了。」[29] 另一名工人把1980年後期的情形與現在比較：「以前啊，工人出席會議的時候，想說什麼儘管就說出來……但現在變得越來越專制……他們可以開除你、不發你工資，你就沒飯吃。」[30]

隨著工人失去工作保障，股東和企業管理方的權力越來越大，職代會的影響力迅速下滑。當國有企業完全或部分私有化，民主管理的制度「就算沒有被完全忽略也常常遭到破壞」。[31] 安舟指出，在已經私有化的前國有企業，「任何讓僱員有權干涉人員選拔或解僱的想法，都被視為荒謬。」[32] 即使在尚未私有化的國有企業，「民主管理的想法、制度和做法都被大多數人看作是舊時代的過時產物，已不適合現代企業環境。」[33] 雖然職代會的形態在未私有化的國有企業裏仍然存在，但它們大多只剩下空殼而已。

不過，還是有例外。陳佩華及其同事匯報，直到九十年代後期職代會仍持續影響廠長和管理層人員的命運。在一個省份，「逾2,300名國有事業的管理人員……因為沒有跨過得票率六成的門檻，被解除職務或降級。」[34] 有些國有企業則保留家長式的管理文化，工會可透過職代會及其權力改善工作場所的職業健康條件，[35] 或是較為公平地分配住房福利。[36] 因此，雖然職代會多數都沒有什麼權力，但至少在管理層沒有太強烈敵意的情況下，進取的工會有時可以代表工人運用大會的法定權力。

然而，在快速發展的私有經濟領域，大多數企業甚至連民主管理的空殼機制也沒有。[37] 很奇怪的是，如果職代會存在的話，法律賦予其許多權力，但法律卻未明確規定企業內部一定要設有職代會。[38] 其實，建立職代會應是黨和工會幹部的職責，但由於中共和全總忙著在大型私有企業和外資企業建立黨組織和全總分會，因此這項任務就耽擱了。[39] 2006年，沃爾瑪與公司內新成立的全總分會進行長時間的協商後，終於同意成立職代會；後來，沃爾瑪南京分店第一次職代會就通過了明確全體員工每年加薪的「集體合同」。但這些似乎都是少見案例。[40]

2008年頒布的《勞動合同法》雖然可說是勞資關係**法規**的重大進展，但仍未明文規定非國有企業如何實行「民主管理」。就像1994年的《勞動法》一樣，《勞動合同法》規定國有和非國有企業在修改涉及勞動者切身利益的規章制度或重大事項，或是更改集體合同，「應當提交職工代表大會或者**全體職工**討論通過。」[41] 起初大部分民營和外資企業，不是直接無視這類徵詢職工同意的條款，就設法規避法律，例如有些律師建議資方把規章或集體合同的變動，直接貼在員工公布欄或是印在員工手冊上，這樣就算通知「全體職工」了，而員工如果沒有任何反應就當作是同意了。[42]

簡而言之，近幾十年來職代會在中國的勞資關係並未發揮多少作用，非國有企業尤其如此。職代會被廣泛認為「毫無作用」或者只是「橡皮圖章」。[43] 在2010年某場學術會議，當一位中國勞動學者認為職代會未來有可能促進保障勞工權益，現場報來了笑聲。[44]

職代會真的會東山再起嗎？

不過，也許情況已經改變，有些跡象來自中國學術界的研究。作為全總直屬單位的中國勞動關係學院，學院教授馮同慶在2012年撰文，認同職工代表大會仍是「民主管理」的重要工具，並在工人的角色問題上發現了值得關注之處。[45] 那些「從上而下組建的職工代表大會往往淪為只是橡皮圖章」，但那些「從下而上組建的往往很有活力」，[46] 成為「（工人）參與改革的強力武器」。[47] 馮同慶堅持「中國的職工代表大會能夠有十分光明的未來」，但前提是工會必須更加民主和貼近民意，並且在基層支持職代會的工作做得更多。[48]

同樣地，中國社會科學院的謝增毅教授近年也提出，「職代會不僅具有正當性，也有其必要性和可行性。我國不應放棄職代會，而應堅持並加以完善。」[49] 為了重新制定適合當代的民主管理制度，謝增毅認為成立職代會「並不是建立在勞動者是企業『主人翁』的基礎之上」，而是職人參與在公有制和非公有制企業，都能帶來經濟和政治好處。[50] 可以肯定的是，謝增毅（像馮同慶）目前主要還是聚焦於規模仍舊龐大的國有企業，職代會和國有企業也有較深的歷史淵源。不過謝教授的論點卻呼應了某些西方學者的觀點，有些西方學者也支持工人參與企業管理，只是他們聚焦的領域是私有企業。謝增毅認為職代會不僅「有助於減少職工的從屬地位」，也「有利於公司與員工交流信息」，激發職工的士氣和生產力，以及「有利於加強對公司經營者的監督」。[51] 他強調職代會在涉及職工切身利益事項的諮詢角色，完全符合《公司法》界定的公司治理結構和管理權力。[52] 他謂職代會並非要取代管理層，反而是對股東會、董事會和監事會起到補充和協助的作用，還引用了省級職代會以及歐洲國家職工代表機構的成功經驗佐證。

同時，官方機構也開始採取行動加強職代會的權力，包括非國有企業的職代會。[53] 有些法院更明確指出《勞動合同法》要求企業必須將公司規章送交職代會（如果有的話）審核。例如，2009年，某個法院推翻了某位勞工的解僱案，就是因為該企業是依據未經職代會核准的新規定解僱該名員工。[54] 同時，政府也開始督促各企業成立職代會。上海市和浙江省政府都發布了規範，要求無論是國有，還是私有企業都要組建職代會。[55] 到了2013年3月，在已經組建工會的逾400萬個企事業單位和私營企業，約81%建立了職工代表大會。[56]

全總在2012年跟隨頒布《企業民主管理規定》，要求全國私有企業建立職工代表大會。[57] 雖然《規定》對企業沒有法律約束力，但卻規管負責召集職代會會議的企業工會。[58] 一旦職代會成立，國家法律就會賦予正式權力。《規定》大多是按照國家法律來描述職代會的職能，包括對企業的發展規劃和營運提出意見和建議、審議「直接涉及勞動者切身利益的規章制度，或者重大事項方案」、「審議通過集體合同草案」，以及「審議監督企業執行勞動法律法規和勞動規章制度情況」。[59] 值得注意的是，《規定》宣稱職代會有權選舉職工董事、職工監事和企業經營管理人員，不過選舉企業經營管理人員要「根據授權推薦」。[60] 這種曖昧不明的規定有可能只是為了美化法律，或是為了符合《公司法》，重新把監管權力分撥給企業董事會的做法。

全總的《規定》代表官方在長期受爭議的「民主管理」作出重大干預：要職代會擔當強勢的角色，是否符合《公司法》及以管理層和股東為中心的公司管治？在爭議的另一端，是在中國營運的多數大企業，及其在政府裏有權勢的盟友。在中國的「社會主義市場經濟」，工人到底該扮演何種角色一直都是關鍵議題，我們之後會再回來討論。

《企業民主管理規定》也凸顯了職代會有潛力代表全體工人，但也有可能被管理層主導。企業中層以上管理人員和領導人員，一般不得超過職工代表總人數的百分之二十，[61] 而在有三分之二以上職工參加的選舉單位全體職工會議，可以選舉或罷免車間的職工代表。[62] 不過，職工代表也可以由工會、管理人員和員工提名，實際操作情況各有不同。[63] 簡而言之，無論是法律或全總的《規定》都沒有確保職代會的組成能真實反映基層工人的選擇，也無法確保與近年的常態相比，有關法規日後能夠更加強勢地執行或認真地履行。[64]

不過，職代會還是賦予了工人參與企業管理的法定渠道，跟企業工會比較工人的參與程度也較大，而且受管理層主導的程度較底。有零散的報告指出，**只要工人能匯聚集體力量**，職代會就能令工人以政治上較安全的方式去實行一定程度的民主化。在某個案例裏，勞工利用職代會「對抗試圖騙取工廠內國有資產的私有企業」。[65] 2007年，一家隸屬市政府造紙廠的工人透過職代會組織動員，逆轉該廠原本要被私有化的命運。[66] 2011年，當一家機器零件工廠的工人得知無法拿到年終獎金，由22名成員組成的職代會不僅協助發起罷工，同時也透過協商讓罷工和平落幕。[67] 雖然這些似乎都是很少見的案例，但也顯示了在某些時機或某些情況下，若工人能設法號召眾人，並匯集足夠的集體經濟力量與管理層抗衡，對工人來說職代會也許是切實可行，且政治上安全的發聲管道。這對中共政權可能帶來威脅，也可能帶來收穫。官方某些阻礙企業工會民主化的憂慮，同樣制約著職代會的發展。

跨國公司內的職代會和員工委員會

近幾十年來，跨國公司一直面臨來自利害相關者的壓力，要努力讓自己的供應鏈都能負起「社會責任」，還要鼓勵工人按照外部法律和內部規章落實自己的權利。一般來說，這就代表企業必須允許工人自由組織工會，因為「結社自由」就是國際勞工組織（中國也是成員國）界定的「核心」勞工權利。然而在中國，工人沒有這樣的自由，也無法選擇或控制在國內唯一被允許的工會。面對這種矛盾，很多企業不願放棄在華經營業務，因此透過組建職代會以讓工人參與落實他們的權利。像是麥當勞、[68] 肯德基、[69] 以及前述的沃爾瑪，都是一些設有職代會的在華跨國公司。[70] 熟知情況的觀察家對於職代會能否有效落實企業的法律和社會責任，各有不同看法。[71]

不過，在中國職代會並非工人參與企業管理的唯一管道。有些跨國公司及其主要供應商自願成立由民主選舉產生的「員工委員會」，讓員工有權參與職場管理。[72] 這些委員會沒有法定地位和權力，與中共和全總沒有任何正式聯繫。員工委員會最常見於來自北歐的企業（或是它們的主要供應商），因為在北歐國家有民主工會和勞工議會，而且過去曾有相當成功的經驗。這些企業通常薪資都比較高，而且積極主動處理勞資關係，並不認為員工委員會導致勞工站在資方的對立面。即使如此，這些企業成立員工委員會的動力通常來自外界，通常是因為所在國的利害相關者或工會不斷敦促企業遵守勞動標準，讓工人參與管理。

也許因為員工委員會獨立於中國官方體制，因此即便該組織由資方創建，有時還是能在僱員發起抗爭時成為基層工人的助力。2010年，參與佛山本田罷工的工人選出自己的代表與資方協商，據說當時從旁協助的是某個員工委員會，而不是職代會(更不可能是工會)。[73]

就目前而言，中國官方似乎還沒打算過問這些員工委員會。員工委員會被視為管理層的產物，既不是屬於官方的工人代表組織結構，也不會對官方勞工代表構成威脅，也少有跡象顯示這類組織將勞工運動擴散到其他企業或工廠。不過，如果官方越來越看重外資企業的職代會，那麼員工委員會可能會被視為勁敵，因此面臨較嚴格的官方審查。假如職代會最後真的能夠讓工人參與企業管理，那麼員工委員會也許看起來就很多餘。

比較大西洋兩端的「民主管理」

對於想了解職代會及其復興態勢的西方觀察家來說，拿西方國家的類似組織來對比也許有些收穫。不過，美國觀察家大概得借重歐洲的組織來做比較，因為美國其實很缺乏歐洲國家的「民主管理」概念，而歐洲國家以勞工議會作為勞工參與企業管理的做法，已經實行很長一段時間。

美國勞動法對非工會僱員代表的敵意

美國的勞動法算是異類，因為全世界少有國家像美國般，只允許僱員透過獨立工會進行集體談判，幾乎不允許其他促進勞工參與企業管理的組織存在。因此，在美國找不到類似他國官方核准職代會的組織，而獲資方支持並由基層自主成立的職工委員會則被視為違法的「公司工會」。這只是「美國例外主義」的其中一例，亦常見諸於其他的職場法例。

根據美國《全國勞資關係法》，僱主和工會照理可以透過集體談判共同創建類似勞工議會或職代會的員工代表組織（不過工會本身必須是獨立組織，且不受資方掌控），但這卻極少發生，因為美國工會一向把這類組織視為勁敵，而僱主可能會認為這類組織不過又是另一種形式的工會。因此，當全美汽車工人聯合會（United Auto Workers, UAW）和福士汽車（Volkswagen）同意建立勞工議會，可說是開創了新局面，但前提是福士汽車在田納西州查塔努加的工廠工人願意讓工會擔任他們的代表。[74] 不過，工人在2014年2月投票否決由全美汽車工人聯合會擔任代表，這對該工會造成嚴重打擊，也使福士廠的勞工議會試驗無法如期進行。[75]

在美國，超過93%的私營企業勞工沒有加入工會，而且美國法律也幾乎沒有給僱員代表委員會任何生存空間。這類委員會在新政時期之前，是奉行「人際關係管理法」的資方用來防堵工會成立的工具，所以對於支持獨立工會和集體談判的人來說，這類委員會就是他們恨不得除之而後快的眼中釘。因此，後來《全國勞資關係法》雷厲風行，禁止一切類似「公司工會」的組織，從1935年頒布至今仍未更改。該法禁止資方「主導」、「干預」或「以財政或其他方式支持勞工組織」，而所謂的勞工組織，泛指任何勞資雙方可用來「處理」僱傭條款和條件的組織。[76] 可是，若沒有僱主支持及法例禁止的各種資方參與形式，非工會的僱員委員會幾乎不可能運作。就算僱員支持代表制度，僱主也沒有任何反工會的動機，有關禁止仍然生效。[77]

這種奇特的「非工會不可」的工人代表制度，產生了兩種截然不同的情況：不是透過獨立工會進行集體談判，就是由管理層在毫無拘束下作出決定。無論是哪種情況，都只有單一管道來處理有關工資的

「分配矛盾」，和潛在的合作追求互利問題。在設有工會的少數產業部門，這意味著勞資雙方合作追求共同利益的過程，有時會因利益分配矛盾而中斷；而在其他大多數沒有工會的產業部門，這意味著工人完全沒有其他合法機制，來確保勞資雙方利益公平分配。

然而，人力資源管理模式已經帶起僱員參與管理的浪潮，即使是美國企業也無法完全不受影響。因此，雖然自三十年代起，舊有的「公司工會」和正式的非工會僱員代表組織大多已經絕跡，令人驚訝的是，非正式的代表組織卻相當普遍。為何説令人驚訝？因為這些非正式的代表組織幾乎都是違法的。最近一項研究顯示，34%的非工會僱員稱，他們的僱主建立了讓僱員代表與企業管理階層共同討論職場事務的制度。[78] 大多數僱員很滿意這種代表制度，雖然幾乎所有這類制度都違反了美國聯邦法律。

因此，中國那些非正式、不受規管，並由資方支持成立的員工委員會，在美國也可找到能類比的組織(雖然這些組織不合法)。然而縱使違法，這些組織卻很少被政府找麻煩，事實上政府幾乎不會特別取締，除非有人向全國勞資關係委員會投訴這些組織，但又不太可能有工人會投訴這類組織。但是禁止這些組織的法律，還是造成了一些影響。這些非正式的代表制度都是在企業內部低調實施，沒有公眾的監察、規管或支持。它們無法反映，也無法加強產業民主的公共規範，產業民主這個概念如今仍然只與工會綑綁，而且與工會一樣不斷萎縮和衰落。

非工會代表制度在美國的不合法地位，令美國人對中國的職代會的觀感更加複雜。一方面，因為美國勞動法例強烈反對資方干預工人代表組織，所以可能有些美國人很瞧不起職代會，認為中國的職代會與其背後的工會一樣，都是「公司工會」，不僅無法擁有獨立工會的效能也不具認受性。但另一方面，也可能有人認為(而且調查結果也這樣顯示)，大多數美國工人並不會瞧不上類似職代會的組織，畢竟有總比沒有好，而且說不定比獨立工會還好，因為這類組織不用像工會一樣，一路與資方抗衡。[79]

中國職代會與德國職工委員會的比較

其他的發達國家，允許、鼓勵甚至還授權非工會的僱員參與職場管治形式，與美國形成強烈對比。中國的職代會和歐洲的職工委員會尤其相似，後者是在二十世紀初推動產業民主的潮流中誕生（與工會並行且常有競爭關係）。[80] 中國的職代會很符合職工委員會的鮮明學術定義，就是「在單一僱主與單個工廠或企業僱員之間，進行代議制交流的制度化機構」。[81] 雖然歐洲的職工委員會類型十分多樣，但中國的職代會在很多方面都具備前者的特性。[82]

中國的職代會及其「民主管理」制度，尤其可以拿來與德國的職工委員會及「共同決定制度」作比較。在歐洲，德國的「共同決定制度」被視為產業民主的典範，是經歷逾一個世紀制度發展的產物（雖然在第二次世界大戰和納粹統治下曾遭破壞，戰後得以恢復）。[83] 這樣長久的歷史，讓德國的職工委員會制度在歐洲各國裏顯得特別傑出，也不同於中國的職代會。[84] 再者，中德兩國的法律、政治、勞資關係制度明顯有諸多差異，這些差異也充分顯現在兩國的勞工代表制度中。即使如此，這樣的比較還是能凸顯職代會的重要特色，以及該制度所存在的環境。

德國的職工委員會由於擁有某些法律特權，在歐洲也顯得與眾不同。職工委員會不僅對資方各種決策有**知情權**和**諮詢權**，還擁有**共同決定權**，因此需要第三方介入，以免職工委員會與資方無法達成協議。此外，職工委員會對某些議題甚至有**否決權**。大致上來說，職工委員會的權限涵蓋僱員關注的全部議題，但他們無法干預資方的核心管理策略。說明白一點，職工委員會對個別人事異動有否決權；對於不影響企業基本佈局，及策略的人員和工作事務則擁有共同決定權；對於其他有關工作環境或就業相關的決策(包含是否運用新科技)，職工委員會干預的力量就比較小，但還是擁有重要的**諮詢權**；對於可能影響勞工權益的財務和企業規範，職工委員會的影響力就更小了，但仍保有**知情權**。[85]

德國職工委員會旨在讓工人能夠參與直接影響工人，以及生產力的決策過程。然而，很重要的是，職工委員會無權干預薪酬設定，也無權發起罷工。[86] 在德國和其他大多歐洲國家，關於薪酬的集體談判是在產業部門層級進行，而且是工會負責的領域。制度的設計邏輯，是令職工委員會能夠以與資方合作的方式互助互惠，而不會為了經濟利益分配問題產生激烈衝突，這點可從職工委員會的職權，以及它們和工會的分工看出來。[87]

但工會和職工委員會實際上並未明確分工。多年來，工會一直把職工委員會看成是有利的職場層面架構，可以吸引和保護工會成員，而且工會也可利用職工委員會的諮詢權和共同決定權，來影響資方在工作環境和就業保障的決策。工會可以在職工委員會內，或透過委員會行使非正式的權力，例如推舉職工委員會成員的候選人。[88] 德國的職工委員會在戰後能夠成長茁壯，部分因為工會對職工委員會的態度從懷疑轉為支持，與職工委員會形成某位德國著名學者所說的「共生關係」。[89] 近幾十年來，工會擁抱職工委員會的程度更加緊密，反映的也許是在職工委員會制度以外，工會的勢力不斷衰落。[90]

工會扮演的角色，只是眾多影響職工委員會實際功能的諸多變數之一。管理層的「文化」，以及對工人和職工委員會抱持的態度，連同工會扮演的角色，能夠決定職工委員會到底會被邊緣化，還是能夠積極參與管理；與資方關係是合作還是對抗，依循傳統還是走創新路線。[91] 結果顯示，即使法律規定十分明確，而且制度已經很穩固扎實，每個企業的職工委員會還是各有不同，效能也有高有低。

回來中國的情況，如果我們要比較德國職工委員會與中國職代會在法律上擁有的「權利」和「權力」，我們會觀察到在九十年代以前，職代會(至少在國有企業裏)在某些範圍內擁有正式決策權，而在相同的範疇內，德國職工委員會只有共同決策權，或甚至權力更小。尤其是中國職代會還有權力核准某些重大商業決策，甚至能撤換管理階層。但即使在當時，這些權力都極少行使，而且自1994年以來職代會的正式權力更是被大量削弱。與職工委員會比較，即使是寫在紙本上的權力，今天職代會的職權都顯得既模糊又薄弱。但從某個層面上來看，職代會的正式權力涵蓋範圍比職工委員會更廣，例如職代會有權核准集體合同，包括工資設定的合同。職代會與職工委員會的差異，其實和它們與工會的關係十分有關：中國法律把職代會和工會綁在一起，職代會召開時間不一定，平時都由工會來執行職代會的日常工作。簡而言之，中國透過這兩個息息相關的組織，同時處理勞資雙方最有可能發生衝突的議題，以及工人參與後能讓企業提高生產力的議題。兩個組織沒有明確分工，而且幾乎清一色都由企業管理方主導。

無論職代會有何正式權力，很顯然，從計劃經濟衰退的那幾年(也就是職代會的巔峰期)到現在，職代會實際上很少代表工人行使這些權力，在非國有企業尤其如此。因此，整體來說，德國的職工委員會才真的有發揮作用，即使在不同議題上能發揮的影響力不一，但對勞資雙方帶來的影響遠超過職代會。[92] 甚至有人可能會說：德國的社會民主看起來還比較有「社會主義」的精神，至少在工人權力和企業參與方面，比中國的「社會主義市場經濟」更具有社會主義的特色。

中國民主管理的局限及未來變革的展望

職代會的多個層面及其制度上的背景，都深刻影響職代會的成效。其中一個層面便是中國法律對職代會的職能、架構和組成講得很含糊，與明確列出各項規定的德國法律相比，中國法律能夠賦予工人抗衡資方的力量就小很多。這項差異部分反映了中國法律制度的整體特色，同時也讓人思考司法獨立和法制發展這兩項更大格局的議題。不過，要記得中國是在幾十年前才幾乎重頭開始建立現代法律與監管制度，因此未來可能仍有持續進步。

另外一個比較的重點，則要看到職代會和職工委員會制度以外的議題，也就是安舟曾經強調的「僱員工作保障」議題。除此之外，工會和國家扮演的角色和具備的特質也值得關注。然而，無論從哪個層面來看，現今情勢皆顯示未來中國工人恐怕還是難以透過職代會發聲，尤其跟德國工人及職工委員會比較更是如此。但是在每個層面我們還是能發現一些跡象，顯示中國的事情還是有機會朝向有利工人的方向發展。

就業保障與工作任期

安舟曾說過，工人失去就業保障後「民主管理」就衰落，包括我在內的美國法律學者對此都深有同感。我曾說過，只有當工人免遭不正當的解僱，他們才能真正行使那些寫在紙本上的權利。[93] 如果是這樣的話，那麼職代會的命運很可能要看《勞動合同法》未來是否能夠達成它最遠大的目標——也就是給予中國工人更多就業保障。就書面上的法律來看，中國其實已經做到了，別忘了經濟合作及發展組織曾把中國的法律列為世上最能保障工人的法律！[94]

可以肯定的是，《勞動合同法》完全沒打算恢復安舟所說的「企業成員制」，也不可能恢復魏昂德曾描述過「單位對職工擁有產權」的制度。[95] 過去工作關係的終身制肯定能**激發**工人較敢於發聲，而管理方也必須聽取工人的意見，但現在已經回不去了。然而，《勞動合同法》的確試圖**賦予**簽訂「無固定期限勞動合同」的工人話語權，方法是要求僱主若解僱工人必須有合理根據，或者必須給予補償。這大概是發達國家大多數正式員工所享有的就業保障，例如德國勞工以及美國少數受到集體談判協議保障的工人，都擁有這樣的權利。如果工人必須擁有這樣的保障才能行使民主管理的權利，那麼《勞動合同法》似乎只是參與民主管理的門票。

然而，正如第6章評論過，中國法院對罷工工人的處理，意味著對違反僱主規章的一種形式主義取態，令僱主可以輕易解僱任何為集體利益發聲的員工。即使是以違反企業規章為托辭的報復性解僱，也可以找到法理依據，畢竟法律沒有為反駁僱主基於托辭或動機解僱員工的事實認定的理由，提供清晰的依據。如果《勞動合同法》無法明確保障僱員發聲以及參與「民主管理」的權利，那麼它恐怕也無法賦予工人更多的話語權。

即使工人受到免受報復式解僱的保障，他們可能更仰賴「出走」而非「發聲」來追尋想要的工作環境或勞動條件。職場的集體「發聲」機制需要一定程度的延續性，必須同時依靠工人的出走權和發聲權來提供能量。至少就中國目前的情況來說，非國有企業的員工流失率太高，成為改善職場參與機制的重大阻礙。這種情形也嚴重阻礙提升生產力，已引起僱主的很大關切。因此，中國未來要增加職場環境的參與，也許還是有些希望。

工會和政府的性質和角色

中國職代會和德國職工委員會的重大差異，還來自於兩國的工會與國家(政府)的性質和扮演角色截然不同，不過這些差異已經碰觸到中國一黨專制的核心統治理念，所以要改變恐怕更難。相較於與工會有明確分工的職工委員會，職代會和企業工會在中國法律上是密不可分的兩個組織，而且職代會的日常工作大都是由工會代為執行。然而，相較於中國工會，德國工會卻能藉由職工委員會賦予工人更多權力。[96] 德國工會不僅較為強大，而且是資方和政府機構以外的獨立組織，並由工人以民主選舉機制授予權力；中國各地的工會和中華全國總工會則必須服從黨的領導，而且企業工會往往由企業管理方掌控大權。中國工會很少讓工人在職代會有更多的參與權，也很少協助工人對抗資方。所以，我們可以說職代會的未來其實要看全總改革的結果，即使是最理想的情況，這條改革之路仍必定長遠且艱辛。

與工會角色密不可分的是政府的角色。在中國和德國，國家都為職代會/職工委員會制定法律框架並界定職權。兩國的工會在職代會/職工委員會都扮演舉足輕重的正式或非正式角色，在全國佔主導地位的工會都附屬於政黨，包括一些行使國家權力的政黨——中國的是永久的執政黨，德國的政黨則要經歷執政輪替。然而，這些相似之處沒法掩蓋底下的鴻溝：多黨民主制度和結社自由造成所有巨大差異。德國的工會是由其工人會員自主選擇並最終掌控，並非由從屬的政黨主導，而且那些政黨還要定期在多黨選舉設法贏得選民的支持。在中國，唯一的政黨掌控了國家和工會，而且是從總工會一路往下管到企業工會，當然這不是說一切都由中央領導高層發號施令，因為中國幅員廣大以及政府組織既繁且雜，黨國權力其實「被瓜分得支離破碎」，[97] 而很多權力都下放到地方官員手上。這對工人來說可不是什麼好消息，因為這樣一來在職代會運作的企業層級，往往會由企業管理方掌握大權。

法制框架模糊不清，工人難以反抗僱主的報復，企業工會由企業管理方主導，再加上黨國機器對工人的態度搖擺不定，這些制度限制都令職代會很難給予工人參與職場管理的權力。雖然正如前文所述，職代會的架構偶爾還是能夠在工人集結集體力量時，賦予工人在政治上安全的發聲管道，但對廣大工人來說，即使職代會已經擴散至非國有企業，但僅靠這樣的組織仍舊很難或是根本無法促進產業民主化。我們還是可以想像未來中國能制定出更清晰的法律，加強就業保障，提升工會處理勞工議題的成效，黨和國家對改善工人生活作出更強力的承諾。不過，在這些改變成真之前，職代會和中國憲法對企業民主管理的承諾，似乎恐怕難以實現。

為何復興職工代表大會？

這裏該來探討最後幾個有關職代會的問題：為什麼(有些)政策制定者如此努力恢復一個在計劃經濟時期都根基不穩的制度？他們希望達成什麼目標，還有他們想像中的未來是何種面貌？如果職代會真能東山再起，而且不僅限於政策文件和口頭上，的確有機會在企業內部制衡管理方的權力。但這到底最終目的為何？在此我只能談自己的推測。

其中一個目的可能是鞏固政權。就這個觀點來看，黨和全總在各企業內建立職代會就和之前組建工會一樣，是為了讓黨的權力能擴展至非國有企業。在中國社會鞏固與擴展黨的權力看起來的確是中共的重大目標，在習近平的領導下尤其如此，但就達成該目標的方法來說，職代會制度似乎是個較迂迴的方法。畢竟，相較於全總，職代會與黨的距離更遠了一些，而且大會的組成和運作更不容易受黨掌控。如果職代會真的是為了鞏固中共政權而重生，那麼它們一定是藉著達成其他小目標來間接完成鞏固權力這個大目標。

職工大會也可能是中國推動監管制度現代化的其中一環。第5章提到，有效的監管不能完全「由上而下」，還需要受監管組織內部和外部的利害相關人一起參與監管。[98] 這正是常被稱作「新治理」學派思想的核心宗旨，勞工維權人士也長期呼籲若要讓企業真正落實勞動法規，並改善勞動標準，就必須讓工人一起監督企業，而職代會可能就是讓工人參與監管的一種方法。復興計劃經濟時期殘留下的組織，並將其納為前瞻性監管計劃的一部分，聽起來是有點怪，而且「新治理」在中國也不是大家常掛在嘴邊的詞彙，畢竟正如第5章探討過的，「新治理」的核心原則，就是由利害相關人和公民社會組織進行「由下而上」的監管，而這卻與中國的威權主義社會控制取態有抵觸。不過，職代會可能被視為讓工人參與監管的安全途徑，因為職代會是官方「民主管理」體制的一部分，不僅受限於單一企業，也受到企業管理方密切關注。

加強工人權利的相關執法，也是中央維穩的核心政策要務。想當年，鄧小平曾說職工代表大會「是正確處理人民內部矛盾的有效方法之一」，[99] 如果更健全的職代會能協助解決企業內部的勞資糾紛，那不僅能預防糾紛演變成街頭抗爭，達到促進社會穩定的短期成效，還能提前遏止獨立勞工運動的發展，達到長期維穩的效果。畢竟，如果工人能夠在企業內部透過官方管道解決權益糾紛，就較少會轉向非官方組織或獨立組織求助。

如果職代會能夠發揮上述功能，那麼也難怪中國政府正努力恢復職代會。不過，這樣就要求職代會首先不能只是政策文件上的組織，它們必須真正賦予勞工權力並妥善處理勞工議題，而這樣的工作饒富挑戰。

維持穩定和促進「和諧勞資關係」並非中國獨有的目標。事實上，所有工業國家都把達成「勞資和諧」視為重大目標，也就是必須努力減少勞資衝突的發生頻率和密度，這對於高生產力的經濟大國是絕對必要的任務。中國當然也想達成此目標，同時還要決意防止在西方勞資制度中扮演要角的獨立工會崛起，因此復興職代會看起來是目前最安全的路，畢竟這較在官方工會推動民主化更安全。然而，即使是相對安全，且只是稍微賦權工人的職代會也有可能造成風險：如果讓工人結集討論他們的目標和不滿，管理方又無視工人的訴求，那麼可能反而使衝突加速成形，助長集體抗爭。到頭來，中國政府防堵獨立（且可能帶政治色彩的）勞工運動的決心，可能再次同時**促進**又**抑制**官方的另一項勞動改革，使職代會無法發揮預期成效。

總之，中國領導人有許多很好的理由來推動職代會，讓這個組織至少能夠幫忙處理一些勞工問題。從復興職代會的計劃也許能看出中國領導人對「社會主義市場經濟」的認知：中國領導人不僅要擴大資本主義企業在中國經濟的影響力，也不僅要國有部門模仿資本主義企業的運作模式，職代會的復興顯示中國高層還想藉著賦予工人參與管理的權力，來改革那些資本主義企業。這麼做的**原因**之前已經探討過：令企業更加遵隨法規，解決並控制勞資衝突，以及預防工人發起集體抗爭或在企業外組織工會。至少有些中國領導人已經感受到必須讓工人在企業內擁有更多權力，才能達成前述的那些目標。

就這個觀點來說，職代會可以與德國的職工委員會類比，但支撐兩者的制度不一樣：職工委員會由獨立工會支持運作，而職代會背後則是黨國機器。如果工人要在全球經濟裏的強大跨國企業發揮實質作用，必須有強大的外力技持。在西方國家，獨立工會有時候提供這種支持，或透過職工委員會和集體談判提供這種支持。但工會的力量最終還是來自工人自己的集體經濟力量，然而這種力量目前在世界各地都正在衰弱。在資本和企業管理方壓過工人和工會越來越佔上風的世界，工人需要強而有力的政府和法律制度的支持，才能在職場管理上真實地發聲。中國模式透過中共和中華全國總工會在企業組建的工會，以及黨國機器可在企業外部施加其他形式的影響力，為工人和職代會政提供**潛在的**國家正面支持。

當然，「潛在的」是關鍵。畢竟，全總長期以來幾乎無法發揮工會該有的作用，原因是全總肩負著許多互相矛盾的任務，既不由工人掌控也不對工人負責，而且在企業內部及地方層級都與管理方過於親近。但毫無疑問的，黨國機器的確擁有龐大的影響力，有時亦會出於關顧工人權益施加這些影響力，至少在工人吵鬧提出訴求時政府或會出手。因此，**如果**黨國機器真的決意讓工人在私有企業也有一定的影響力，而且這樣的決心**如果**一直向下延伸至地方層級，那麼職代會也許真的能夠協助落實民主管理。當然，前提是這些「如果」成真。

還有其他「如果」。如果中國政府能夠克服盛行已久的地方保護主義，以及改掉地方上用人唯親的陋習，且賦予工人更多權力並約束企業管理方的決定權，那麼很可能會招來企業僱主的反擊，企業可能出走（或威脅要出走）到對資方更友善的國家。很顯然，對於那些可選擇把公司遷到其他地方的企業，中國政府很難強行透過法律施加嚴格約束。但話說回來，中國有熟練的勞動人口，極為龐大且仍持續成長的消費市場，也有非常良好的基礎建設，這些很多國家沒有的優勢，也許能成為中國政府強迫企業接受某些約束的籌碼。[100] 如果被迫接受中國政府的新勞動政策，僱主或許反而會發現，真正的工人參與可以穩定並改善企業管理。[101]

最後，中國復興職代會的初步嘗試，有可能反映了各種交雜在一起的動機和目標：為了鞏固意識形態，也為了達到實際的目的；不僅要照顧人民權益，也為了鞏固政權。不過有部分動機可能是真心想要授予工人更多力量，因為中國現在正向「具中國特色的社會主義」下一階段邁進。中國政府時常宣揚這樣的志向，雖然實際情況常與政府說的不一樣，但在中共內部的確有人認真追隨這樣的理念。近年的「民主管理」措施，對黨內一批試圖恢復毛澤東時代有益的遺產的人來說，也許可形容為小勝利。按那種程度來說，那些措施也許有部分是為了獲得認同這些理念民眾的支持，進而增強政權的認受性。

然而，即使有人認為中國官方向外宣揚的意識形態，不過是為了遮掩中共只想鞏固權力的企圖，我們還是要問這個政權為什麼需要鞏固權力，以及如何鞏固權力。如果中國領導人試圖永遠掌握政權的方法，包括實踐支持工人的社會主義理念，以及給予權益受損的工人更多發聲管道並改善其生活，那麼全世界的僱主和工人以及任何關注此議題的人，都必須用另一種角度來看中國，也許，還要重新想像中國正在形塑的未來。

注釋

1 職工代表大會有很多種英譯，但我還是選用「Staff and Workers' Representative Congress」。雖然這看起來有點冗長，但這個詞彙顯示該組織包括了企業的所有職工，從工人、技術人員、管理階層和黨幹部都涵括在內。

2 Wen Kuei Ma, "Industrial Management in China—How China's Socialist State-Owned Industrial Enterprises Are Managed," *Peking Review* 9 (1965), https://www.marxists.org/subject/china/pekingreview/1965/PR1965-09k.htm.

3 「國有企業依照法律規定，通過職工代表大會和其他方式，實行民主管理。」《中華人民共和國憲法》，第十六條。

4 職工代表大會於1981年初次以暫行條例的形式成立，1986年根據《全民所有制工業企業職工代表大會條例》(1986年10月1日起施行，下稱《職工代表大會條例》)以永久形式成立。

5 鄧小平：〈黨和國家領導制度的改革〉(1980年8月18日在中共中央政治局擴大會議上的講話，8月31日政治局討論通過)，《鄧小平文選》(第二卷) (北京：人民出版社，1994)，頁340。

6 鄧小平於1980年的講話內容，見注釋5。

7 在此感謝劉明巍教授提供此論點。

8 Keping Yu, "Toward an Incremental Democracy and Governance: Chinese Theories and Assessment Criteria," *New Political Science* 24 (2002):181, 184–185, http://www.tandfonline.com/doi/pdf/10.1080/07393140220145207.

9 Meei-shia Chen (陳美霞) and Anita Chan (陳佩華), "Occupational Health and Safety in China: The Case of State-Managed Enterprises," *International Journal of Health Services* 40 (2010): 43, 47.

10 《職工代表大會條例》第十、第十二條。

11 《職工代表大會條例》第十一條。

12 Joel Andreas, "Losing Membership Rights: The Impact of Eliminating Permanent Job Tenure on Power Relations in Chinese Factories" (paper presented at American Sociological Association Annual Meeting, New York, NY, August 11, 2013), 8.

13 Ibid.; Andrew G. Walder, "Factory and Manager in an Era of Reform," *China Quarterly* 118 (1989): 242, 247.

14 引用自 Andreas, "Losing Membership Rights," 8.

15 《全民所有制工業企業法》(全國人大1988年4月13日通過，1988年8月1日起施行)，第四十四、第五十二條。廠長可以由「政府主管部門」委任或免職，並須徵求職工代表的意見。

16 Chen and Chan, "Occupational Health and Safety in China."

17 《職工代表大會條例》第四條；Meei-Shia Chen and Anita Chan,"Employee and Union Inputs into Occupational Health and Safety Measures in Chinese Factories," *Social Science and Medicine* 58 (2004): 1231, 1242–1243.

18 Sean Cooney, Sarah Biddulph, and Ying Zhu, *Law and Fair Work in China* (New York: Routledge, 2013), 39.

19 Malcolm Warner, "The Origins of Chinese Industrial Relations," in *Changing Workplace Relations in the Chinese Economy*, ed. Malcolm Warner (London: Palgrave Macmillan, 2000), 27–28. 也可見Jackie Sheehan, *Chinese Workers: A New History* (London: Routledge, 1998), 201。

20 全總在九十年代進行的一項研究發現，在近30萬家設有職代會的企業中，大多數企業都能夠對管理幹部進行「民主評估」。Ng Sek Hong and Malcolm Warner, *China's Trade Unions and Management* (London: Palgrave Macmillan, 1998), 88.

21 Andreas, "Losing Membership Rights," 6.

22 Ibid., 10–11.

23 Ibid., 9.

24 Ibid., 9–10.

25 Ibid., 11–12. Walder, "Factory and Manager in an Era of Reform," 252–253.

26 Andreas, "Losing Membership Rights," 8; Cooney, Biddulph, and Zhu, *Law and Fair Work*, 68–69.

27 見《中華人民共和國公司法》(第八屆全國人大常委會第五次會議1993年12月29日通過，1994年7月1日起施行)，第三十八條(股東會行使選舉和更換董事的職權)、第五十五條(公司研究決定涉及職工切身利益的問題，應當事先聽取公司工會和職工的意見，並邀請工會或者職工代表列席有關會議)、第六十八條(國有企業公司董事會成員中應當有公司職工代表，由公司職工民主選舉產生），Lawinfochina (China)；及 Ronald C. Brown, *Understanding Labor and Employment Law in China* (Cambridge: Cambridge University Press, 2009), 46。

28 引述語句出自 Andreas, "Losing Membership Rights," 20。

29 Ibid.

30 Ibid.

31 Bill Taylor, Kai Chang, and Qi Li, *Industrial Relations in China* (Cheltenham, UK: Edward Elgar, 2003), 142–143.

32 Andreas, "Losing Membership Rights," 19. 也參見 Shaobo Wang, "A Case Study on the Workers' Rights Protection Mechanism during the Reform of a State-Owned Company," *Conflict and Cooperation: The International Symposium of Collective Labor Dispute Resolution and Regulation* 532 (2011)。

33 Andreas, "Losing Membership Rights," 19.

34 Jonathan Unger and Anita Chan, "The Internal Politics of an Urban Chinese Work Community: A Case Study of Employee Influence on Decision-Making at a State-Owned Factory," *China Journal* 52 (2004): 1–24, 10 (citing *China News Digest*). 類似情況也發生在天津，因為未能通過職工代表大會的信任投票，660名國有企業管理人員被解除職務，另有1,550人被降職或調職。Ibid., 10, 10n22 (引述《工人日報》，1998年4月10日）。

35 Chen and Chan, "Occupational Health and Safety"; Chen and Chan, "Employee and Union Inputs."

36 Unger and Chan, "Internal Politics of an Urban Chinese Work Community."

37 官方的政府統計數據顯示，截至2007年，建立職代會制度的非公有制企業逾70萬家。謝增毅：〈職代會的定位與功能重塑〉，《法學研究》，2013年第三期，頁110、112。不過，非公有制企業包括前國有企業、中外合資（國營與外資）企業和集體所有制的鄉鎮企業。在華營運的外資企業代表稱，外資企業過去很少成立職代會，情況到近年才有所改變。

38 1994年的《勞動法》同時適用於公有制和非公有制企業，並規定用人單位制定新的規章或其他與僱傭相關的事項，「應當提交職工代表大會或者**全體職工**討論通過。」《中華人民共和國勞動法》（全國人大常委會1994年7月5日通過，1995年1月1日起施行），第三十三條（粗體為後加以示強調）。不過，《勞動法》未有明文規定企業必須設有職代會，這個政策模糊之處十分重要。

39 全總在1997年進行的一項調查發現，在已組建工會的工業企業中46%同時設有職代會。Xiaoyang Zhu（朱曉陽）and Anita Chan（陳佩華）, "Staff and Workers' Representative Congress: An Institutionalized Channel for Expression of Employees'

Interests?," *Chinese Sociology and Anthropology* 37 (2005): 6, 13–14. 不過，當地只有小部分的工業企業設有工會。

40 孫印國：〈每年加薪8%，沃爾瑪職代會説話管用〉，「孫印國零售策劃」博客，2011年9月9日，http://blog.sina.com.cn/s/blog_4d15de0f0100anah.html。

41 見《勞動合同法》(全國人大常委會2007年6月29日通過，2008年1月1日起施行)，第四、第五十一；第三十三條，Lawinfochina (China)。

42 根據作者與在華營商美國企業的律師的談話。

43 Au Loong Yu, "From 'Master' to 'Menial': State-Owned Enterprise Workers in Contemporary China," *Working USA* 14 (2011): 453.

44 高進仁 (Seth Gurgel) 對作者的轉述。

45 Tongqing Feng, "An Overview of the Workers' Congress System in China," in *Industrial Democracy in China*, ed. Rudolf Traub-Merz and Kinglun Ngok (Beijing: China Social Science Press, 2012), 197–199, http://library.fes.de/pdf-files/bueros/china/09128/09128-english%20version.pdf.

46 Ibid., 203.

47 Ibid., 205.

48 Ibid.

49 謝增毅：〈職代會的定位與功能重塑〉，頁118。中國社會科學院是作為國家最高決策機關國務院的「智庫」。這不代表政府贊同中國社科院所有教授的論述。然而，這些論述可能顯示了中央決策高層對中國社科院教授的觀點很感興趣，因此願意包容。

50 同上，頁115–18。

51 同上。關於透過職代會實行「參與式管理」的生產力效益，見Minqi Li, "Workers' Participation in Management and Firm Performance: Evidence from Large and Medium-Sized Chinese Industrial Enterprises," *Review of Radical Political Economy* 36 (2004): 358–380。

52 謝增毅：〈職代會的定位與功能重塑〉，頁118–119。

53 截至2013年10月31日，在中國內地31個省級行政區中，已有29個訂立了「民主管理」或職代會的相關規範。Jian Qiao, "Exploring the New Policy of Harmonious Labor Relations," *Conflict and Cooperation: The International Symposium of Collective Labor Dispute Resolution and Regulation* (2011): 438.

54 〈不經職工討論的公司規章就是空文〉，《楚天都市報》，2009年11月28日，http://ctdsb.cnhubei.com/html/ctdsb/20091128/ctdsb915310.html。

55 《上海市職工代表大會條例》(上海市人大常委會2010年12月23日通過)，第二、第三條；《浙江省企業民主管理條例》(浙江省人大常委會2010年3月30日通過）。也參見〈浙江所有企業都要建立職工代表大會制度〉，中國工會新聞，2010年9月29日，http://acftu.people.com.cn/GB/67578/12849072.html。

56 中華全國總工會政策研究室：《2012年工會組織和工會工作發展狀況統計公報》，頁9，http://stats.acftu.org/upload/files/1370483520528.pdf。

57 《企業民主管理規定》（中華全國總工會2012年2月13日發布，發布之日起施行），第三條（「企業應當……建立以職工代表大會為基本形式的民主管理制度。」），Lawinfochina (China)。

58 中國的「法律」是由全國人民代表大會制定；具約束力的國家法規出自國務院和各部委。但無論是全總還是其他推出法規的「共同部委」，都不屬於這類機關。

59 《企業民主管理規定》第十三條。

60 同上。

61 同上，第九條。「企業召開職工代表大會的，職工代表人數按照不少於全體職工人數的百分之五確定，最少不少於30人」，並且「職工代表中應當有適當比例的女職工和勞務派遣職工代表」。見同上第八條。

62 同上，第二十四條。規模較大的企業，選舉程序或有所不同。

63 企業高層律師在2012年6月9日給作者的電子郵件（作者存檔）。

64 "A Brief History of a Workers' Rights Group in China," *China Labour Bulletin*, September 11, 2009, http://www.clb.org.hk/content/brief-history-workers%E2%80%99-rights-group-china.

65 Feng, "Overview of the Workers' Congress System," 206.

66 Stephen Philion, "Workers' Democracy vs. Privatization in China," *Socialism and Democracy* 21 (2007): 37.

67 Manfred Elfstrom and Sarosh Kuruvilla, "The Changing Nature of Labor Unrest in China," *Industrial and Labor Relations Review* 67 (2014): 453, 471–473.

68 〈上海麥當勞食品有限公司簽訂在中國的第一份集體合同〉，上海市總工會網站，2013年5月23日，http://www.shzgh.org/renda/node5902/node5906/node6563/u1a1574966.html。

69 〈肯德基在中國首簽集體合同，職工平均工資年增5%〉，新華網，2010年6月18日。

70 Anita Chan（陳佩華）, "Wal-Mart Workers in China,"（在國際勞動權利論壇和中國勞動關係學院發表的論文，2008年9月29日），http://www.laborrights.org/sites/default/files/publications-and-resources/Wal-Mart%20Workers%20in%20China.pdf。

71 雖然以上關於麥當勞和肯德基的文章顯示這兩家企業的確有幫助工人，但陳佩華教授對於沃爾瑪職代會的描述就沒有這麼樂觀了。Chan, "Wal-Mart Workers."

中國社會科學院的石秀印教授發現，跟國內民營企業比較，外資企業的職代會在提高工資和改善勞動條件上更成功。Xiuyin Shi, "The Transformation of the Enterprise Power Structure," *Conflict and Cooperation: The International Symposium of Collective Labor Dispute Resolution and Regulation* (2011): 473.

72 與中國勞資關係學者在2013年8月14日的訪談（作者存檔）。

73 南海本田工會委員會的信函，最後更新日期為2010年6月4日。https://sites.google.com/a/socialistbulletin.com/socialistbulletin/international/foshanhondaworkersrepresentativecommitteeletter。工人所指的委員會，究竟是職代會還是非正式的員工集會，實在說不清楚，但有經驗的觀察家說應該是後者。與中國勞資關係學者在2013年8月14日的訪談（作者存檔）。

74 Steven Greenhouse, "VW and Its Workers Explore a Union at a Tennessee Plant," *New York Times*, September 6, 2013.

75 Steven Greenhouse, "Volkswagen Vote Is Defeat for Labor in South," *New York Times*, February 14, 2014. 全美汽車工人聯合會（UAW）可以請求舉行另一場選舉，而且有機會獲勝，同時重啟建立勞工議會的原訂計劃。另外，福士汽車工人仍然可以在查塔努加成立非隸屬於UAW的勞工組織，該組織也可與福士汽車協議成立勞工議會。Bernie Woodall and Amanda Becker, "After Rejecting UAW, VW Workers May Still Get Works Council," Reuters, February 16, 2014, http://www.reuters.com/article/2014/02/16/us-autos-vw-council-analysis-idUSBREA1F0VV20140 216. 但此類非隸屬於工會的勞工組織很少見，而且普遍認為此類組織容易被企業違法掌控。又或者，福士汽車可以重新配置勞工議會的權力分布，讓工人得以直接行使代理管理權，而非透過勞工議會的協助與僱主「打交道」。Crown, Cork & Seal Co., 334 NLRB 699 (2001), 見Benjamin Sachs, "A New Way Forward for VW-Tennessee," OnLabor: Workers, Unions, and Politics, May 20, 2014, http://onlabor.org/2014/05/20/a-new-way-forward-for-vw-tennessee/。

76 National Labor Relations Act, 29 U.S.C.A. § 152(5) and § 158(a)(2).

77 美國法典第29卷第158(a)(2)條(2006)《全國勞資關係法》第8(a)(2)條禁止僱主「干預」、「主導」、「支持」員工委員會，而且這些詞彙的定義非常廣泛，不僅指涉僱主試圖遏止獨立工會的行為。Electromation, 309 U.S. n.24 (citing NLRB v. Newport New Shipbuilding Co., 308 U.S. 241 [1939]).

78 John Godard and Carola Frege, "Union Decline, Alternative Forms of Representation, and the Exercise of Authority Relations in U.S. Workplaces," *Industrial and Labor Relations Review* 66 (2013): 142–168.

79 Richard Freeman and Joel Rogers, *What Do Workers Want?* 2nd ed. (Ithaca, NY: ILR Press, 2006), 84. 見Chapter 3, note 48。

80 Joel Rogers and Wolfgang Streeck, "The Study of Works Councils: Concepts and Problems," in *Works Councils: Consultation, Representation, and Cooperation in Industrial Relations*, ed. Joel Rogers and Wolfgang Streeck (Chicago: University of Chicago Press, 1995), 11–16.

81 Ibid., 6.

82 Ibid., 17; Wolfgang Streeck, "Works Councils in Western Europe: From Consultation to Participation," in Rogers and Streeck, *Works Councils*, 313–314.

83 Carola M. Frege, "A Critical Assessment of the Theoretical and Empirical Research on German Works Councils," *British Journal of Industrial Relations* 40 (2002): 221–222.

84 Martin Behrens, "Germany," in *Comparative Employment Relations in the Global Political Economy*, ed. Carola Frege and John Kelley (London: Routledge, 2013), 206–208, 212–215, 217–218; Walther Müller-Jentsch, "Reassessing Co-determination," in *The Changing Contours of German Industrial Relations*, ed. Hansjörg Weitbrecht and Walther Müller-Jentsch (Munich: Rainer Hampp Verlag, 2003), 39, 44–46.

85 Walther Müller-Jentsch, "Germany: From Collective Voice to Co-management," in Rogers and Streeck, *Works Councils*, 58–60.

86 Ibid., 61–62. Streeck, "Works Councils in Western Europe," 314.

87 Müller-Jentsch, "Germany: From Collective Voice to Co-management," 61.

88 Ibid., 63.

89 Müller-Jentsch, "Reassessing Co-determination," 49–51.

90 Ibid., 44.

91 一位研究職工委員會的德國學者在1981年整理出七種不同「理想類型」的職工委員會，有些存在感很低，有些以企業管理部門的形式運作，有些代表工人與企業形成「合作型對抗」的關係，有些則是純粹代表工人與僱主對抗。Frege, "Critical Assessment of the Theoretical and Empirical Research," (discussing H. Kotthoff, *Betriebsräte und betriebliche Herrschaft: eine Typologie von Partizipationsmustern im Industriebetrieb* [Frankfurt: Campus, 1981]; and H. Kotthoff, *Betriebsräte und Bürgerstatus: Wandel und Kontinuität betrieblicher Codetermination* [Munich: Rainer Hampp Verlag, 1994]).

92 安舟教授曾在題為〈失去會員的權利〉("Losing Membership Rights")一文描述，職代會在「大公司時代」的國有企業和前國有企業裏逐漸式微。若把安舟的論述與Müller-Jentsch有關德國職工委員會的著名評論〈德國：從集體發聲到共同管理〉(Germany: From Collective Voice to Co-management")比較，德國的職工委員會更能發揮作用就相當明顯。關於德國職工委員會的文獻都有一個共識，那就是即使職工委員會有多種形式，但大多數在職場管理都發揮了很關鍵的作用。Frege, "Critical Assessment of the Theoretical and Empirical Research."

93 Cynthia L. Estlund, "Wrongful Discharge Protections in an At-Will World," *Texas Law Review* 74 (1996): 1655–1692.

94 "OECD Indicators of Employment Protection," Organisation for Economic Co-operation and Development, 2013, http://www.oecd.org/employment/emp/oecdindicatorsofemploymentprotection.htm.

95 Walder, "Organized Dependency," 56.

96 工會可用多種方式支持職工委員會，像提供專業知識、指導、建議以及發起正式或非正式的罷工(這是職工委員會沒有的權力)。Streeck, "Works Councils in Western Europe," 339, 343, 345.

97 Kenneth G. Lieberthal and Michel Oksenberg, *Policy Making in China: Leaders, Structures, and Processes* (Princeton, NJ: Princeton University Press, 1988); Andrew C. Mertha, "'Fragmented Authoritarianism 2.0': Political Pluralization in the Chinese Policy Process," *China Quarterly* 200 (2009): 995.

98 John Braithwaite, *Regulatory Capitalism: How It Works, Ideas for Making It Work Better* (Cheltenham, UK: Edward Elgar, 2008); Cynthia L. Estlund, *Regoverning the Workplace: From Self-Regulation to Co-regulation* (New Haven, CT: Yale University Press, 2010); and Christine Parker, *The Open Corporation: Effective Self-Regulation and Democracy* (Cambridge: Cambridge University Press, 2002).

99 Kuei, "Industrial Management in China."

100 "A Tightening Grip: Rising Chinese Wages Will Only Strengthen Asia's Hold on Manufacturing," *Economist*, March 14, 2015.

101 據說德國企業已經這麼做了。Müller-Jentsch, "Reassessing Co-determination," 53.

第9章

結論

中國工人將迎來「新政」時代嗎？看到這裏，讀者應該想起本書書名以及幾乎每章標題都採用問句的形式。大多數的美國人其實不太清楚中國的勞動狀況，就算有思考、閱讀及撰述勞動議題的西方人對中國勞動狀況大多數也是一知半解，因此本書的目的之一是要以更豐富、詳細，也更有深度的方式探討這個對多數西方人來說十分模糊的議題。然而，當我們探討得更深入以後，本書提到的某些看似基本的問題反而變得更難回答，正如亞里士多德那句名言：「你知道得越多，你就會知道你不知道得越多。」這個道理用在中國勞動研究上實在再合適不過。

在最後這個章節，我嘗試針對本書書名的問題大膽推測出暫定的答案。但首先，我要簡短探討另外兩個也非常重要的問題：第一，本書非常詳細地敘述中國的勞動狀況，這些敘述會如何改變或挑戰我們過去對美國勞動法和勞動政策（甚至還有美國民主制度）的認知呢？第二，我們可以從這些敘述了解「社會主義市場經濟」對中國工人及其僱主來說的意義為何嗎？畢竟，中國領導人自己宣稱正在建設「社會主義市場經濟」，不是受美國啟發的新政。

從中國角度反觀美國勞動現場：哪裏看起來不一樣了？

我過去在美國勞動就業法律領域進行了20年的教學、研究和著述，有時也會攻讀國際勞動就業法或勞動議題的比較分析，不過自2009年起的十年內，我花了大部分時間和心力研究中國的勞動狀況。我對中國的研究讓我很快跳脫過去那些膚淺的成見，過去我想到中國就想到靠血汗工廠積累起來的經濟成長，也認為中國就跟十九世紀末至二十世紀初的美國一樣，實行自由放任的政治經濟模式。(讓我很驚訝的是，當我不過跟別人提一句我在做的研究，常常會引來對方反問我：「中國有勞動法例嗎？」) 美國新政推出之前及新政初期，勞動抗爭不斷加劇，工會組織激增，政府頒布新勞動標準，勞動議題成為必須優先處理的國家議題。我原本以為中國現在的情形就跟當年美國類似，但我的研究令我超越自己這個最初的觀感，也第一次激起我對中國的興趣。中國官方殘酷剝奪工人的結社自由，激起了許多西方民主人士和勞工權益倡議者的強烈憤慨。我對中國的近距離觀察，使我超越對中國與西方和美國在勞動法例和歷史異同的認知，並且暴露出一些悖論、諷刺和矛盾，而這些正塑造了本書的內容。我說的是「超越」，儘管在經過幾年的研究和反思後，這些對中國的早期印象和憤慨雖然有著複雜的背景，卻仍是符合事實。

深入研究中國以後，我不禁開始反思美國的情況，尤其(但不只)開始反思規範工作和勞資關係的法律及政策。雖然我過去的著述常批評美國的工作法律，但我都是以美國法律自身的宗旨和目標為基礎，去批判法律和政策落實的成果。然而，美國的勞動就業法例中有些理論基礎和相當激勵人心的原則，一直不在我的批判範圍內，甚至一直悄悄地影響我對他國制度的觀點，包括對中國的觀點。我這本書大部分篇幅都在探討中國的勞動問題，以及官方的回應策略，也討論了如何進一步將勞動問題作為一窺中國政治經濟的窗口，這麼做主要是希望能啟發西方讀者，尤其是美國讀者，用不一樣的觀點思考中國議題。但在這個結論章節，我想透過這個窗口從中國的角度，回頭看我最熟悉的美國制度。

讓我們從監管制度開始。很遺憾的是，我不只一次觀察到美國在過去和現在也有很龐大的低薪勞動人口市場。不過因為美國遠比許多國家富有，因此基層勞工的絕對工資水平和生活水平當然還是比其他國家要高，但這也不能因此把美國低薪勞動市場十分常見的違法行為合理化。低薪工作代表的往往不只低薪，也代表僱主違反最低勞動標準已成常態。直接不給工資在中國比較常發生，這點至今仍是最常見、也是最主要的罷工導火線。[1] 但其他形式的「工資竊盜」(“wage theft”)，也就是沒有全額支付法定的工資，在美國也驚人地常見。在中美兩國，僱主想方設法逃避法律責任(在美國，僱主把僱員錯誤劃歸為獨立的合同工〔contractors〕；在中國，僱主則不給工人出具書面合同)都是重大問題。兩國的低薪勞動市場，同樣有人數龐大的二等或法律地位不明確的貧窮勞工(中國的農民工、美國的無證非法移民)，這些勞工的弱勢也使低薪市場歷久不衰。即使美國近年的勞工權益倡議者慶祝終於成功爭取州和地方的最低工資上調，但接下來要面對的是新政策能否真正落實。[2]

跟中國的低薪勞工相比，美國低薪勞工除了工資的絕對水平較高以外，還有一個關鍵優勢，就是可以向非政府獨立勞權人士或組織求助，像是勞工權益律師、勞工中心，有時還可以求助工會(雖然很少發生)，他們也有權針對僱主的違法行為進行和平抗議，也可以訴諸大眾的支持。有時獨立勞權人士會協助工人利用美國成熟且獨立(但也相當繁複笨重)的司法制度爭取權益，這樣有些僱主意識到自己有可能身陷昂貴的法律訴訟，可能覺得給予工人法定薪資福利還比較划算。但在基層勞動市場，僱主違法的行為十分普遍，這顯示極少低薪勞工真的透過司法途徑對僱主造成威脅，即使真的這樣做了也時常無法根據判決向僱主索償。[3]

因此，若認真比較，美國監管低薪工作的法律最棒的地方，在於工人可以自行選擇用什麼方式爭取權益，他們可以自由向外求援，也可以聚集眾人力量抗議僱主常見的違法行為。勞權人士和組織可以公開運作，不須擔心政府騷擾(不過個別工人尤其是非法移民，還是容易遭到僱主以各種方式報復)。美國勞工還擁有言論自由和結社自由，有獨立的企業律師公會，這些都非常值得讚許。但令人失望的是，在美國勞動力市場的底層，儘管在監管項目上已投入了甚長的時間，但勞動標準執行情況卻仍然相當不足。(同樣令人驚奇的是，在美國因為「執法差距」問題產生的社會衝突相對較少。)

如果我們只看書面上的法律條文，那麼自2007年起中國在改善貧窮工人的勞動標準上，中國所做的遠較美國要多。(不過，這些工作可能過度了，擴大的執法差距帶來了破壞性後果。)這在一定程度上源於美國對市場秩序的意識形態支持，這種支持比中國(或世界上大多數國家)更廣泛，給加強監管的支持者造成更沉重的游說壓力。這是「美國例外論」的重要部分，但從中國的角度來看也很熟悉。

美國近年國家勞動法規缺乏進展的另一個原因，已超出勞動範疇：美國政府陷入分裂、僵局和兩極化的政治危機，這也正是美國目前多黨民主制度呈現出來的面貌。這真的太讓人難過了。尤其當我從中國的角度來看美國的問題，我不只覺得懊惱還覺得很難堪，美國的民主近年來居然表現得如此差勁。當我和許多中國朋友進行一對一或小組談話，討論多黨民主制的優點，我還覺得自己有責任為近年美國的民主失效解釋或是道歉。我們很快會回來談這點。

把焦點從監管勞動標準轉向集體勞動關係，我們發現美國勞動相關立法幾無進展實在令人吃驚。其實在過去幾十年來，美國的勞工運動已經發起好幾次重大宣傳活動，把勞動改革提案送進國會，但幾十年過去了仍一事無成。這樣的失敗不僅源自政治癱瘓(political dysfunction)和政治僵局，也源自美國工人相對沉默的特性。想起艾倫·海德曾說過，重大勞動改革通常是政府對「找麻煩」的勞工運動所作出的妥協。[4]但美國工人和工會近年來都沒給政府找什麼麻煩，無論在職場還是在街頭上都相當平靜。大型罷工的數量也來到了一個世紀以來的最低點，而過去十年來一直零星冒出的小型工業行動，大都在快餐和零售行業發生，這類行動沒有干擾僱主的營運，更不用說對經濟或公共秩序造成什麼影響。不過，其實美國工人對現況遠未滿意，只不過他們不是用憤怒抗爭來面對這一切，而是以消極無奈的心態來看待勞資雙方越來越不平等、生活水平和經濟保障雙雙下降，而且他們不把問題歸咎到位於經濟階級頂端的人，反而是怪到經濟階級比他們低的人身上。這對勞動改革(無論大小)來說可不是什麼好預兆，而且這樣的現象也讓我忍不住思考美國勞動法和勞資關係的現況，在我開始接觸中國勞工議題後，就時常會反思美國的狀況。

與中國工人不同，美國工人可以合法組織獨立工會、進行集體談判和罷工。美國僱主也有許多方式、動機和法律手段，以反對或減少工人行使這些權利的機會。組織工會的路上充滿險阻，罷工的權利也附帶著不小風險，這正是為什麼美國私有企業工人並不比中國工人更願意透過獨立工會與僱主進行集體談判。還有別忘了美國絕大多數工人並沒有工會的代表，第8章提過美國《全國勞資關係法》規定勞工代表「只能是工會，不然就拉倒」，此規定幾乎排除任何合法組織，代表僱員參與職場管理的可能。

當然，有合法權利組織獨立工會還是有其價值，即使這項權利沒有被行使，它本身還是有很重大的意義。若在某些時機場合工人能夠通過組織工會「威脅」僱主，那麼僱主除了使出反抗的手段以外，也可能對工人作出某些讓步——不僅是大棒，而是胡蘿蔔，好讓工人願意繼續待在沒有工會支持，只有資方單方面掌控的勞動環境裏。[5]

然而，如今這種「工會威脅」還能生效的產業已經所餘無幾，雖然有些僱主仍需爭搶熟練工人，也需要維持工人的忠誠度。但工人也必須爭搶工作，很多人要將就能夠得到的條件。現在很多工人的工作條件已經不如父母那樣優渥且有保障，因為上一輩的藍領工人都有加入工會，而且工會擁有很大影響力。

這一切並非偶然。主流經濟學家認為，工會的衰落和「工會威脅效應」的消亡，是收入分配頂層以下的工資停滯的主要原因；造成過去幾十年來經濟不平等加劇的當中約五分之一到三分之一的原因，也可歸因於此。[6]當然，工會衰落不會是工資停滯不前和貧富差距擴大的唯一因素，正如導致工會衰落的原因，也不僅是僱主對工會的反抗和勞動法例成效不彰。但工會衰落使美國工人近年來幾乎無法從組織工會的權利得到好處，進而令工人的未來更加沒有保障。

相較之下，中國勞工沒有合法權利組織獨立工會，無法透過獨立工會進行集體談判或發起罷工爭取權益，更不用說也沒有權利自行投票選出政治領袖。然而，他們**確實**是在找麻煩，而且還真的取得一些成果，原因是中國政府擔心如果僅靠鎮壓來應對工人的不滿，那麼異議分子就可能組織起來，增加衝突升級的風險，甚至導致政府失去認受性。從2007年起，中國工人獲得更高的法定勞動標準，當中有些是真正受惠，有些仍只限於法例文件；工人也獲得了更高的最低工資，而在全國總工會內部也進行了試驗性的措施推動工會民主，並加強工人在職場管理上的話語權。也就是說，我們熟悉的「工會威脅效應」現正以另一種方式在中國的專制政府中發揮作用：獨立工會組織帶來的威脅，促使擔心獨立工會興起的政策制定者，以其他方式安撫憤怒的工人。

對大多數時候和大部分工人來說，獨立工會是爭取最終目標的途徑，包括更佳的工資和工作條件，加強就業保障，公平解決勞資糾紛等。大部分西方勞工權益人士相信，至少對勞動市場的中低端工人來說，獨立工會是達至這些最終目標的最佳或最可靠途徑，但這種說法對沒有工會代表的美國工人和中國工人來說，前景其實都不妙。不過，工會顯然並非達至那些目標的唯一途徑。近年來中國工人的抗爭雖然相對來說缺乏組織，但他們的確從這些最終並未發展成獨立工會組織的抗爭中取得實際利益。事實上，他們從抗議中得到的好處，可以說比美國工人目前從獨立工會和合法組建工會中得到的好處還要多。這是一個發人深省的想法。

不過我要強調，我並非要質疑工會所依賴和促進的結社自由、團結精神和民主制度等內在價值，也不是意味美國工人應該要跟中國工人交換處境，別忘了中國勞工權益近年「大幅」提升，部分原因是因為以前的基數太低。但是，中國工人近年在幾方面的發展軌跡相對不錯，而美國工人和倡議者正在尋找防止權益繼續被侵蝕的策略。即使經濟在2016年持續成長，工人仍面臨著很多危機，包括就業越來越沒有保障，生產流程碎片化導致越來越多工作機會外移，實際工資下滑，市場風險從僱主轉嫁到勞工身上，以及有些人所形容的「贏者通吃」經濟逐漸成形。[7] 這在一定程度上反映了我所說的全球經濟「向上升中的底部競爭」的現象。

在「後集體談判」的年代，獨立工會的角色正在改變，且毫無疑問日漸式微。美國新政曾經嘗試讓大部分的藍領和白領工人，透過輕度規管的集體談判參與私營產業的自治，但如今這種模式似乎再難以在積重難返和持續萎縮的勞動市場中繼續存活。而且，目前看不到有任何新策略能夠像集體談判在其全盛期為許多美國工人所實現的那樣，帶來任何承諾。

與此同時，中國領導人也一定注意到健全的集體談判制度，和獨立工人運動並非勞資和諧的不可或缺條件；我們美國很多年來都只有獨立工人運動，卻沒有蓬勃發展的集體談判。可以肯定的是，如果新政時期的政策沒有把集體談判制度化，並將獨立工會納入職場管理，美國不可能從二十世紀初的勞動關係躁動，走到如今平靜穩定的狀態。但中國有些人一定很希望能跳過如今勞工抗爭頻仍的階段，直接進入勞資和諧的境界，也不要嘗試什麼集體談判，以免威脅到中國一黨專制的政權。在不允許工人組織真正的工會的情況下，中國政府是否能夠與工人達成可持續的解決方案，以促進中國令人信服地宣稱正在尋求更全面的繁榮？這仍是貫穿全書的關鍵問題。

不過，美國觀察家都應該仔細觀察中國領導人怎樣發展出一套獨立工會和集體談判以外的機制，能夠改善工人生活並協助工人解決勞資糾紛。在我們努力建立一個良好的「後」集體談判制度時，我們可能會從那些積極的政策倡議學習到一些東西。那些倡議不應該取代我們現在享有的權利和自由，而是應起到補充的作用。

當然，還是有些人相信工人唯一的希望在於復興集體談判制度，他們肯定反對跟中國學習任何事物，因為他們不認為堅拒獨立工會的中國，能通過其他方式實現集體談判能達到的目標。他們的反對自然有些道理，但這樣的反對又有點過頭了。美國的工會長年以來承諾要改善法定最低勞工標準，並支持任何可以改善工人生活的做法。工會及其盟友確實應該支持有利於所有工人的改革，儘管這些改革有助消除一些可能有助工會組織起來的民怨。尤其是在美國只有7%的私營部門員工有工會代表的情況下，這個數字要翻倍也不現實。在試圖阻止工會組織的過程中，中國的管治者（以及美國的僱主）做了許多令人反感的事情，但他們為滿足工人訴求和幫助他們解決工作上問題所作的努力不應受到譴責。有了以上概念，讓我提出中國近年勞動改革有三項做法，也許值得美國人思考是否可以借鏡。

首先，思考中國是如何處理《勞動合同法》帶來的勞工投訴浪潮。中國的政策制定者為了加速處理權益申訴案件，遏止司法訴訟案件持續暴增，同時考慮到中國人長期以來傾向調解多於法院裁決，[8] 因此中國政府大幅擴增調解機構來解決勞資糾紛。在美國，有些人一樣很擔心勞動訴訟案件過多，或者擔心有些工人投訴原因明明合理，但卻因為案件價值不高而難以訴諸司法途徑，那麼擴增調解機構的做法就很值得研究。調解在美國並不罕見，[9]當然也不是萬靈丹。[10]目前強制仲裁仍是美國避免司法訴訟過多所採取的主要手段，如果能夠大幅擴增調解機構，處理勞資糾紛的成效會較強制仲裁更可取。

許多美國僱主要求員工放棄未來對資方提出法律訴訟的權利，若要投訴只能透過私人仲裁機制，而且僱主通常以此要求作為聘僱條件。仲裁通常是私下進行(如果真的有仲裁的話)，而且裁決往往非常匆促，幾乎沒有或根本沒有經過仔細思量。最高法院對新政前的《聯邦仲裁法案》(Federal Arbitration Act)進行了咄咄逼人和不合時宜的釋義，幾乎封鎖了所有質疑那些仲裁「協議」的途徑，即使它們是由合同關係中的主導一方單方面實施的。[11]顯然地，我們需要更便宜、快速且更公平的方式以取代法律訴訟，而仲裁若真的能夠公正執行就可帶來公正的結果。[12]但現在的法律讓僱主有太大的權力干預仲裁程序的設計，令僱主得以扭曲仲裁結果或使投訴(尤其是集體投訴)無疾而終。近期的數據顯示，強制仲裁對於想爭取權益的工人來說，關上的門遠比打開的門還要多。[13]簡而言之，現在的強制仲裁既傷害了勞工權益，也損害了裁決民眾投訴案件時應秉持的法治精神。

有些人對於中國大力推廣調解機制，也作出十分類似的評論：以美國「法治」的觀點來看，中國的調解結果似乎太常強人所難，且罔顧法律依據，因此中國的調解規範和程序，同樣也有很大的改善空間。事實上，明克勝教授(Carl Minzner)曾說中國為了減少法律訴訟而急於大力推廣調解機制(到2010年以前可從中國民事司法系統看到很多證據)，此舉反而偏離了合法性原則。事實上，中國近年來許多舉措都有悖離合法性原則的趨勢。[14]然而，我們不能因此馬上否定調解機制的優點。若越來越多工人能夠**自願**透過調解解決糾紛，同時仍保有提出法律訴訟的權利，促使資方讓步，那麼跟總是由僱主佔上風的強制仲裁比起來，調解可能是更公平、且更有效率的勞資糾紛解決良方。與強制仲裁相比，調解更加公平，更尊重法律原則，這應該指導我們自己以及中國的法律改革。

中國近年勞動法律改革的另外兩個層面，顯示了中國政府非常大膽，但也許注定失敗的政策。面對全球化浪潮鋪天蓋地而來，各產業的分工模式皆大幅改變，但中國政府居然想在此時逆勢而行，努力回復二十世紀的勞動環境的特性——也就是工人工作穩定、職場凝聚力強。我們在第5章探討過中國的《勞動合同法》及其修正案，該法顯示中國試圖提升工人的就業保障。但我要說的不是中國比世上大多數國家厲害，目前世上大多數國家同樣禁止僱主任意解僱員工，在這方面中國並沒有與眾不同之舉。不過，中國是在預期經濟不景之際制定《勞動合同法》，當時美國商會也作出了不景氣的預測。[15] 此舉更清楚顯示保障工人免遭任意解僱或經濟性裁員，已成為國際間共識，同時也讓奉行自由僱傭關係的美國看起來更像個「異類」。

中國政府不僅頒布《勞動合同法》，還為勞動派遣增加許多限制以加強就業保障；當時由於經濟前景黯淡，所以許多發達國家不敢多加約束勞動市場，仍採行一定程度的自由化政策，同時全球勞動趨勢也帶來更嚴峻的挑戰，包括工作任期越來越短、生產與服務分工破碎化、生產外包以及臨時的工作安排等。[16] 從在綜合企業內的長期僱傭關係持續演變到「零工」經濟（“gig” economy），雖然受到一些人的歡迎，但這對工人來說可能會造成可怕的後果，他們可能會失去二十世紀改革給僱傭關係賦予的全部權利、保障和福利。然而，中國正努力對抗這股潮流，努力加強就業保障和工作穩定，或許是因為單位制度的概念在勞動力商品化的世代仍影響著中國政策制定者對勞資關係的認知，但也或許是因為中國政府擔心越來越多工人失去就業保障和穩定的工作環境後，對一黨專制政權構成的威脅，比起多元民主政體的相較要大，所以才願意逆勢而行。

當然，現在還很難說中國是否能夠抵抗工作和職場分離的趨勢，也很難說官方加強就業保障的措施是否真正能夠發揮作用。大多數美國勞工經濟學家預計，針對員工靈活性的新法律限制將引發新一輪規避措施，或者降低就業水平。現在要知道他們是否正確還為時過早，而且可靠的數據也太少。但還有另一群人跟我一樣，相信穩定的工作環境不僅可以提升個人經濟保障，還可以促進社會團結和加強社群力量。中國全力抵抗制度走向崩潰看似不切實際，但這些努力仍是值得一定讚賞，其目標而不是特定的途徑，也許有值得仿效的地方。

中國官方在民營企業嘗試進行的「民主管理」制度化措施，儘管迄今似乎是片面和不太認真的，也許是支持穩定工作場所社區努力的一部分。(或者，這可能只是反映官方未能正視這些制度終必解體的事實。)就像就業保障的情況一樣，中國在世界各地有很多公司也在推廣以企業為本的職工代表制度，這套制度亦在其他地方有更好的模式。但是中國建立職工代表大會的努力，給主張歐洲職工委員會等機構反映了良好職場管理的全球規範之說，提供了有力的支持。與其他全球規範一樣，中國在履行職工代表的正式原則上成效不彰。即便如此，我還是要下對美國人來說有點不快的結論，就是跟美國法例比較，中國法例在職工代表制度上，也許還是較美國法例提供了更好的模式。有充分的證據顯示，美國工人其實很歡迎設有像職工代表大會這樣的組織，只要它們能夠發揮應有的作用。[17] 美國長期採取「選擇工會、不然拉倒」的職工代表制度，但大多數工人都在「拉倒」那一方，結果造成多數工人沒有參與職場管理的代表，連對職場健康安全這類重大議題也難有話語權，這真的是美國勞動現況另一個難堪之處。我知道工會獨大有其歷史淵源，也知道為什麼美國法例一直以來只認定獨立工會為合法勞工代表組織。[18] 但我無法因此合理化這樣的法例，也不會鼓勵其他國家制定類似的法例。

說到這裏，美國工會的支持者大概又要提出反對：如果職工代表大會是中國用來防堵獨立工會的策略(這的確很有可能是中國政府的動機)，那不正好說明了美國應該要盡量避免作出類似改變嗎？我在前文已經回答過了：工會不應該反對任何有利於多數工人的改革，即使那些改革可能減少一些助長工會組織和發展的不滿情緒。但我們也看到了另一個更好的例子：德國的經驗表明，在有獨立工會的國家(而中國卻沒有)，職工委員會對工會的影響在很大程度上取決於工會與其打交道的策略。美國並非從來沒有這樣的經驗：在三十年代一些工會能夠利用「公司工會」作為獨立組織起來的平台。[19] 當然，因為中國政府害怕職工代表大會成為獨立工會發展的助力，因此就對職代會施加各種限制，進而導致它們無法發揮預期的功能。這把我們帶到了下一個擺在桌面上的大問題。

「社會主義市場經濟」對中國工人意味著什麼？

中國宣稱正在建設「社會主義市場經濟」。然而，自從中國對私人資本敞開大門，就很難看出中國的社會主義和自由放任的資本主義有何不同。新工業區的勞動條件與政權宣揚的社會主義意識形態大相徑庭，在勞工維權人士和其他西方人眼中，中國就是資本主義剝削勞工的血汗工廠。然而，中國領導人也沒有一路奔往經濟自由化和私有化。[20] 一方面，官方一直維持亦未有縮減龐大的公有制經濟，許多戰略產業或高利潤產業也被政府壟斷，或納入受國家保護的國有部門。[21] 這正是中國政治經濟模式其中一項重大特色，有些觀察家稱之為「國家資本主義」。[22] 但這就是中國所謂的「社會主義市場經濟」嗎？

如果我們聚焦中國對混合經濟中企業的治理政策，就會出現不同的圖景——隨著時間的推移，國有企業和大型的非公有制企業之間，以及美中兩國的經濟之間，正在走向相當程度上的融合。在改革開放初期，中國國內同時存在兩個截然不同的經濟模式：一邊是計劃經濟，以社會主義國有企業為主，工人捧著鐵飯碗享有終身就業保障；另一邊則是新引進的市場經濟，以民營企業為主，充斥著缺乏監管和條件惡劣的血汗工廠。然而自九十年代起，高敏教授和其他學者的研究皆指出，公有制和非公有制經濟開始融合靠攏。融合的一半包括國有企業的「公司化」、國企勞動力的商品化，以及第2章提及的打破「鐵飯碗」制度；融合的另一半則是自九十年代起，國家擴充對非公有制經濟的規管。[23] 1994年《勞動法》的實施是分水嶺，兩個截然不同的經濟模式受到同一個規管制度的約束，並對公有制和非公有制經濟帶來截然不同的影響。在公有制經濟，《勞動法》採納「勞動合同制度」等同正式宣告國有企業工人失去了工作保障；但對非公有制企業的工人來說，這樣的法規反而改善了勞動條件。[24] 隨著2008年《勞動合同法》的頒布，勞動標準逐漸提升，監管制度逐漸完善，解決權利糾紛的裁決途徑也逐漸增加。[25] 雖然目前勞動法規落實成效不甚理想，本書前文已經探討過諸多原因，但當局未來持續加強監管已是很明顯的趨勢。

中國正在成形的制度當中的大部分元素，不僅顯示中國兩個經濟版塊的融合，也揭示了中國跟其他發達國家向「監管式資本主義」(regulatory capitalism)模式的融合。但中國與其他國家還是有許多重大差異，其中一項也在書中討論過：在採行監管式資本主義的西方大國，無論是勞工組織還是資方組織都有較高自治權，雖然都受到政府不同程度的監管，但不會直接被政府掌控。然而，中國政府對市場經濟中勞資雙方的差別對待則很大。

在資方這端，中國政府扮演的角色不再是企業的擁有者，而比較像是半自治生產實體的監管者，無論在國有還是民營企業皆是如此。現在即使是國有企業，其營運模式也相當獨立(雖然國家對國有企業的控制方式十分複雜，且有許多不為人知之處)。[26] 私人資本則相對自由地聚集和組成公司，管理自己的事務，但要受監管法規的約束(以及承受政治干預營運的風險)。中國政府給予資本家較高的自主權，但集體勞工運動卻沒有同等的待遇。中國政府仍不允許工人自行成立勞工組織，即使勞工組織願意接受政府監管規範(例如不得暴力抗爭，或者限制發動停工的時機和規模)，官方還是嘗試透過黨國機器及全國總工會，把集體勞工活動置於直接操控之下。雖然同樣在黨國機器的控制下，但與國有企業及國企管理人員比較，官方工會享有的自主權更小；而與享有相對自由的有組織資本比較，在全總體制之外的獨立有組織勞工運動仍持續面臨嚴酷的打壓。[27]

但是這裏有一股逆流，我在這裏稱之為「社會化」(socialization)的故事，也就是有組織的資本和企業管理人員的自主權也遭到削弱(雖然這不同於官方對有組織勞工的持續打壓)。「社會化」的故事從中共在大型民營企業和外資企業成立黨組織開始，[28] 黨組織便利全總在企業內成立工會，企業工會近年又在公司內成立職工代表大會。這種做法的最後結果，就是要源自計劃經濟的中共權力和職工代表制度，複製到市場經濟體系裏，儘管目前複製的只是形式而非實質。職代會仍被一再吹捧為實施民主管理的良方，一旦企業成立職代會，就等於在企業內部建立解決勞資糾紛及落實權利的官方途徑，不僅能為政權帶來短期的利益，也有助達成長期維穩的目標。然而，關鍵前提是職代會必須真的能夠協助工人爭取權益，和賦予工人對抗僱主的力量，就算無法一下子產生重大改變，至少要發揮一定程度的作用。

若中國政府真的能復興職代會，不僅是紙上談兵，那就説明了官方不僅想透過企業外部的勞動標準監管企業和企業的勞動條件，還想將企業內部的管理模式扭轉成對工人有利的方向。簡而言之，雖然中國政府過去推行國有企業「公司化」，讓重組後的國有企業極力模仿西方的資本主義企業，但中國領導人(或者至少有一些領導人)現在似乎沒打算一路往資本主義方向走，反而還後退了幾步，對在中國營運的資本主義企業進行一定程度的「社會化」改造，制定政策賦予工人更多權力參與企業管理。這將與政權自己的政治辭令產生共鳴，把「民主管理」作為官方關顧工人意識形態的組成部分，並把其納入憲法散布在立法和政策文件之中。[29]

在最後這個章節我回到了職代會，因為從職代會可看出許多「具中國特色」的新興勞動管理政策。職代會有潛力在早期解決勞動糾紛，而且是在企業內部、在管理層眼下，並透過官方核准且由黨組織監控的管道解決糾紛，對於想好好處理工人的不滿，又想要防止工人組織獨立工會的中共政權來說，擁有這些特點的職代會看起來是處理問題的絕佳機制。就目前情況而言，由於企業管理方勢力龐大且中國缺乏獨立的工人組織，職代會現在仍然無法暢順運作。但職代會和民主管理可說是中國應對勞動抗爭各種折衷辦法中，最耐人尋味的做法，也許可以賦予「社會主義市場經濟」一些實質意義，並與西方國家的監管式市場經濟有所區別。

中國工人會迎來「新政」嗎？
對勞動抗爭和民主制度的最後反思

中國工人將迎來自己的「新政」嗎？如果這個問題是在問中國工人是否有機會通過自主、自由選擇，並且民主的工會參與共同的自救行動和集體談判，那麼答案當然是「不可能」，至少在可預見的未來也不會發生。就目前而言，中國高層在阻止獨立工會興起這一看法上可說是有志一同，而且他們也真的有能力將獨立勞工組織扼殺於萌芽階段，但這樣做並非不用付出代價，面臨的後果和困難本書也討論過。中國領導人極其重視「維穩」，就是要避免任何容易快速傳播且具破壞力的大規模群眾抗爭，同時也要預防任何可能挑戰黨的統治的政治勢力形成。因此，在勞動領域裏，中國高層鐵了心防止獨立的有組織工人運動興起，只承認由黨核准且由黨掌控的官方工會，而我們也看到這樣的決心深刻影響著官方應對勞工抗爭所採取的策略，無論是黨內改革派或強硬派皆是如此。

中國政府致力防止獨立工會興起的決心，促使官方近年設法提升最低勞動標準和完善爭取勞工權益的法律途徑，但是這也讓官方針對勞工非政府組織增加許多限制，甚至不樂見能夠提升勞工權益落實成效的集體訴訟。這樣的決心讓官方願意透過向僱主施壓給予工人經濟上的補償，消弭罷工爆發的風險；但這也讓當局即使面臨罷工的威脅，還是抗拒真正的集體談判。這樣的決心讓當局願意在官方的企業工會實施「直選」，加強工會對工人的問責，但這也為選舉程序增加許多限制甚至綁手綁腳，因為當局懼怕給予太多民主會削弱黨對工會的掌控。同樣也是防止獨立工會興起的決心，令當局決定復興並擴增官方的職代會，但也因此無法進行更大刀闊斧的改革，包括思考獨立勞工組織存在的可能，而這樣的改革也許才是勞工是否能受惠於職代會的關鍵。

最後，防止獨立勞工運動興起和擴散的決心，令當局採取既利用又避免打壓的手段來應對——對待大多數的罷工，當局通常只出動有限的警力處理；但若發現多個工廠出現獨立勞工運動組織起來的苗頭，當局就會作出精準且有系統的打壓。令人難過的是，這樣的強硬作風在2015年尤為明顯，習近平政權在這一年對勞工維權運動採取更強硬的態度，打壓的主要對象都是涉及多宗罷工事件的一小撮活躍分子，而非一般的罷工參與者。但當局的目標仍然沒變，就是要避免異見分子的聲音匯聚成獨立勞工運動的潮流。

簡而言之，對獨立工會代表的需求可能挑戰中共的管治，因此中國領導人決意打壓民眾對此的需求，亦同時打壓任何意欲成為獨立工會代表的人。當局能成功嗎？若不允許工人組成獨立工會與企業管理方進行集體談判，中國政府能夠解決勞動問題嗎(或者防止勞動問題拖累社會、政治和產業進步)？認為中國不可能跳過具高度爭議勞資關係發展階段的人，必須想像中國至今的發展歷程是前所未見的。中國經濟的急遽改變大幅縮短了經濟發展、工業化和城市化的進程，西方國家過去達到這樣的發展程度所花的時間遠超過中國。中國在後毛澤東時期就開始大規模工業化，數百萬貧農加入城市產業經濟，同時也經歷了消費文化和服務業經濟蓬勃發展、個人主義抬頭，以及其他通常在工業發展後期階段，或工業成熟發展後才會出現的趨勢。有些趨勢可能成為獨立勞工運動的推力，但有些可能成為阻礙。

集體行動激增，但卻沒有合法組織在旁協助或控制，這是中國當代勞動狀況的特色。以美國新政的經驗來看，這代表中國亟需制定更明確的制度來處理勞資糾紛，而且這個制度需要獨立工會的存在。獨立工會既動員又組織工人，便利進行集體行動，但它們也能夠把工人行動控制在和平合法的範圍內，且能透過協商避免公開衝突。我剛開始研究中國時，一直認為中國必須根據西方過去的經驗進行有系統的改革來處理嚴重的勞動抗爭問題，但我現在已經不太確定中國是否真的需要走西方的老路。相較於沒有組織的混亂抗爭，中國領導人反而認為有組織的集體行動才是更大的威脅。在計算得失後，他們反對可能造成更大威脅的有組織工人動員。

當局寧可出現混亂且無組織的抗爭，也不想看到有組織的動員，部分原因是沒有組織的抗爭規模通常較小。不過我現在也開始懷疑，對中國領導人來說，勞動抗爭的問題可能根本沒有嚴重到要進行可能引致獨立勞工運動的進取改革。除了少數特殊案例，過去十年(也就是從國有企業改制，和大批工人下崗造成大規模抗議的時期開始算起)的罷工幾乎都是地方性的抗議，抗議對象都是單一的僱主，不同公司的罷工行動之間很少有關聯，動機也不同，唯一的共通點大概是越來越多工人意識到若要讓企業方讓步，罷工可說是相當有效的手段。中國領導人最害怕而且也最積極打壓的，是有組織且快速擴散的跨工廠抗爭，但相對於幅員遼闊的國土和龐大人口，罷工尤其是長期或大規模的罷工仍然相對疏落，工潮對政權構成的風險仍然很小兼且可控。[30] 儘管隨著近年罷工爆發頻率上升，黨國機器未能安寢，但對當局來說與其大刀闊斧地改革，保持警戒和維持現狀看起來才是最安全的策略。

中國發生罷工的頻率其實相對很低，我在2014年於深圳出席過一場為期一天的研討會後對此深有體驗。研討會的主題是「中國工作人口的變化」，與會者包括幾名在華經商的電子行業代表，當中包括西方和亞洲的知名品牌和供應商。二十多名講者試圖從更長遠和廣泛的角度，闡述這些公司在中國面臨的實際人員配備問題。在關於需要具備一定技術和教育水平的工作存在的員工高流失率和缺工問題，以及在那些日常現實之下的工作人口變化、勞動需求和期望變化等問題上，現場有很多討論。然而，整場研討會從頭到尾都沒人提到罷工或勞工集體抗爭，無論是講者或出席者的提問皆沒有提及。[31] 彷彿僱主碰到大型罷工的機率跟被閃電打到一樣低——被閃電擊中當然是有可能，但是因為機率太小了，所以很難成為企業制定政策或計劃時的重要考量。

在好奇心驅使下，我試圖比較了美國和中國的罷工數量，尤其是美國在三十年代和中國近年來的罷工數量。當然，光看數字作比較分析是很危險的，畢竟兩國的歷史背景和國家情況有極大差異，可取得的數據也並非百分百可靠。然而，我們還是可以從圖表中相差懸殊的數據作一些推論。圖表9.1比較了美國1920年至1937年（新政改革前）和中國2011年至2015年（這幾年的罷工數據尚可取得）參與罷工勞動人口的估計比例。[32] 不過，中國不像美國有官方的罷工數據，因此數據非常粗略，能夠取得的最佳數據（來自中國勞動通訊的「中國工人集體行動地圖」）有可能同時低估或高估罷工數量，[33] 而且提供的參與者人數只有廣泛的範圍。不過圖表9.1的中國罷工數據還有可能是錯誤高估，因此中美之間實際上的差距應該比圖表所顯示的更大。[34]

圖表9.1　美國和中國分別於1920–1937和2011–2015年罷工人數佔工作年齡人口比例

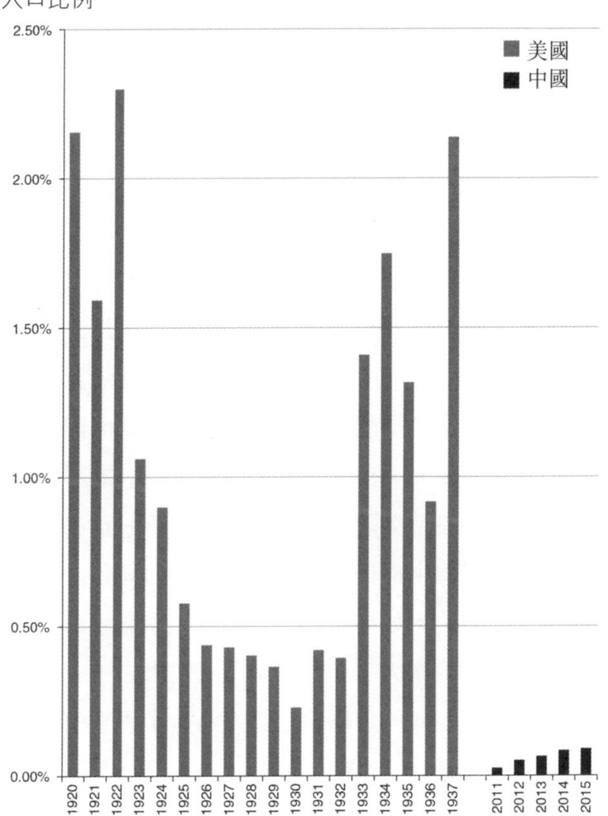

資料來源：美國人口普查局人口司按年齡、性別、種族所做的全國人口估計數據，可參考網址https://www.census.gov/popest/data/national/asrh/pre-1980/PE-11.html；Florence Peterson, Strikes in the United States 1880–1936；美國勞工統計局《每月勞工報告》；世界銀行世界發展指標，可參考網址：http://databank.worldbank.org/data/reports.aspx?source=world-development-indicators；中國勞工通訊的「中國工人集體行動地圖」，可參考網址：http://strikemap.clb.org.hk/strikes/en#。注意：「中國工人集體行動地圖」的數據不可能精確詳盡，所以在估算中國的罷工工人數目時，我作了一些假設來修正數字。欲知更多細節，請參閱注釋34。

根據圖表9.1，我們可以看到美國在1930年(實施新政前)罷工人數佔工作年齡人口的比例降到最低點，但即便如此這個數字仍是中國近年來(至目前為止)最高點的兩倍以上。(如果我們只聚焦於罷工頻率比中國其他地區高很多的廣東省，那麼這個最高點的數字差不多等於美國的最低點，但當然如果我們只看三十年代美國最常發生勞動抗爭的地區，罷工人數佔勞動人口的比例也會高很多。)從這些數字可以看出：雖然勞動抗爭在中國是重大議題，但相較於三十年代撼動美國並催生新政的勞動抗爭，中國勞動抗爭的規模、強度和破壞力都小很多，也比較沒有政治色彩。

不過可以確定的是，即使這些數據可能有很大誤差，但我們還是可以換個角度來看這份數據比較：一方面，中國的勞工維權運動常處在高壓環境，罷工領袖往往無法公開發動抗爭，也無法獲得工會的支援，如果從這個角度來看，中國的罷工人數比例已經算相當高了；而另一方面，美國的數據也提醒我們：雖然三十年代的罷工數量降至最低點，但沒過幾年又飆升，上升幅度大到讓政府高層不得不進行結構性的政策改革，這代表情勢瞬息萬變。不過，中國得先有非常巨大的改變，才有可能出現催生出美國新政那樣規模的勞動抗爭。

這是我暫定的結論：如果只看勞動領域，中國領導人似乎能讓勞動抗爭維持在可控的範圍內，而且在可預見的未來不會讓類似獨立工會的組織有任何生存空間。中國政府最關注且最重要的目標，就是防止任何可能挑戰黨國統治的勢力形成(無論是在勞動領域或其他領域)，他們使用的策略也越來越複雜縝密，因此我認為在接下來很長的一段時間，中國對勞動抗爭還是繼續採用現行的隨機應變「救火」策略，即使這樣的策略似乎無法從根本解決勞資糾紛，中國政府也不會冒險進行可能讓獨立工會興起的重大改革。不過這對中國工人來說並非全是壞消息，因為當局的預防策略需要工人生活水平的持續提高，以及一些適度的改革，但這並不意味著西方勞工權益倡導者和勞工組織一直希望中國進行的那種深層次的結構性改革。我們也許可以稱此為「具中國特色的新政」，但對美國新政的忠實支持者來說，肯定反對把它與當年的美國「新政」作類比，即使加上（有點老套的）「具中國特色」這個修飾語也不行。

在我暫時推斷中國未來將持續穩定，並只會進行非常適度改革的背後，隱藏著許多重大的「假如」。其中一個問題跟黨政官員的行為有關，特別是地方層級的官員：儘管他們有長期縱容地方企業的圖利習慣，但能否指望他們在安撫工人方面盡其本分，將黨政權力置於工人合理訴求的背後？或者，他們會否過於頻繁地採取生硬、適得其反的維穩方式，反使矛盾加劇和政治化（正如傅青山所稱，地方官員一直以來都是這麼幹的）？[35] 雖然現在中國有些人提倡以「更彈性」的方式維穩，並希望維穩的基礎是更多的自由、民主和程序正義，[36] 但中國官員從上到下似乎已經鐵了心繼續使用幾乎不受「正當法律程序」約束的強硬手段，並輔以安撫及籠絡的策略。地方官員尤其可能過度使用強硬手段來打壓工人。

更重要的「假如」，跟中國的政治經濟環境息息相關，也與中國體制的特性和韌性有關。由於中共政權較歷史上其他一黨專制的共產政權持續更久，因此吸引各方密切關注。曾經有很多年，有些美國觀察家主張，在經濟邁向自由化，或者形成了相當大的中產階級人口，或是進入互聯網時代，都必然帶來政治自由化和民主化。[37] 中國推翻了這些預測，而且它成功地將經濟發展與穩定的一黨專政結合在一起，反過來在學術界催生了一個可能以中國為代表的「新模式」學說。很多人都十分意外中國獨特的政治經濟制度居然能長期持續，於是很多新詞彙陸續冒出，試圖非常簡潔地描述令人驚奇的中國現象，包括「碎片化威權主義」（"fragmented authoritarianism"）[38]、「諮詢式」（"consultative"）、「回應式」（"responsive"）或「審議式威權主義」（"deliberative authoritarianism"）[39]，還有「堅韌的」（"resilient"）或「適應型威權主義」(“adaptive authoritarianism”)[40]。每個詞都搭配了「威權主義」，清楚表明中國仍是非民選的一黨專制政權，但卻擁有一定程度的活力和彈性，而過去很少人會把這兩種特質跟共產獨裁政權聯想在一起。中國制度所有的那些特徵，包括威權主義以及其碎片化、諮詢式、堅韌以及適應性的維度，都展現在中國政府因應勞動抗爭的策略上。

然而，要保持勞動領域和其他領域的和諧穩定，中國政府必須維持經濟增長並為人民帶來更好的物質生活，這也是為什麼近期的經濟危機令北京特別緊張。事實上，著名的當代中國研究學者裴敏欣還預測「共產黨在中國的統治已日薄西山」(這是他近年一篇文章以及即將出版的書之標題，“The Twilight of Communist Party Rule in China”)，很大程度上是因為中國經濟增長開始放緩，箇中原因是結構性而非周期性的，此現象也預示生活水平上升的終結，而這正是中國統治者取得認受性的最大來源。[41] 裴敏欣認為中國的成長、韌性、適應能力已經到達極限，接下來會墜入各方面都開始走下坡的死亡螺旋，包括經濟發展停滯、鎮壓手段升級、高層內鬥、政權失去認受性。裴敏欣作出「中國政權已耗盡天安門事件後的生存策略」的深刻判斷，有很多動人之處。他在總結說：「這種生存策略的幾根關鍵支柱，包括領導階層團結一致、以施政表現獲取管治認受性、籠絡社會精英分子，以及在外交政策的戰略性克制。這些支柱現在不是已經塌下就是已變得空洞，迫使中共越來越多地訴諸鎮壓和對民族主義的感染，以死抱住權力。」[42] 根據裴敏欣所稱，中國越來越訴諸鎮壓應對勞動抗爭，也許成為讓鐵達尼號沉沒的冰山一角。

裴敏欣對中國制度性衰敗和即將崩潰的判斷，給中國的勞工狀況投下非常黑暗的陰影；而我暫定的結論則是，中國當前的勞工問題就其本身而言，對一個決心治理這些問題的政權而言可能是「可控」的。不是所有人都認同裴敏欣的悲觀看法。其他消息靈通的觀察家指出，中共政權的韌性及其民眾認受性的來源，可能會讓中國領導人渡過當前的風暴。儘管增長速度不如過去，但中國將得以持續發展。[43] 一位評論家在2014年底曾對中國作出很樂觀的預測：

> 事實是這樣的：中國並不脆弱。政權還很強大，而且越來越有自信，國內也不存在有組織的反對派。中國政府管理經濟的能力很強，而且思維相當務實。雖然它在例如環境等議題上對社會壓力的應對並不完善，但它透過研究和輿情調查得到了充分的信息。這個政權的真正認受性，來自它持續展現其有能力提高民眾的生活水平，提供越來越多的公共物品（public goods），並在大多數情況下讓人們在日常生活中做他們想做的事情（除非他們想組織起來反對政府），同時維持高水平的秩序。[44]

這些爭論的解答，遠遠超出了本書和我的專業範圍。但可以這麼說，中國曾經推翻過去很多人所作的厄運預測。如果中國在接下來至少十多二十年內再次推翻這些預測，研究中國在社會動盪下事情可能怎樣發展，仍是有相當的價值。我們也必須認真思考中國在勞動及其他領域過去幾十年的歷史經驗，能夠為美國帶來哪些啟發。

我在研究中國的期間，適逢美國政治出現嚴重的兩極分化與民主失靈（dysfunctionality），嚴重程度是我生平未見，所以我承認有時候我的確很佩服中國領導人的執行力。即使中國的政治制度充滿缺陷，有些缺陷在政策實施階段已顯而易見，有些還有可能導致嚴重後果，但中國政府就是有辦法持續推動新政策，不僅在勞動領域實施改革，也持續完善法律和監管制度、基礎建設、教育和國民健康。[45] 中國自七十年代末期在經濟物質方面的進步有目共睹，當中大部分都是通過試點和集體審議政策判斷達致，但卻沒有經歷政治問責和民主爭辯的干擾，這使民主看起來不再像是所有人都必須致力追求的普世價值。[46]

對美國和世上許多國家的人民來說，透過競爭性普選實施民主管治的原則是不可違背的，它的價值也不言而喻。然而，現在人們需要的是**高效能**的政府及其可以帶來的好處，就這點來看現代美國展現出來的民主有優點也有缺點。在某些方面而言，相較於中國在後毛澤東時代的威權體制，美國的體制在向民眾帶來好處，尤其是在提供只有政府能夠提供的公共物品方面，明顯給中國被比下去。不過對於擁護民主的美國人來說，透過多黨競爭選舉體現的民主自治原則才最重要，其重要性遠勝於發展中國家的物質和工具性考慮。

相對上中國官方對民主選舉的頑固抗拒，當局對公民社會尤其是接受外國資助非政府組織的打壓越來越嚴重，逮捕或拘留維權律師或工運人士，以及窒息知識分子討論民主、公民自由和人權等議題的做法，更加令人感到擔憂。最後一項在中共中央辦公廳印發的《關於當前意識形態領域情況的通報》(又稱「九號文件」)得到印證，該份文件在2013年春天透過中共在大學院校和其他單位的渠道低調傳閱。[47] 文件警告在公共領域，不得鼓吹有關公民社會、憲政、「普世價值」和媒體角色等「西方」思想。當局不尋常地明確把這些思想定性為顛覆，並冷卻相關的討論，即使連學術討論都遭到壓抑。

有些人為中共辯護，指控制公民社會和打壓異見人士，都是維護中國「可管治性」(governability)和持續發展的必要條件。[48] 當我首次聽到這種論調時，立刻認為這不過是中共為了鞏固自己的權力想出來的藉口。多年後，我開始相信至少其中一些說法是出於良好信念：我認為許多中共領導人以及支持中共的學術界人士，真正相信過寬開放、自由的公共討論氛圍以及更自由的公民社會，可破壞一黨統治，而穩定的一黨統治對希望實現其最迫切需求和願望的中國人民來說仍是必要的。換另一句話說，他們也許會說，當一個國家還在追求美國人民已經習以為常的物質保障和社會福祉，言論自由是太過奢侈的權利。

要是那些信念不只出自內心，而且就中國現況來看還真的很有道理呢？如果絕大多數中國公民不情願(如果給他們選擇的話)去損害他們在過去40年經歷的穩定和進步，以換取更大的自由去批評他們認為帶來了穩定和進步的政權，那會怎麼樣？我們若以為自己最清楚中國需要什麼，是不是正好展現了標準的美國傲慢心態呢？簡而言之，我在開始探索中國時仍然確信民主和自由的價值，但現在這些想法已有動搖。

中國當局在2015年起打壓和平的異見人士、自由思想家和人權倡議者，把我對民主自由的懷疑又從後拉回了幾步。當一個政權宣稱自己擁有近乎全國人民的支持，就不應該脆弱到不能包容任何批評的聲音；若一個政權真的如此脆弱，就更應該用打壓以外的方式來重新獲得人民的支持。

這種「異議導致混亂」的論調，不僅是中國政府用來合理化鎮壓手段的理由，也是「自我應驗的預言」。我們可從兩方面探討：第一，如果和平表達異議的管道全都被封死，那麼人民的不滿只能不斷累積，到了忍無可忍時就會以更混亂和暴力的方式爆發（除非民怨自己神奇地消失，但這在非民主的現代社會不可能發生）。請想像一台蒸汽機裏若是有太多壓力閥都被緊緊關上，那麼接下來很可能就會爆炸了。第二，如果連和平的反對力量也被取締，被定性為對國家不忠誠，那麼「忠誠的反對力量」就不可能發展起來，也不可能實現另類的領導層結構。那些認為中共統一統治無可替代的人是正確的，因為對批評聲音的壓制確保了沒有非中共領導人的候補人選。一個很多中國知識分子討論的可能方案是在**黨內**進行爭論與民主競爭，並給予更多表達不同意見的自由。[49] 但即使黨內的辯論也受到極嚴格的監控，以免出現足以挑戰現任領導層的勢力，有些人甚至認為目前領導人推行的反貪腐行動除了打貪以外，背後最主要動機就是要趁機剷除異己。[50]

自由和民主會帶來什麼樣的前景、好處和風險，一直是觀察中國的學者以及中國國內知識分子激辯的主題。[51] 並非只有西方人認為「民主是個好東西」。[52] 事實上「民主是個好東西」還是一本書的書名，作者俞可平是中國重量級的政治思想家，曾擔任中國政府的顧問，同時也是不顧當前的壓抑氛圍，執意繼續鼓吹民主政治的其中一人。俞可平在2016年針對「民主會導致抗爭」的說法寫了一篇文章。[53] 他說：「反對民主的人通常會用『民主可能導致混亂』的論點來恫嚇眾人，但有很多證據指出……事實正好相反：從長遠來看，只有民主和法治才能讓國家長治久安。」[54] 他強調民主是人類社會的發展潮流，不斷走向民主是不可逆轉的政治發展趨勢，中國也不例外，還引用孫中山的話說：「世界潮流，浩浩蕩蕩，順之者昌，逆之者亡。」[55] 民主與法治雖然遲早都會成為主流，但還是早點來的好，因為民主法治是「具中國特色的社會主義政治發展」的要素，也是打擊貪腐和挽救人民對政府的信任的關鍵。[56] 至於民主化需要哪些條件，俞可平很清楚地點明民主化需要競爭性的選舉，也需要其他程序讓當選人必須對選民負責，且由誰當選也該由選民決定。「我們的民主當然會是具中國特色的民主，但只要是民主就不能缺少選舉和競爭。」[57] 雖然俞可平還沒有走到呼籲實施**多黨**競爭選舉，但有備受尊崇的中國知識分子站出來支持競爭性選舉仍是很令人鼓舞。這個想法不再只能於海外用英語討論，而是能夠在中國官方媒體傳播。[58]

很顯然中國未來的政治模式會受到各種因素影響，包括全球和國內的經濟趨勢、持續改變的資訊科技、民族主義、區域和國際關係、環境退化和改革，以及許多其他本書未提及的因素。然而，透過仔細檢視中國的勞動問題，我們可以看到很多中國政府目前面臨的挑戰，以及他們在應對這些挑戰時具備哪些優點和缺點。中國為了控制勞動抗爭所作的一切努力，反映了中國進行現代化的同時，還能避免深度自由化和民主化的政治改革，但是否能妥善處理勞動問題也是一項重大考驗，考驗著中國是否還能繼續在排除民主自由的情況下持續進步。從過去幾十年中國的表現來看，中國的政治體制比大多數局外人認為的更具有持久力、活力和強大機能。

中國的政治體制的持久力部分取決於中國工人。工人真正希望什麼，而當中國持續發展他們接下來又將想要什麼？就算中國未來的經濟增長令工資得以持續增長，工人會因為工資提升和勞動標準改善就滿足了嗎？還是他們會要求進行更深層次的改革，並且開始要求結社自由、集體自治和民主制度嗎？中國領導人希望通過爬上全球生產階梯建設和諧的「小康社會」，告別仰賴大量低薪勞工的大型製造業，邁向發展更高科技和更高利潤的高階產業。然而，當整體勞動力的教育水平提高且基本物質需求已被滿足，那麼這些勞工很可能會有更多要求，不再像過去那樣願意犧牲權利換取工資。

中國的工人不太可能迎向我們美國人認識的「新政」，部分是因為他們目前沒有、而且未來也不太可能擁有選舉領導人的權利，也沒有美國人擁有的其他公民權利和自由。但他們有時還是能成功迫使非民選領導人想出其他辦法，來處理他們具有正當性的不滿。他們已經開始更有計劃、更協調地利用這種能力，讓生產機器停止運轉，製造躁動——這對工人在整個工業化歷史上努力改善自己命運的努力至關重要。隨著普遍的饑餓、苦難和混亂已經成為過去，工人對未來的願景已經擴展到，包括選擇和改變、權利和抱負、夢想和雄心。[59] 用最後一個無法回答的問題，來結束本書似乎再合適不過了：當中國工人擁有上述對未來的景願，下一步會做什麼？

注釋

1 此現象亦反映於中國勞工通訊「中國工人集體行動地圖」對罷工事件的描述。"Strike Map," *China Labour Bulletin*, 2016年1月16日瀏覽，http://maps.clb.org.hk/strikes/en。

2 Jennifer Medina, "Higher Wages, Great! But How to Enforce?," *New York Times*, July 25, 2015.

3 "Empty Judgments: The Wage Collection Crisis in New York," SWEAT! Securing Wages Earned Against Theft, 2015, http://www.sweatny.org/report/.

4 Alan Hyde, "A Theory of Labor Legislation," *Buffalo Law Review* 38 (1990): 384, 432.

5 關於「工會威脅效應」，研究發現「在高度工會化的產業、地區和企業，非工會工人的工資較高」。Bruce Western and Jake Rosenfeld, "Unions, Norms, and the Rise in U.S. Wage Inequality," *American Society Review* 76 (August 2011): 517. 此外，亨利．法貝爾(Henry Farber)發現，在有立法保障工作權利的州以及放鬆監管使工會不容易組織的行業，非工會工人的工資下降。Henry S. Farber, "Nonunion Wage Rates and the Threat of Unionization," *Industrial and Labor Relations Review* 58 (April 2005): 335–352.

6 Western and Rosenfeld, "Unions, Norms, and the Rise," 513. 2007年時任美國聯邦儲備委員會主席伯南克(Ben Bernanke)估計，在促成經濟不平等擴大的起因中，工會衰退的佔比達10%到20%。見Ben S. Bernanke, "The Level and Distribution of Economic Well-Being" (speech given to the Greater Omaha Chamber of Commerce, Omaha, Nebraska, February 6, 2007), http://www.federalreserve.gov/newsevents/speech/bernanke20070206a.htm。

7 Alan B. Krueger, "Inequality, Too Much of a Good Thing" (CEPS working paper no. 87, August 2002): 9, http://core.ac.uk/download/pdf/6885375.pdf (citing Robert H. Frank and Phillip J. Cook, *The Winner Take All Society: Why the Few at the Top Get So Much More Than the Rest of Us* [New York: Penguin Books, 1996]).

8 Jerome A. Cohen, "Chinese Mediation on the Eve of Modernization," *California Law Review* 54 (August 1966): 1201–1226.

9 關於就業歧視的訴訟，都必須先經過公平就業機會委員會(Equal Employment Opportunity Commission, EEOC)審核，而EEOC至今已投入大量資金調解這些案件；此外，法院也有很多調解方案，其中有些方案專門針對就業申訴(通常與歧視有關)。"Mediation/ADR," United States District Court, Southern District of New York, last accessed August 2, 2015, http://www.nysd.uscourts.gov/mediation.php. (「自2011年起，就業歧視[非公平勞動]申訴案件……都自動轉介至調解單位。」)

10 有關此議題的著名評論，見Laura Nader, "Disputing without the Force of Law," *Yale Law Journal* 88 (1979): 1007–1008; Harry Edwards, "Alternative Dispute Resolution: Panacea or Anathema?," *Harvard Law Review* 99 (1986): 671–672, 675–682。

11 這甚至包括下級法院認定「不合情理」的程序(見AT&T Mobility v. Concepcion, 563 U.S. 333 (2011))，以及阻撓投訴人為自己的聯邦權利進行「有效辯護」的手段(見Am. Express Co. v. Italian Colors Rest., 133 S.Ct. 2304 (2013))。

12 見Zev Eigen and Samuel Estreicher, "The Forum for Adjudication of Employment Disputes," 此文收錄於*Research Handbook on the Economics of Labor and Employment Law*, ed. Michael L. Wachter and Cynthia L. Estlund (Cheltenham, UK: Edward Elgar, 2012), 409–426; Samuel Estreicher, "Saturns for Rickshaws: The Stakes in the Debate

over Predispute Employment Arbitration Agreements," *Ohio State Journal of Dispute Resolution* 16 (2000–2001): 559–570; and David Sherwyn et al., "In Defense of Mandatory Arbitration of Employment Disputes: Saving the Baby, Tossing Out the Bath Water, and Constructing a New Sink in the Process," *University of Pennsylvania Employment and Labor Journal* 1 (1999–2000): 73–150.

13 近期的數據雖然不算精準，但的確支持這類評論：與訴訟相比，仲裁索取的賠償額較低，而且成功率也較低。此外，很少有員工的索賠被安排仲裁，對不值得透過訴訟索賠的案件而言，仲裁索賠個案之少，讓人難以相信仲裁增加了這些案件得到裁定的機會。Alexander J. S. Colvin and Kelly Pike, "Saturns and Rickshaws Revisited: What Kind of Employment Arbitration System Has Developed?," *Ohio State Journal on Dispute Resolution* 29 (2014): 59–83.

14 Carl F. Minzner, "China's Turn Against Law," *American Journal of Comparative Law* 59 (2011): 935–984.

15 「殺雞取卵不是明智作法。」(引用出自中國美國商會) Mary E. Gallagher and Baohua Dong, "Legislating Harmony: Labour Law Reform in Contemporary China,"in *From Iron Rice Bowl to Informalization: Markets, Workers, and the State in a Changing China*, ed. Sarosh Kuruvilla, Ching Kwan Lee, and Mary E. Gallagher (Ithaca, NY: ILR Press, 2011), 36–60。

16 David Weil, *The Fissured Workplace: Why Work Became So Bad for So Many and What Can Be Done to Improve It* (Cambridge, MA: Harvard University Press, 2014).

17 見第8章的討論。

18 Cynthia L. Estlund, "The Ossification of American Labor Law," *Columbia Law Review* 102 (October 2002): 1527–1612.

19 Bruce E. Kaufman, "Company Unions: Sham Organizations or Victims of the New Deal?" *Industrial Relations Research Association Series: Proceedings of the Forty-Ninth Annual Meeting* (Madison, WI: Industrial Relations Research Association, 1997), 166, http://50.87.169.168/OJS/ojs-2.4.4-1/index.php/LERAMR/article/download/1479/1464#page=178.

20 「國有經濟改革或私有化計劃明顯缺乏更積極的進展，令許多經濟學家十分沮喪。」Arthur R. Kroeber, "Xi Jinping's Ambitious Agenda for Economic Reform in China," Brookings Institution, November 17, 2013, http://www.brookings.edu/research/opinions/2013/11/17-xi-jinping-economic-agenda-kroeber.

21 一份報告指出，「在服務業裏國有企業仍佔很高的比例，像電信、銀行、醫療、電力配置等產業，在未來幾年有可能「幾乎不會改變」。Keith Bradsher, "China's Grip on Economy Will Test New Leaders," *New York Times*, November 9, 2012. 現在的

情況是，「中國電信業裏有96%是國有企業，電力產業裏國有企業佔92%，汽車業佔74%。」John Bussey, "Tackling the Many Dangers of China's State Capitalism," *Wall Street Journal*, September 27, 2012.

22 關於中國「國家資本主義」近期的描述，見Ian Bremmer, *The End of the Free Market: Who Wins the War Between States and Corporations?* (New York: Portfolio, 2010); James McGregor, *No Ancient Wisdom, No Followers: The Challenges of Chinese Authoritarian Capitalism* (Westport, CT: Prospecta Press, 2012); Usha C. V. Haley and George T. Haley, *Subsidies to Chinese Industry: State Capitalism, Business Strategy, and Trade Policy* (Oxford: Oxford University Press, 2013)。

23 正如許多人所認識到的，中國從市場自由化到大眾不滿，以及監管和社會保障的興起，印證了卡爾．波蘭尼(Karl Polanyi)所稱的「反向運動」(double-movement)。Karl Polanyi, *The Great Transformation: The Political and Economic Origins of Our Time* (Boston: Beacon Press, 1944); Shaoguang Wang, "Double Movement in China," *Economic and Political Weekly* 43 (2009): 51–59, http://www.jstor.org/stable/40278334.

24 Gallagher and Dong, "Legislating Harmony: Labour Law Reform in Contemporary China," 39.

25 Sean Cooney, Sarah Biddulph, and Ying Zhu, *Law and Fair Work in China* (New York: Routledge, 2013); Virginia E. Harper Ho and Qiaoyan Huang, "The Recursivity of Reform: China's Amended Labor Contract Law," *Fordham International Law Journal* 37 (2014): 973–1034.

26 Curtis Milhaupt and Wentong Zheng, "Beyond Ownership: State Capitalism and the Chinese Firm," *Georgetown Law Journal* 103 (2015): 665–717.

27 見第3章有關公民社會註冊新法規的討論。

28 這個組織過程，由中國共產黨在2002年正式開始接受私營企業主及管理階層入黨拉起序幕，見Richard McGregor, *The Party: The Secret World of China's Communist Rulers* (London: Penguin Books, 2010), 208; and Cheng Li, "The Chinese Communist Party: Recruiting and Controlling the New Elites," *Journal of Current Chinese Affairs* (2009): 20。

29 Qianfan Zhang, *The Constitution of China: A Contextual Analysis* (Portland, OR: Hart, 2012).

30 見第6章的討論。

31 研討會的第二天討論可能觸及了罷工和集體抗爭的議題，但並未向外國觀察家開放。但有其他消息來源一再證實，勞動抗爭對在華營運的大企業來說只是次要考量。

32 美國15至64歲的人口數據來自“National Population Estimates by Age, Sex, and Race,” U.S. Census Bureau, Population Division，https://www.census.gov/popest/data/national/asrh/pre-1980/PE-11.html。美國罷工者(參與超過六人以上罷工，或參與持續至少一個完整輪更期罷工的美國勞工)數據來自Florence Peterson, *Strikes in the United States, 1880–1936* (Washington, DC: U.S. Government Printing Office, 1938) (through 1936)，此後數據取自Monthly Labor Reports。中國15至64歲的人口數據來自“World Development Indicators,” World Bank, http://databank.worldbank. org/data/reports.aspx?source=world-development-indicators。整體人口數據都乘以15至64歲人口比例；2015年15至64歲的人口比例，是由過去人口成長率估算。中國罷工勞工數據來自“Strike Map,” China Labour Bulletin, http://strikemap.clb.org.hk/strikes/en#。估算的方法請見下注。

33 因為中國勞工通訊的「中國工人集體行動地圖」(Strike Map)只從可靠、合理的公開報道中蒐集數據，所以有可能低估罷工數量；但另一方面，中國勞工通訊又不只報告真正的「罷工」或集體停工，它的數據中含括各種勞工集體抗議，可能包括所有政府認定與勞工相關的「群體性事件」，但這些事件並非全部都包含罷工。見China Labour Bulletin, *An Introduction to China Labour Bulletin's Strike Map*, http://www.clb.org.hk/content/introduction-china-labour-bulletin%E2%80%99s-strike-map。有個進階搜尋的選項，宣稱能讓人只搜尋到「罷工」或「靜坐」(靜坐幾乎都與罷工相關)，但還是無法涵括所有符合這類敘述的事件。

34 中國勞工通訊蒐集了目前可取得的最佳數據，但還是可能有許多遺漏。因此我後來在估算的時候會把數字高估一點，以期稍微彌補其遺漏所造成的誤差。中國勞工通訊通常以人數範圍(1–100, 100–1,000, 1,000–10,000和10,000以上)來呈現罷工者相關數據，但絕大多數罷工都屬於人數最少的兩個級別，因此我們的估計以兩個類別的最大數字(100和1,000)為基準。對於大型罷工，我通常會根據某一特定事件報告裏的數據作出較高的估算(例如，如果報告説「超過1,000」，我就會用2,000來估算；如果報告説「超過10,000」，那我就會用12,000來估算)。如果報告沒有提供特定的數字，那就1,000–10,000人這個範圍的罷工來説，則以5,000為估算值；就佔極少數的「超過10,000人」罷工來説，則以15,000為估算值。沒有提供涉及人數範圍的罷工案例平均佔比不到8%；由於絕大多數罷工參與人數都不到百人，再加上如果有較多人參與，那麼報告應該會提供更多信息，因此這類沒有參與人數的案例相關數據皆以100為估算值。每一個國家的估計罷工人數都會除以15至64歲的人口數(因為我們通常預設該年齡段的人口為勞動人口)；工作年齡人口在整體勞動人口的比例就不再調整：2011至2015年，該比例在中國平均為77% (“World Development Indicators”)，高於美國在三十年代的56% (U.S. Census, Labor, “Labor Force” [Series D 1-682], chapter D,

D 1–10, http://www2.census.gov/prod2/statcomp/documents/CT1970p1-05.pdf)。罷工者在15至64歲**勞動人口**的估計比例在中美兩國都比真實情況來得高，但如此能更清楚顯示中美之間的差距（因此並未像之前說的為了讓數字更精確而作調整）。

35 有人認為這些官員不能再這樣做，這種做法只會削弱中國擺脱目前動盪局面的能力，見Eli Friedman, *Insurgency Trap: Labor Politics in Postsocialist China* (Ithaca, NY: Cornell University Press, 2014。

36 于建嶸：〈守住社會穩定的底線——在北京律師協會的演講〉，2009年12月26日，*China Digital Times*翻譯, http://chinadigitaltimes.net/2010/03/yu-jianrong-%E4%BA%8E%E5%BB%BA%E5%B5%98-maintaining-a-baseline-of-social-stability-part-6/。

37 Merle Goldman, *Sowing the Seeds of Democracy in China: Political Reform in the Deng Xiaoping Era* (Cambridge, MA: Harvard University Press, 1994).

38 Kenneth Lieberthal and Michel Oksenberg, *Policy Making in China: Leaders, Structures, and Processes* (Princeton, NJ: Princeton University Press, 1988); Kenneth G. Lieberthal, "Introduction: The 'Fragmented Authoritarianism' Model and Its Limitations," in *Bureaucracy, Politics, and Decision Making in Post-Mao China*, ed. David M. Lampton and Kenneth Lieberthal (Berkeley: University of California Press, 1992), 1–30; Andrew Mertha, "Fragmented Authoritarianism 2.0": Political Pluralization in the Chinese Policy Process," *China Quarterly* 200 (2009): 1995–1012.

39 Jessica Teets, "'Let Many Civil Societies Bloom': The Rise of Consultative Authoritarianism," *China Quarterly*, 2013; Baogang He and Mark E. Warren, "Authoritarian Deliberation: The Deliberative Turn in Chinese Political Development," *Perspectives on Politics* 9 (June 2011): 273; Robert P. Weller, "Responsive Authoritarianism and Blind-Eye Governance," in *Socialism Vanquished, Socialism Challenged: Eastern Europe and China, 1989–2009,* ed. Nina Bandelj and Dorothy Solinger (Oxford: Oxford University Press, 2012).

40 Andrew Nathan, "China's Changing of the Guard: Authoritarian Resilience," *Journal of Democracy* 14 (2003): 6–17; Anna L. Ahlers and Gunter Schubert, "'Adaptive Authoritarianism' in Contemporary China: Identifying Zones of Legitimacy Building," in *Reviving Legitimacy: Lessons for and from China,* ed. Zhenglai Deng and Sujian Guo (Lanham: Lexington Books, 2011), 61–81.

41 Minxin Pei, "The Twilight of Communist Rule in China," *American Interest*, November 12, 2015, http://www.the-american-interest.com/2015/11/12/the-twilight-of-communist-party-rule-in-china/.

42 Ibid.

43 例子見Weiwei Zhang, "The Five Reasons China Works," *Huffington Post*, February 26, 2014, http://www.huffingtonpost.com/zhang-weiwei/the-five-reasons-china-works_b_4859899.html; Weiwei Zhang, *The China Wave: Rise of a Civilizational State* (Hackensack, NJ: World Century, 2012); and Martin Jacques, *When China Rules the World: The End of the Western World and the Birth of a New Global Order* (London: Penguin, 2012).

44 Arthur R. Kroeber, "Here Is Xi's China, Get Used to It," *ChinaFile*, December 11, 2014, http://www.chinafile.com/reporting-opinion/viewpoint/here-xis-china-get-used-it.

45 "China Overview: Context, Strategy, Results," World Bank, 最後更新於2015年9月18日，http://www.worldbank.org/en/country/china/overview。

46 當然，除了最近幾年的美國以外，世界上還出現過其他令人希望幻滅的民主失效案例（民主失效在缺乏健全公民社會和法律制度的國家中尤其容易發生）。Samuel Issacharoff, *Fragile Democracies: Contested Power in the Era of Constitutional Courts* (New York: Cambridge University Press, 2015).

47 有關該文件的描述和翻譯文本，見"Document 9: A ChinaFile Translation," *ChinaFile*, November 8, 2013, https://www .chinafile.com/document-9-chinafile-translation。

48 Weiwei Zhang, "Five Reasons."

49 欲知相關重要討論，見Cheng Li, "Intra-Party Democracy in China: Should We Take It Seriously?" *China Leadership Monitor* 30 (Fall 2009), http://www.brookings.edu/research/papers/2009/11/fall-china-democracy-li。

50 Andrew Wedeman, "Xi Jinping's Tiger Hunt and the Politics of Corruption," *China Currents* 13, no. 2 (October 15, 2014), http://www.chinacenter.net/2014/china_currents/13-2/xi-jinpings-tiger-hunt-and-the-politics-of-corruption/.

51 關於中國知識分子對於這些問題的看法，參閱European Council on Foreign Relations, *China 3.0*, ed. Mark Leonard (European Council on Foreign Relations, November 2012); Mark Leonard, *What Does China Think?* (New York: Public Affairs, 2008); Yu, *Democracy Is a Good Thing*; and Weiwei Zhang, *China Wave*。

52 Keping Yu, *Democracy Is a Good Thing; Essays on Politics, Society, and Culture in Contemporary China* (Washington, DC: Brookings Institution, 2009).

53 Keping Yu, "Crossing the River by Feeling the Stones: Democracy's Advance in China," *The Conversation*, April 14, 2016, https://theconversation.com/crossing-the-river-by-feeling-the-stones-democracys-advance-in-china-57557.

54 Ibid.

55 Ibid.

56 Ibid.

57 Ibid.

58 俞可平題為〈摸著石頭過河：中國民主的推進〉("Crossing the River by Feeling the Stones: Democracy's Advance in China")一文雖是在西方發表，但他也曾在國內的出版物倡議選舉式競爭。例子可見俞可平：〈如何實現有序的民主〉，《新京報》，2013年7月13日。

59 欲知中國一些傑出「奮鬥者」啟發人心的勵志故事，見Evan Osnos, *The Age of Ambition: Chasing Fortune, Truth, and Faith in the New China* (New York: Farrar, Straus and Giroux, 2014)。

後序

2003年到2012年，胡溫十年，是中國的公民社會，也是勞工關係研究的黃金時期。國內外學者以這十年的勞工市場、勞工抗爭、勞工組織和勞工關係為主要題材，出版了大量的文章、專著和期刊專題。艾斯特倫德教授的《中國勞工新境況：勞動關係的變遷與挑戰》正是在這樣的歷史時空下出版的優秀作品。

轉眼間，距離胡溫時代結束，又過去了十年。這十年，中國強勢崛起，成為了可與美國並立的超級大國。中美之間的競爭，也是威權主義的資本主義和自由主義的資本主義之間的競爭。哪種模式更能代表二十一世紀的未來？在本書中，艾斯特倫德將八十年代以來中國勞動關係發展的脈絡，與美國二十年代後的歷史進行比較，在今天讀來，就更具意義。

我和作者艾斯特倫德教授有很多共同的朋友，但是我們只見過一次面。2016年的下半年，我接受哈佛大學法學院的工業關係獎學金，在美國訪學。11月的一個下午，工運組織「勞工筆記」(Labour Notes) 的朋友邀請我和其他幾位研究中國勞工的學者，在紐約布魯克林的辦公室開了一個小型的研討會，討論在勞工NGO被壓制之後，中國勞動關係和勞工研究的未來。

在紐約大學法學院工作的艾斯特倫德教授知道這個活動後，主動前來參與我們的會議，細細地聆聽我們介紹中國的最新發展。那時我才知道她即將出版的書，涉及中國工人的罷工、勞動監察、工會的直選、工資集體談判、職工代表大會和勞工NGO的角色等等重要題材，也是我和席上多位社會學和工業關係的學者所關注的。和我們不同，艾斯特倫德教授是一位法律學家，長期研究美國的就業法律和廠房關係，在美國的勞動關係領域享有盛名，為中國研究的專家們帶來了獨特的視角。我最感興趣的是，中美兩國，從社會制度、歷史背景到發展程度，都有極大的差距，艾斯特倫德教授是用怎樣的方式，比較這兩個國家的勞動關係發展的？

就此，值得一提的是，2017年這本書在哈佛大學出版社出版的原版，名為*A New Deal for Chinese Workers?*(《保障中國工人的新政？》)。胡溫執政時期，傳媒和學術界，都有人稱之為「胡溫新政」。2004年取消農業稅；2006年實行農業補貼；2007年推出《勞動合同法》、《就業促進法》和《勞動爭議調解仲裁法》等三條勞工法規；2010年大力宣導「和諧勞動關係」(廠房工會直選和工資集體協商)；2011年落實《社會保險法》，並允許勞工NGO合法註冊。種種跡象，都與美國在羅斯福新政時期推動的社會改良措施雷同，這也是艾斯特倫德研究的起點。如她在自序中所說，她是在2007年透過《紐約時報》了解到中國勞工條件和勞動法律的改善後，才興起了研究中國的念頭。雖然這是一本關於中國的專著，書中第4章仔細地介紹了「羅斯福新政」的歷史背景和如何透過勞動立法解決「勞工問題」。作為「他山之石」，這對中國勞工和公共政策的制定者和研究者，是很重要的參考。中國著名的社會學家，清華大學的孫立平教授就曾多次發表評論，中國需要一場「羅斯福式」的社會改革。

可是今天看來，我們知道「胡溫新政」的表述有點言過其實了，起碼並沒有帶來「羅斯福新政」一樣的深遠影響。在2013年後，工會直選、集體談判，已經不再成為重要的政策廣泛推廣。政府以較强硬的手段處理罷工，並在2015年開始加强壓制包括勞工NGO在內的公民社會活躍分子；2017年推出《境外非政府組織（NGO）境內活動管理法》，進一步收窄民間組織的活動空間。簡單來説，勞動三權（罷工權、集體談判權、組織權）在胡溫時期並沒有全面的保障，之後卻收縮了。在本書中，艾斯特倫德以扎實的資料和廣泛的徵引，向我們展示了胡溫時期及其後的政策變化和帶來的影響。

對於中國的勞工運動和工業關係走向，十多年來的學術文獻和勞工活動家之間的爭議，都出現了兩種主要的觀點。一種是積極樂觀的，認為資本主義生產關係的發展，工人的罷工浪潮，新一代農民工的意識提升，都在推動政府採取改良措施，儘管中國和西方發達資本主義國家的政治制度不同，但是僱傭關係的領域，有可能步資本主義國家後塵，走上以集體談判為基礎的政府規管、勞資妥協的路徑。另外一種觀點相對悲觀，指出中國強大的國家力量，將消弭零星的工人抗議，中國的工業關係，將繼續帶著國家「社會主義」的色彩，由黨政主導。所以，中國工人階級有機會迎來好像美國工人在三十年代一樣的「新政」嗎？艾斯特倫德的答案是否定的。歸根結柢，問題在於中美之間政治體制的不同，美國二十世紀初期的政府是民選，中國則不是。因為對工運有所顧慮，中國政府並不能有力保障勞動三權。她說，「中國的工人很不可能迎向我們美國人認識的『新政』，部分是因為他們目前沒有、而且未來也不太可能擁有選舉領導人的權利，也沒有美國人擁有的其他公民權利和自由。」

勞工關係是跨學科的領域。在英國，它與社會學有密切的淵源；在美國，卻起源於勞動經濟學。今天研究中國勞動問題的學者，背景廣泛，來自社會學、政治學、發展研究、管理學、傳播學等等不同學科。雖然艾斯特倫德教授是一位法學專家，這本專著資料豐富，思索深刻，表述清楚，其貢獻和意義超越單獨科學。政治學背景的勞工學者，或會將中國政府的強大力量，和國家社會主義時期留下的傳統，用來解釋中國和美國等資本主義國家的不同發展路徑。但是艾斯特倫德有更加深刻的和社會學的思考，她更進一步的分析，中美發展路徑的差距，也在於勞工抗議和罷工的強度和頻度。2010年代的中國，雖然罷工已經很普遍，但是和1920年代美國強大的勞工運動比較，還是不可相提並論。簡單來說目前中國的勞動爭議，對政府來說，是「可控」的，要有效管治，並不需要做出太大幅度的妥協。

比起英文版出版時的2017年，五年後的今天中美之間經濟的差距或者縮小了，政治上的距離和爭議卻擴大了。究竟是哪種制度更能保障工人的利益？在全面滅貧和「共同富裕」的旗幟下，中國政府正在全球層面宣傳，他們的制度更能保障民生和體現民主。相反地，代議選舉制度之下的美國，貧富懸殊嚴重，社會問題增生，政治出現兩極化——艾斯特倫德提供了冷靜的思考。她表示，在中國的田野研究，令她對問題的看法改變。從開始時接受西方的主流觀點，認為只有民主才能帶來長遠保障，到後來看到中國的發展模式，雖然不是民主的，卻能以強有力的手段保障社會民生和工人利益。最後，在政府持續壓制勞工維權人士後，她看來強大政府背後的脆弱之處，「如果和平表達異議的管道全都被封死，那麼人民的不滿只能不斷累積，到了忍無可忍時就會以更混亂和暴力的方式爆發⋯⋯」。

艾斯特倫德的觀察，對美國和中國的讀者，都是有力的提醒。自由主義的資本主義國家，假如不在中國的發展模式中得到啟示，不以集體的行動、國家的介入，提供公共物品（public goods），改善人民的生活質素，面對來自中國的競爭，「民主」就必然出現危機。相反地，威權主義的資本主義國家，不為社會不滿提供適當的表達途徑，表面的和暫時的繁榮穩定其實可以很脆弱，隱藏著激烈衝突和嚴重動盪的潛在危機。更加重要的是，假如說中美的發展模式，都不是理想的狀態，那麼，二十一世紀的未來應該是怎樣的？

作者深入淺出的分析，讀者對象是美國關心中國和勞工問題的一般大眾，與不同社會科學領域的學生和學者。對中文讀者的意義在於，透過一位美國專家的眼睛，將中國的勞工問題放在政治的、歷史的和比較的視野中，將更能啟發我們思索自身所處的當代和所面對的未來。

陳敬慈
香港中文大學社會學系副教授